한국어 말하기 읽기 성장 프로그램

우리말카드와 함께하는

한국어 해독해 5

이야기와 설명 담화 독해 워크북

정경희 · 진연선 · 곽경미
김미배 · 배소영 공저

학지사

한국어 해독해 ⑤ 이야기와 설명 담화 독해 워크북

머리말

『한국어 해독해』 시리즈를 펴내며

듣고 말하고 읽고 쓰는 활동은 인간 발달에 매우 중요한 역할을 합니다. 그리고 이 듣고 말하고 읽고 쓰는 활동은 근본적으로 낱말들을 기초로 이루어집니다.

유치원 시기의 아동은 몇 년 동안 수천 개의 단어를 말하는 수준으로 발달합니다. 우리는 수백 개의 단어를 활용하여 기본적인 의사소통을 하며, 단어들은 문장을 만들어 대화를 이어 나가는 데 매우 중요한 역할을 합니다.

아동은 학령기에 들어가면 단어들을 이용해 길게 이야기를 하거나, 글을 쓸 수 있게 됩니다. 나아가 설명하거나 설득하는 대화를 하거나 글을 읽고 이해하고 쓸 수 있게 됩니다.

학습 또는 학업을 위해서는 무엇보다 읽고 이해하는 일이 중요합니다. 한글이 익히기 쉽다고 하나, 어떤 아동은 읽고 쓰는 것을 힘들어하기도 합니다. 이때에는 효율적으로 단어나 어절을 읽어낼 수 있도록 지원할 필요가 있습니다. 더 나아가 긴 글을 이해하고, 자신의 생각이나 뜻을 쓸 수 있도록 하는 것이 최종 목표가 될 것입니다.

『한국어 해독해』 시리즈는 듣고 말하고 읽고 쓰는 활동을 아동 수준 개별 맞춤형으로 지원하고자 합니다. 최소한의 단어로 최대한 빠르고 즐겁게 아동의 말하기 및 읽기 능력을 증진시키고자 합니다. 『한국어 해독해』는 우리말카드에 있는 단어와 초등 교과의 주제 및 내용을 활용하며, 최소의 단어로 언어 읽기 습득의 발판을 제공하고자 합니다.

『한국어 해독해』 시리즈는 총 5권으로 구성하였습니다. 1권은 아동의 말하기 능력을 지원합니다. 특히 어휘와 담화에 초점을 두었습니다. 2권은 읽기 및 해독능력을 집중적으로 지원합니다. 통글자, 음운인식, 파닉스, 읽기유창성에 초점을 두어 지원합니다. 3권은 읽기이해를 집중적으로 지원합니다. 이야기와 설명담화에 초점을 두어 한국어의 기초를 지원하는 것입니다. 또한 4권과 5권은 각각 2권과 3권의 워크북으로 각 아동이 직접 사용할 수 있도록 하였습니다.

1권 『어휘와 이야기 말하기』에서는 아동의 어휘 수를 늘리고, 문장을 조합하여 말로 이야기하거나 설명할 수 있도록 지원합니다.

〈의미 편〉에서는 마트, 병원, 세탁, 목욕, 가게 놀이, 색칠하기, 미술활동, 동네 꾸미기 등의 주요한 사회적 상황에서 단어 수를 늘려가는 방법을 제시합니다. 명사나 서술어뿐 아니라, 관용구를 포함하였습니다. 응용활동을 통해 자기주도적으로 단어 수를 확장할 수 있도록 하였고, 선생님이 단서를 어떻게 활용할 수 있는지 제시합니다.

〈담화 편〉에서는 개인 경험에 입각하여 하나의 에피소드를 말할 수 있도록 지원합니다. 특히 사회적 의사소통의 기초가 되는 상황을 제공합니다. 그리고 학교생활에 기초가 되는 이야기 및 설명 담화의 기초를 제공합니다.

2권 『해독과 읽기 유창성』에서는 파닉스 원리를 응용하여 한글의 자소와 음소를 연결할 수 있도록 지원합니다. 철자와 연계하여 받아쓰기 능력에 도움을 주고자 하였습니다.

2권은 1~4부로 나누어 아동에게 효율적으로 읽기를 가르치는 방법을 제공합니다. 1부에서는 읽기를 시작하는 아동을 대상으로 음운인식 활동을 하는 방법을 소개하며 아동이 친숙한 낱말을 통글자로 읽도록 합니다. 2부에서는 파닉스 원리를 바탕으로 낱글자를 말소리와 연결하고 낱글자를 조합하여 낱말을 읽을 수 있도록 합니다. 3부에서는 낱말을 구성하는 다양한 음절 및 낱글자를 읽도록 하고 특히 아동들이 어려워하는 받침을 읽을 수 있도록 합니다. 또한 문법형태소 읽기를 지원하여 이후 문장 읽기의 바탕을 마련하도록 합니다. 4부에서는 글에 자주 출현하는 음운규칙을 적용하도록 하며 다양한 문법형태소가 활용될 때 음운규칙을 적용하여 읽도록 합니다. 또한 낱말뿐만 아니라 문장 및 문단에서도 음운규칙을 적용하여 읽을 수 있도록 합니다.

3권 『이야기와 설명 담화 독해』에서는 이야기와 설명 설득 담화를 중심으로 초등학생들에게 필요한 읽기 이해력과 쓰기 능력을 지원합니다.

3권에서는 개별 아동의 언어 및 읽기 수준을 고려하여, 핵심형과 확장형의 두 가지 유형으로 구성된 이야기 및 설명 설득글 텍스트를 제공합니다. 각 읽기 텍스트에서 다루고 있는 주제는 읽기관련 교과 분석을 토대로 구성하였는데, [이야기 담화 편]에서는 가정, 학교, 지역사회 활동과 관련된 주제, [설명 담화 편]에서는 초등학령기에 주로 다루는 설명글 구조와 설명 및 설득글 주제를 반영하였습니다.

텍스트를 읽고 이해하기 위해 읽기 전, 읽기 중, 읽기 후 세 단계에서 적용할 수 있는 읽기지도 전략을 소개하고 활용 절차를 제시하고 있습니다. 읽기 전 활동으로 글의 유형 파악하기, 배경지식 활용하기, 핵심어 보고 내용 예측하기가 있으며, 읽기 중 활동으로는 소리내어 유창하게 읽기, 글을 읽으면서 이해 모니터링 하기가 포함되어 있습니다. 읽기 후 활동으로는 어휘 확인하기, 글의 중심 내용과 세부 내용 파악하기, 글의 도식 파악하기, 글의 내용을 묻는 질문에 대답하기 등의 활동절차와 그에 따른 지도활용 지침을 상세하게 제시하고 있습니다.

4권은 2권 『해독과 읽기 유창성』의 워크북입니다. 2권의 목표 및 지침을 바탕으로 실제 활용할 수 있는 자료를 제공합니다. 치료 및 교육환경뿐만 아니라 가정에서도 아동과 쉽게 사용할 수 있도록 다양한 자료를 제공합니다. 그림 및 글자카드뿐만 아니라 활동에서 활용될 수 있는 색칠하기, 짝 맞추기, 게임하기, 만들기 등의 다양한 자료를 제공하여 즐거운 읽기활동이 될 수 있도록 합니다.

5권은 3권 『이야기와 설명 담화 독해』의 워크북입니다. 5권에서는 3권에서 제시하고 있는 각 읽기 활동 목표와 지침에 따라 실제 활용할 수 있는 다양한 자료를 제시하고 있습니다. 교육현장과 가정에서 실제로 사용할 수 있는 글자카드, 글의 순서와 도식 파악을 위한 다양한 이야기 도식판, 단어카드 만들기, 요약하기 등이 포함되어 있어 아동 스스로 글의 내용을 이해하면서 사용할 수 있도록 자료를 제시하였습니다.

언어 읽기 발달을 촉진하기 위해서는 무엇보다 아동의 발달 수준과 흥미에 따라 출발점을 선택해야 합니다. 『한국어 해독해』 시리즈에서 제시하는 내용을 기초로 각 아동에게 더욱 흥미로운 자료가 재조직되고 탄생할 수 있습니다.

이 시리즈로 아동 한 명 한 명의 말하기와 읽기 그리고 쓰기 능력이 향상되기를 바랍니다. 또한 아동과 선생님, 가족이 모두 즐겁게 자기주도적인 경험을 하기를 기대합니다. 무엇보다 아동이 당당하게 자신의 느낌과 생각을 말하거나 글로 쓸 수 있기를 희망합니다.

2017년

한국어 해독해 연구개발팀 일동

한국어 해독해 ⑤ 이야기와 설명 담화 독해 워크북

차 례

이야기 담화 편

제1장 이야기글 이해 · 9

설명 담화 편

제2장 설명/설득 글 이해 · 227

제 1 장

이야기글 이해

중재목표 1

마트 심부름

핵심형	마트 심부름	읽기 전– 배경지식 나누기, 내용 예측하기				워크북 1-1-1-1
		날짜		이름		

그림카드를 보고 관련된 내용을 생각해 보세요.

그림과 글자를 보고 어떤 내용의 이야기인지 생각해 보세요.

심부름	마트	종이

핵심형	마트 심부름	읽기 중- 소리 내어 읽기				워크북 1-1-1-2
		날짜		이름		

글을 보고 알맞은 속도로 정확하게 읽어 보세요.

나는 오후에 텔레비전을 봤어요.

그런데 엄마는 심부름 다녀오라고 해요.

그래서 나는 마트에 갔어요.

그런데 종이가 안 보여서 깜짝 놀랐어요.

나는 엄마가 알려 준 대로 우유, 두부, 바나나를 샀어요.

결국 엄마가 사 오라는 대로 모두 다 샀어요.

엄마가 잘했다고 칭찬해 주셨어요.

핵심형	마트 심부름	읽기 후- 이야기 관련 어휘				워크북 1-1-1-3
		날짜		이름		

낱말이 포함된 이야기글 내용을 보고 목표 어휘를 넣어 새로운 문장을 만들어 보세요.

목표 어휘	어휘 넣어 문장 만들기
오후	• 이야기글 나는 오후에 텔레비전 봤어요.
심부름	• 이야기글 엄마는 심부름 다녀오라고 해요.
칭찬하다	• 이야기글 엄마는 잘했다고 칭찬해 주셨어요.

핵심형	**마트 심부름**	읽기 후- 이야기 순서 맞추기, 이야기 도식판 날짜　　　　　　　이름	워크북 1-1-1-4

이야기 순서에 맞게 번호를 써 보세요.

5	나는 엄마가 알려 준 대로 우유, 두부, 바나나를 샀어요.
	그런데 엄마는 심부름 다녀오라고 해요.
1	나는 오후에 텔레비전을 봤어요.
	결국 엄마가 사 오라는 대로 모두 다 샀어요.
3	그래서 나는 마트에 갔어요.
	그런데 종이가 안 보여서 깜짝 놀랐어요.
7	엄마가 잘했다고 칭찬해 주셨어요.

질문을 듣고 밑줄을 긋고 빈칸을 채워 보세요.

<table>
<tr><td colspan="2">제목</td><td colspan="2"></td></tr>
<tr><td colspan="2">등장인물</td><td colspan="2"></td></tr>
<tr><td colspan="2">장소</td><td colspan="2"></td></tr>
<tr><td rowspan="3">1</td><td colspan="2" rowspan="3">나는 오후에 <u>(1)텔레비전</u>을 봤어요.
그런데 엄마는 심부름 다녀오라고 해요.
그래서 나는 마트에 갔어요.</td><td>(1) 텔레비전</td></tr>
<tr><td>(2)</td></tr>
<tr><td>(3)</td></tr>
<tr><td rowspan="3">2</td><td colspan="2" rowspan="3">그런데 종이가 안 보여서 깜짝 놀랐어요.
나는 엄마가 알려 준 대로 <u>(5)우유, 두부, 바나나</u>를 샀어요.
결국 엄마가 사 오라는 대로 모두 다 샀어요. 엄마가 잘했다고 칭찬해 주셨어요.</td><td>(4)</td></tr>
<tr><td>(5) 우유, 두부, 바나나</td></tr>
<tr><td>(6)</td></tr>
</table>

핵심형	마트 심부름	읽기 후- 이야기글 이해: 이야기 내용				워크북 1-1-1-5
		날짜		이름		

이야기글을 읽고 글의 내용과 관련된 질문에 답하세요.

이야기 이해 질문	아동 반응
1. 나는 언제 텔레비전을 보았나요?	
2. 엄마가 뭐하라고 했나요?	
3. 나는 어디에 갔나요?	
4. 엄마가 무엇을 사 오라고 했나요?	
5. 나는 왜 깜짝 놀랐나요?	
6. 나는 종이가 안 보여서 어떻게 했나요?	
7. 심부름을 다하고 나서 기분이 어땠을까요?	

핵심형	마트 심부름	읽기 후- 이야기글 이해: 결속표지				워크북 1-1-1-6
		날짜		이름		

이야기글을 읽고 적절한 낱말을 보기에서 골라 채워 넣으세요.

나는 오후에 텔레비전을 봤어요.

__________ 엄마는 심부름 다녀오라고 해요.

__________ 나는 마트에 갔어요.

그런데 종이가 안 보여서 깜짝 놀랐어요.

나는 엄마가 알려준 대로 우유, 두부, 바나나를 샀어요.

결국 엄마가 사 오라는 대로 모두 다 샀어요.

엄마가 잘했__________칭찬해 주셨어요.

보기	그런데, 그래서, -다고

핵심형	마트 심부름	읽기 후- 이야기 내용 쓰기		워크북 1-1-1-7
		날짜	이름	

①

②

③

④

심부름

우유, 두부,
바나나 사 오다

종이 잃어버리다

앞의 내용을 보고 이야기 순서대로 내용을 채워 넣으세요.

확장형	마트 심부름	읽기 전- 배경지식 나누기, 내용 예측하기			워크북 1-1-2-1
		날짜		이름	

그림카드를 보고 관련된 내용을 생각해 보세요.

그림과 글자를 보고 어떤 내용의 이야기인지 생각해 보세요.

팬케이크	심부름	쪽지

확장형	마트 심부름	읽기 중- 소리 내어 읽기				워크북 1-1-2-2
		날짜		이름		

글을 보고 알맞은 속도로 정확하게 읽어 보세요.

나는 한가한 오후에 텔레비전을 보고 있었어요.

엄마는 간식으로 팬케이크를 만들어 주시려고 했는데 재료가 없다고 말씀하셨어요.

그래서 엄마는 재료가 적힌 쪽지를 주시며 아파트 앞에 있는 마트에 가서 사 오라고 하셨어요.

나는 쪽지와 장바구니를 챙겨 서둘러 집을 나섰어요.

심부름을 가는 길에 멀리에서 친구들이 로봇을 가지고 노는 것을 보았어요. 그건 내가 제일 좋아하는 것이었어요.

그래서 나는 친구들한테 쏜살같이 가서 좀 보여 달라고 했어요.

내가 가지고 있지 않은 캐릭터여서 정신없이 구경했어요.

시간이 지나 마트에 서둘러 갔는데 쪽지가 보이지 않아서 순간 당황했어요.

나는 한참 동안 주머니를 여기저기 뒤져 보았지만 없어서 마트 주인 아주머니에게 여쭤보았어요.

주인 아주머니는 상세하게 재료들을 알려 주셨고, 나는 물건들을 샀어요.

집에 도착한 나는 엄마에게 쪽지를 잃어버린 사실을 말씀드렸어요.

엄마는 재료를 잘 사 왔는지 물어 보셨고 마트 주인 아주머니에게 도움을 받아 사 왔다고 말씀드렸어요.

그런데 엄마는 물건을 제대로 사 왔다고 칭찬해 주셨어요.

나는 심부름을 잘 마친 것 같아 안도했어요.

다음부터는 한눈팔지 않고 심부름을 더 잘해야겠다고 생각했어요.

확장형	마트 심부름	읽기 후- 이야기 관련 어휘				워크북 1-1-2-3
		날짜		이름		

🌱 낱말이 포함된 이야기글 내용을 보고 목표 어휘를 넣어 새로운 문장을 만들어 보세요.

목표 어휘	어휘 넣어 문장 만들기
한가한	• 이야기글 나는 한가한 오후에 텔레비전을 보고 있었어요.
심부름	• 이야기글 심부름을 가는 길에 멀리에서 친구들이 로봇을 가지고 노는 것을 보았어요.
당황하다	• 이야기글 시간이 지나 마트에 서둘러 갔는데 쪽지가 보이지 않아서 순간 당황했어요.
뒤져 보다	• 이야기글 나는 한참 동안 주머니를 여기저기 뒤져 보았지만 없어서 마트 주인 아주머니에게 여쭈어 보았어요.
칭찬하다	• 이야기글 엄마는 물건을 제대로 사 왔다고 칭찬해 주셨어요.
안도하다	• 이야기글 나는 심부름을 잘 마친 것 같아 안도했어요.

확장형	마트 심부름	읽기 후- 이야기 순서 맞추기, 이야기 도식판			워크북 1-1-2-4
		날짜		이름	

이야기 순서에 맞게 번호를 써 보세요.

	시간이 지나 마트에 서둘러 갔는데 쪽지가 보이지 않아서 순간 당황했어요. 나는 한참 동안 주머니를 여기저기 뒤져 보았지만 없어서 마트 주인 아주머니에게 여쭈어 보았어요. 주인 아주머니는 상세하게 재료들을 알려 주셨고, 나는 물건들을 샀어요.
	나는 한가한 오후에 텔레비전을 보고 있었어요. 엄마는 간식으로 팬케이크를 만들어 주시려고 했는데 재료가 없다고 말씀하셨어요. 그래서 엄마는 재료가 적힌 쪽지를 주시며 아파트 앞에 있는 마트에 가서 사 오라고 하셨어요. 나는 쪽지와 장바구니를 챙겨 서둘러 집을 나섰어요.
	심부름을 가는 길에 멀리에서 친구들이 로봇을 가지고 노는 것을 보았어요. 그건 내가 제일 좋아하는 것이었어요. 그래서 나는 친구들한테 쏜살같이 가서 좀 보여 달라고 했어요. 내가 가지고 있지 않은 캐릭터여서 정신없이 구경했어요.
	집에 도착한 나는 엄마에게 쪽지를 잃어버린 사실을 말씀드렸어요. 엄마는 재료를 잘 사 왔는지 물어 보셨고 마트 주인 아주머니에게 도움을 받아 사 왔다고 말씀드렸어요. 그런데 엄마는 물건을 제대로 사 왔다고 칭찬해 주셨어요. 나는 심부름을 잘 마친 것 같아 안도했어요. 다음부터는 한눈팔지 않고 심부름을 더 잘해야겠다고 생각했어요.

질문을 듣고 밑줄을 긋고 빈칸을 채워 보세요.

<table>
<tr><td colspan="2">제목</td><td colspan="2"></td></tr>
<tr><td colspan="2">등장인물</td><td colspan="2"></td></tr>
<tr><td colspan="2">장소</td><td colspan="2"></td></tr>
<tr><td rowspan="3">1</td><td colspan="2" rowspan="3">나는 한가한 오후에 텔레비전을 보고 있었어요. 엄마는 간식으로 팬케이크를 만들어 주시려고 했는데 재료가 없다고 말씀하셨어요. 그래서 엄마는 재료가 적힌 쪽지를 주시며 아파트 앞에 있는 마트에 가서 사 오라고 하셨어요. 나는 쪽지와 장바구니를 챙겨 서둘러 집을 나섰어요.</td><td>(1)</td></tr>
<tr><td>(2)</td></tr>
<tr><td>(3)</td></tr>
<tr><td rowspan="2">2</td><td colspan="2" rowspan="2">심부름을 가는 길에 멀리에서 친구들이 로봇을 가지고 노는 것을 보았어요. 그건 내가 제일 좋아하는 것이었어요. 그래서 나는 친구들한테 쏜살같이 가서 좀 보여 달라고 했어요. <u>(5)내가 가지고 있지 않은 캐릭터</u>여서 정신없이 구경했어요.</td><td>(4)</td></tr>
<tr><td>(5) 내가 가지고 있지 않은 캐릭터</td></tr>
<tr><td rowspan="3">3</td><td colspan="2" rowspan="3">시간이 지나 마트에 서둘러 갔는데 쪽지가 보이지 않아서 순간 당황했어요. 나는 한참 동안 주머니를 여기저기 뒤져 보았지만 없어서 마트 주인 아주머니에게 여쭈어 보았어요. 주인 아주머니는 상세하게 재료들을 알려 주셨고, 나는 물건들을 샀어요.</td><td>(6)</td></tr>
<tr><td>(7)</td></tr>
<tr><td>(8)</td></tr>
<tr><td rowspan="3">4</td><td colspan="2" rowspan="3">집에 도착한 나는 엄마에게 <u>(9)쪽지를 잃어버린 사실을 말씀드렸어요.</u> 엄마는 재료를 잘 사 왔는지 물어보셨고 마트 주인 아주머니에게 도움을 받아 사 왔다고 말씀드렸어요. 그런데 엄마는 물건을 제대로 사 왔다고 칭찬해 주셨어요. 나는 심부름을 잘 마친 것 같아 안도했어요. 다음부터는 한눈팔지 않고 심부름을 더 잘해야겠다고 생각했어요.</td><td>(9) 쪽지를 잃어버린 사실 말씀드렸어요.</td></tr>
<tr><td>(10)</td></tr>
<tr><td>(11)</td></tr>
</table>

확장형	마트 심부름	읽기 후- 이야기글 이해: 이야기 내용				워크북 1-1-2-5
		날짜		이름		

이야기글을 읽고 글의 내용과 관련된 질문에 답하세요.

이야기 이해 질문	아동 반응
1. 나는 오후에 무엇을 하고 있었나요?	
2. 엄마가 나에게 부탁한 것은 무엇인가요?	
3. 엄마는 간식으로 무엇을 만들어 준다고 하셨나요?	
4. 마트에 가는 길에 왜 쪽지를 잃어버렸을까요?	
5. 종이를 잃어버렸을 때 나는 기분이 어땠나요?	
6. 종이를 잃어버려서 어떻게 하였나요?	
7. 물건을 사고 나서 집에 가는 길에 어떤 마음이 들었을까요?	

확장형	마트 심부름	읽기 후- 이야기글 이해: 결속표지				워크북 1-1-2-6
		날짜		이름		

이야기글을 읽고 적절한 낱말을 보기에서 골라 채워 넣으세요.

나는 한가한 오후에 텔레비전을 보고 있었어요.

엄마는 간식으로 팬케이크를 만들어 주시려고 했________ 재료가 없다고 말씀하셨어요.

________ 엄마는 재료가 적힌 쪽지를 주시며 아파트 앞에 있는 마트에 가서 사 오라고 하셨어요.

나는 쪽지와 장바구니를 챙겨 서둘러 집을 나섰어요.

심부름을 가는 길에 멀리에서 친구들이 로봇을 가지고 노는 것을 보았어요. 그건 내가 제일 좋아하는 것이었어요.

그래서 나는 친구들한테 쏜살같이 가서 좀 보여 달라고 했어요.

내가 가지고 있지 않은 캐릭터여서 정신없이 구경했어요.

시간이 지나 마트에 서둘러 갔는데 쪽지가 보이지 않아________ 순간 당황했어요.

나는 한참 동안 주머니를 여기저기 뒤져 보았지만 없어서 마트 주인 아주머니에게 여쭈어 보았어요.

주인 아주머니는 상세하게 재료들을 알려 주셨________, 나는 물건들을 샀어요.

집에 도착한 나는 엄마에게 쪽지를 잃어버린 사실을 말씀드렸어요.

엄마는 재료를 잘 사 왔는지 물어보셨고 마트 아주머니에게 도움을 받아 사 왔다고 말씀드렸어요.

________ 엄마는 물건을 제대로 사 왔다고 칭찬해 주셨어요.

나는 심부름을 잘 마친 것 같아 안도했어요.

다음부터는 한눈팔지 않고 심부름을 더 잘해야겠다고 생각했어요.

보기	-는데, 그래서, -서, -고, 그런데

확장형	마트 심부름	읽기 후- 이야기 내용 쓰기				워크북 1-1-2-7
		날짜		이름		

①

②

③

④

팬케이크

심부름

쪽지 잃어버리다

안도하다

앞의 내용을 보고 이야기 순서대로 글을 써 보세요.

한국어 해독해 ⑤ 이야기와 설명 담화 독해 워크북

중재목표 2

어려운 사람 돕기

핵심형	어려운 사람 돕기	읽기 전– 배경지식 나누기, 내용 예측하기				워크북 1-2-1-1
		날짜		이름		

그림카드를 보고 관련된 내용을 생각해 보세요.

그림과 글자를 보고 어떤 내용의 이야기인지 생각해 보세요.

비	무너지다	돕다

핵심형	어려운 사람 돕기	읽기 중- 소리 내어 읽기				워크북 1-2-1-2
		날짜		이름		

글을 보고 알맞은 속도로 정확하게 읽어 보세요.

토요일 나는 심심해서 텔레비전을 켰어요.

그런데 비가 너무 내려서 산이 무너졌대요.

나는 어려운 사람을 도와주고 싶었어요.

엄마는 어려운 사람을 돕는 전화번호를 알려 주셨어요.

나는 전화번호를 누르고 어려운 사람을 도와주고 싶다고 말했어요.

나는 누군가를 도와줘서 기뻤어요.

핵심형	어려운 사람 돕기	읽기 후– 이야기 관련 어휘				워크북 1-2-1-3
		날짜		이름		

낱말이 포함된 이야기글 내용을 보고 목표 어휘를 넣어 새로운 문장을 만들어 보세요.

목표 어휘	어휘 넣어 문장 만들기
토요일	• 이야기글 토요일 나는 심심해서 텔레비전을 켰어요.
내리다	• 이야기글 그런데 비가 너무 내려서 산이 무너졌대요.
도와주다	• 이야기글 나는 어려운 사람을 도와주고 싶었어요.

핵심형	어려운 사람 돕기	읽기 전- 이야기 순서 맞추기, 이야기 도식판			워크북 1-2-1-4
		날짜		이름	

이야기 순서에 맞게 번호를 써 보세요.

5	나는 전화번호를 누르고 어려운 사람을 도와주고 싶다고 말했어요.
3	나는 어려운 사람을 도와주고 싶었어요.
	그런데 비가 너무 내려서 산이 무너졌대요.
	엄마는 어려운 사람을 돕는 전화번호를 알려 주셨어요.
1	토요일 나는 심심해서 텔레비전을 켰어요.
6	나는 누군가를 도와줘서 기뻤어요.

질문을 듣고 밑줄을 긋고 빈칸을 채워 보세요.

제목		
등장인물		
장소		
1	토요일 나는 심심해서 (1)텔레비전을 켰어요. 그런데 비가 너무 내려서 산이 무너졌대요. 나는 어려운 사람을 도와주고 싶었어요. 엄마는 어려운 사람을 돕는 전화번호를 알려 주셨어요.	(1) 텔레비전
		(2)
		(3)
2	나는 전화번호를 누르고 어려운 사람을 도와주고 싶다고 말했어요. 나는 누군가를 도와줘서 (5)기뻤어요.	(4)
		(5) 기뻤어요.

핵심형	어려운 사람 돕기	읽기 후- 이야기글 이해: 이야기 내용				워크북 1-2-1-5
		날짜		이름		

이야기글을 읽고 글의 내용과 관련된 질문에 답하세요.

이야기 이해 질문	아동 반응
1. 나는 언제 텔레비전을 켰나요?	
2. 왜 산이 무너졌나요?	
3. 나는 어려운 사람을 어떻게 도와주었나요?	

핵심형	**어려운 사람 돕기**	읽기 후- 이야기글 이해: 결속표지				워크북 1-2-1-6
		날짜		이름		

이야기글을 읽고 적절한 낱말을 보기에서 골라 채워 넣으세요.

토요일 나는 심심해서 텔레비전을 켰어요.
__________ 비가 너무 내려서 산이 무너졌대요.
나는 어려운 사람을 도와주고 싶었어요.
엄마는 어려운 사람을 돕는 전화번호를 알려 주셨어요.
나는 전화번호를 누르고 어려운 사람을 도와주고 싶다고 말했어요.
나는 누군가를 도와줘 __________ 기뻤어요.

보기	그런데, -서

핵심형	**어려운 사람 돕기**	읽기 후- 이야기 내용 쓰기		워크북 1-2-1-7
		날짜	이름	

①

②

③

④

비

돕다

산이 무너지다

앞의 내용을 보고 이야기 순서대로 내용을 채워 넣으세요.

	➡	➡

확장형	어려운 사람 돕기	읽기 전- 배경지식 나누기, 내용 예측하기			워크북 1-2-2-1
		날짜		이름	

그림카드를 보고 관련된 내용을 생각해 보세요.

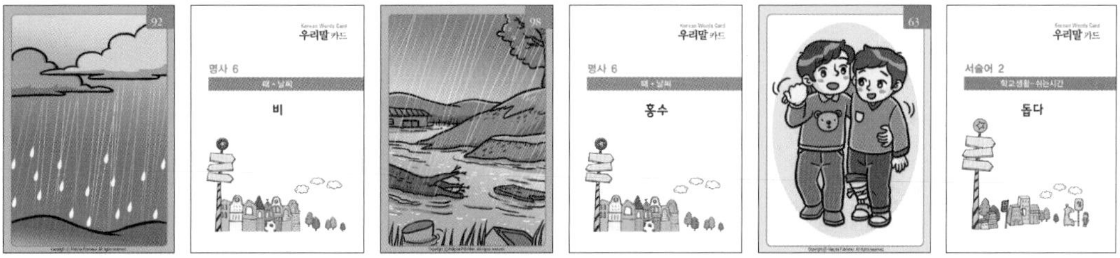

그림과 글자를 보고 어떤 내용의 이야기인지 생각해 보세요.

비	무너지다	돕다

확장형	어려운 사람 돕기	읽기 중- 소리 내어 읽기				워크북 1-2-2-2
		날짜		이름		

글을 보고 알맞은 속도로 정확하게 읽어 보세요.

토요일 아침, 나는 텔레비전을 켰어요.

많은 비로 산사태가 났다는 소식이 방송되었어요.

그래서 나는 조금 더 알고 싶어 인터넷에 산사태에 대해 검색해 봤어요.

산사태로 인해 많은 사람들이 피해를 입었다는 기사가 많았어요.

나는 꼭 그 사람들을 돕고 싶었어요.

그래서 엄마에게 내가 도울 방법이 뭐가 있는지 질문했어요.

엄마는 텔레비전에 나오는 ARS 번호에 대해서 설명해 주셨어요.

그 번호로 전화를 하면 어려운 사람을 돕는 성금을 기부할 수 있다고 했어요.

나는 처음으로 ARS로 전화를 해서 내가 모아 두었던 돈을 기부하고 싶었어요.

떨리는 마음으로 전화를 걸었지만 뭐라고 말해야 할지 몰라 끊었어요.

다시 차근차근 번호를 누르자 상담원과 연결이 되었어요.

그래서 나는 만 원을 기부하고 싶다고 말했어요.

나의 많은 질문에도 상담원은 친절하게 도와주었어요.

나는 누군가를 도왔다는 생각에 마음이 뿌듯해졌어요.

확장형	어려운 사람 돕기	읽기 후- 이야기 관련 어휘				워크북 1-2-2-3
		날짜		이름		

낱말이 포함된 이야기글 내용을 보고 목표 어휘를 넣어 새로운 문장을 만들어 보세요.

목표 어휘	어휘 넣어 문장 만들기
산사태	• 이야기글 많은 비로 산사태가 났다는 소식이 방송되었어요.
돕다	• 이야기글 나는 꼭 그 사람들을 돕고 싶었어요.
기부하다	• 이야기글 그 번호로 전화를 하면 어려운 사람을 돕는 성금을 기부할 수 있다고 했어요.
뿌듯하다	• 이야기글 나는 누군가를 도왔다는 생각에 마음이 뿌듯했어요.

확장형	어려운 사람 돕기	읽기 후- 이야기 순서 맞추기, 이야기 도식판				워크북 1-2-2-4
		날짜		이름		

이야기 순서에 맞게 번호를 써 보세요.

	나는 꼭 그 사람들을 돕고 싶었어요. 그래서 엄마에게 내가 도울 방법이 뭐가 있는지 질문했어요. 엄마는 텔레비전에 나오는 ARS 번호에 대해서 설명해 주셨어요. 그 번호로 전화를 하면 어려운 사람을 돕는 성금을 기부할 수 있다고 했어요.
	나는 처음으로 ARS로 전화를 해서 내가 모아 두었던 돈을 기부하고 싶었어요. 떨리는 마음으로 전화를 걸었지만 뭐라고 말해야 할지 몰라 끊었어요.
	토요일 아침, 나는 텔레비전을 켰어요. 많은 비로 산사태가 났다는 소식이 방송되었어요. 그래서 나는 조금 더 알고 싶어 인터넷에 산사태에 대해 검색해 봤어요. 산사태로 인해 많은 사람들이 피해를 입었다는 기사가 많았어요.
	다시 차근차근 번호를 누르자 상담원과 연결이 되었어요. 그래서 나는 만 원을 기부하고 싶다고 말했어요. 나의 많은 질문에도 상담원은 친절하게 도와주었어요. 나는 누군가를 도왔다는 생각에 마음이 뿌듯해졌어요.

질문을 듣고 밑줄을 긋고 빈칸을 채워 보세요.

제목		
등장인물		
장소		
1	토요일 아침, 나는 (1)텔레비전을 켰어요. 많은 비로 산사태가 났다는 소식이 방송되었어요. 그래서 나는 조금 더 알고 싶어 인터넷에 산사태에 대해 검색해 봤어요. 산사태로 인해 많은 사람들이 피해를 입었다는 기사가 많았어요.	(1) 텔레비전 (2) (3)
2	나는 꼭 그 사람들을 돕고 싶었어요. 그래서 엄마에게 내가 도울 방법이 뭐가 있는지 질문했어요. 엄마는 텔레비전에 나오는 ARS 번호에 대해서 설명해 주셨어요. 그 번호로 전화를 하면 어려운 사람을 돕는 성금을 기부할 수 있다고 했어요.	(4) (5)
3	나는 처음으로 ARS로 전화를 해서 내가 모아 두었던 돈을 기부하고 싶었어요. 떨리는 마음으로 전화를 걸었지만 (6)뭐라고 말해야 할지 몰라 끊었어요.	(6) 뭐라고 말해야 할지 몰라 끊었어요.
4	다시 차근차근 번호를 누르자 상담원과 연결이 되었어요. 그래서 나는 만 원을 기부하고 싶다고 말했어요. 나의 많은 질문에도 상담원은 친절하게 도와주었어요. 나는 누군가를 도왔다는 생각에 마음이 뿌듯해졌어요.	(7) (8)

확장형	**어려운 사람 돕기**	읽기 후- 이야기글 이해: 이야기 내용				워크북 1-2-2-5
		날짜		이름		

이야기글을 읽고 글의 내용과 관련된 질문에 답하세요.

이야기 이해 질문	아동 반응
1. 나는 토요일 아침에 무엇을 했나요?	
2. 방송에서는 어떤 이야기가 나오고 있었나요?	
3. 나는 어려운 사람을 보고 어떤 마음이 들었나요?	
4. 나는 사람들을 돕기 위해 무엇을 했나요?	
5. 사람들을 도와주고 난 후 나의 마음은 어땠나요?	

확장형	어려운 사람 돕기	읽기 후- 이야기글 이해: 결속표지				워크북 1-2-2-6
		날짜		이름		

이야기글을 읽고 적절한 낱말을 보기에서 골라 채워 넣으세요.

토요일 아침, 나는 텔레비전을 켰어요.

많은 비로 산사태가 났다는 소식이 방송되었어요.

그래서 나는 조금 더 알고 싶어 인터넷에 산사태에 대해 검색해 봤어요.

산사태로 인해 많은 사람들이 피해를 입었다는 기사가 많았어요.

나는 꼭 그 사람들을 돕고 싶었어요.

__________ 엄마에게 내가 도울 방법이 뭐가 있는지 질문했어요.

엄마는 텔레비전에 나오는 ARS 번호에 대해서 설명해 주셨어요.

__________ 번호로 전화를 하면 어려운 사람을 돕는 성금을 기부할 수 있다고 했어요.

나는 처음으로 ARS로 전화를 해서 내가 모아 두었던 돈을 기부하고 싶었어요.

떨리는 마음으로 전화를 걸었지만 뭐라고 말해야 할지 몰라 끊었어요.

__________ 차근차근 번호를 누르자 상담원과 연결이 되었어요.

그래서 나는 만 원을 기부하고 싶다고 말했어요.

나의 많은 질문에__________ 상담원은 친절하게 도와주었어요.

나는 누군가를 도왔다는 생각에 마음이 뿌듯해졌어요.

보기	그래서, 그, 다시, -도

확장형	어려운 사람 돕기	읽기 후- 이야기 내용 쓰기				워크북 1-2-2-7
		날짜		이름		

①

②

③

④

산사태

전화하다

기부하다

뿌듯하다

앞의 내용을 보고 이야기 순서대로 글을 써 보세요.

중재목표 3

스트레칭 시험

핵심형	스트레칭 시험	읽기 전- 배경지식 나누기, 내용 예측하기				워크북 1-3-1-1
		날짜		이름		

그림카드를 보고 관련된 내용을 생각해 보세요.

그림과 글자를 보고 어떤 내용의 이야기인지 생각해 보세요.

운동	연습하다	일등

핵심형	스트레칭 시험	읽기 중- 소리 내어 읽기				워크북 1-3-1-2
		날짜		이름		

글을 보고 알맞은 속도로 정확하게 읽어 보세요.

오늘 체육 시간에 키가 크는 운동을 배웠어요.

그리고 선생님께서 시험 본다고 말씀하셨어요.

내가 잘 몰라서 질문하자 선생님은 다시 보여 주셨어요.

집에 와서 연습하는데 잘 기억이 안 났어요.

그래서 나는 동영상을 보고 다시 연습했어요.

시험 시간에 나를 보고 친구들이 하하하 웃었어요.

그런데 내가 일등이어서 기뻤어요.

핵심형	스트레칭 시험	읽기 후- 이야기 관련 어휘				워크북 1-3-1-3
		날짜		이름		

날말이 포함된 이야기글 내용을 보고 목표 어휘를 넣어 새로운 문장을 만들어보세요.

목표 어휘	어휘 넣어 문장 만들기
배우다	• 이야기글 오늘 체육 시간에 키가 크는 운동을 배웠어요.
질문하다	• 이야기글 내가 잘 몰라서 질문하자 선생님은 다시 보여 주셨어요.
연습하다	• 이야기글 집에 와서 연습하는데 잘 기억이 안 났어요.

핵심형	**스트레칭 시험**	읽기 전- 이야기 순서 맞추기, 이야기 도식판 날짜 이름	워크북 1-3-1-4

이야기 순서에 맞게 번호를 써 보세요.

	집에 와서 연습하는데 잘 기억이 안 났어요.
	그리고 선생님께서 시험 본다고 말씀하셨어요.
	시험 시간에 나를 보고 친구들이 하하하 웃었어요.
1	오늘 체육 시간에 키가 크는 운동을 배웠어요.
7	그런데 내가 일등이어서 기뻤어요.
	내가 잘 몰라서 질문하자 선생님은 다시 보여 주셨어요.
5	그래서 나는 동영상을 보고 다시 연습했어요.

질문을 듣고 밑줄을 긋고 빈칸을 채워 보세요.

<table>
<tr><td colspan="2">제목</td><td colspan="2"></td></tr>
<tr><td colspan="2">등장인물</td><td colspan="2"></td></tr>
<tr><td colspan="2">장소</td><td colspan="2"></td></tr>
<tr><td rowspan="3">1</td><td rowspan="3" colspan="2">오늘 체육 시간에 (1)키가 크는 운동을 배웠어요. 그리고 선생님께서 시험 본다고 말씀하셨어요. 내가 잘 몰라서 질문하자 선생님은 다시 보여 주셨어요.</td><td>(1) 키가 크는 운동</td></tr>
<tr><td>(2)</td></tr>
<tr><td>(3)</td></tr>
<tr><td rowspan="3">2</td><td rowspan="3" colspan="2">집에 와서 연습하는데 잘 기억이 안 났어요. 그래서 나는 동영상을 보고 다시 연습했어요. 시험 시간에 나를 보고 친구들이 하하하 웃었어요. 그런데 내가 (6)일등이어서 기뻤어요.</td><td>(4)</td></tr>
<tr><td>(5)</td></tr>
<tr><td>(6) 일등이어서 기뻤어요</td></tr>
</table>

핵심형	스트레칭 시험	읽기 후- 이야기글 이해: 이야기 내용				워크북 1-3-1-5
		날짜		이름		

이야기글을 읽고 글의 내용과 관련된 질문에 답하세요.

이야기 이해 질문	아동 반응
1. 오늘 체육 시간에 무엇을 배웠나요?	
2. 집에 와서 연습하는데 기억이 안 나서 어떻게 했나요?	
3. 시험 시간에 친구들이 나를 보고 왜 웃었을까요?	
4. 나는 왜 기뻤나요?	

핵심형	스트레칭 시험	읽기 후- 이야기글 이해: 결속표지				워크북 1-3-1-6
		날짜		이름		

이야기글을 읽고 적절한 낱말을 보기에서 골라 채워 넣으세요.

오늘 체육 시간에 키가 크는 운동을 배웠어요.
그리고 선생님께서 시험 본다고 말씀하셨어요.
내가 잘 몰라서 질문하자 선생님은 다시 보여 주셨어요.
집에 와서 연습하________ 잘 기억이 안 났어요.
________ 나는 동영상을 보고 다시 연습했어요.
시험 시간에 나를 보고 친구들이 하하하 웃었어요.
________ 내가 일등이어서 기뻤어요.

보기	-는데, 그래서, 그런데

핵심형	스트레칭 시험	읽기 후- 이야기 내용 쓰기				워크북 1-3-1-7
		날짜		이름		

①

②

③

④

운동

연습하다

일등

앞의 내용을 보고 이야기 순서대로 내용을 채워 넣으세요.

확장형	**스트레칭 시험**	읽기 전– 배경지식 나누기, 내용 예측하기				워크북 1-3-2-1
		날짜		이름		

그림카드를 보고 관련된 내용을 생각해 보세요.

그림과 글자를 보고 어떤 내용의 이야기인지 생각해 보세요.

스트레칭	동영상	연습하다	일등	자랑스럽다

확장형	**스트레칭 시험**	읽기 중- 소리 내어 읽기				워크북 1-3-2-2
		날짜		이름		

글을 보고 알맞은 속도로 정확하게 읽어 보세요.

오늘 체육 시간에 키가 크는 스트레칭을 배웠어요.
그리고 선생님께서는 다음 시간에 시험을 본다고 하셨어요.
나는 선생님께 모르는 부분을 질문하였어요.
선생님은 동작마다 자세하게 시범을 보여 주셨어요.
시범이 끝난 후 나는 열심히 연습을 하였는데 팔을 발끝까지 뻗는 동작이 생각보다 잘 되지 않아서 친구들이 깔깔 웃었어요.
부끄러워진 난 친구들에게 웃지 말라고 이야기했어요.
친구들이 내 이야기를 듣고 미안하다고 했어요.
집에 도착한 나는 친구들이 웃었던 것이 생각나며 다시 부끄러워졌어요.
그래서 나는 인터넷으로 스트레칭 동영상을 찾아보았어요.
나는 한 동작씩 차분하게 열심히 연습하였어요.
드디어 체육 시험 시간, 떨리는 마음으로 스트레칭 시험을 보았어요.
나는 천천히 순서를 기억하며 한 동작 한 동작 최선을 다했어요.
그런데 높은 점수로 내가 1등이 되었어요.
선생님과 친구들이 깜짝 놀라며 축하한다고 박수를 쳐 주었어요.
나는 너무 자랑스러웠어요.

확장형	스트레칭 시험	읽기 후– 이야기 관련 어휘				워크북 1-3-2-3
		날짜		이름		

낱말이 포함된 이야기글 내용을 보고 목표 어휘를 넣어 새로운 문장을 만들어 보세요.

목표 어휘	어휘 넣어 문장 만들기
스트레칭	• 이야기글 오늘 체육 시간에 키가 크는 스트레칭을 배웠어요.
시험	• 이야기글 선생님께서는 다음 시간에 시험을 본다고 하셨어요.
시범	• 이야기글 선생님은 동작마다 자세하게 시범을 보여 주셨어요.
동영상	• 이야기글 나는 인터넷으로 스트레칭 동영상을 찾아보았어요.
연습하다	• 이야기글 나는 한 동작씩 차분하게 열심히 연습하였어요.
자랑스럽다	• 이야기글 나는 너무 자랑스러웠어요.

확장형	스트레칭 시험	읽기 후- 이야기 순서 맞추기, 이야기 도식판				워크북 1-3-2-4
		날짜		이름		

이야기 순서에 맞게 번호를 써 보세요.

	오늘 체육 시간에 키가 크는 스트레칭을 배웠어요. 그리고 선생님께서는 다음 시간에 시험을 본다고 하셨어요. 나는 선생님께 모르는 부분을 질문하였어요. 선생님은 동작마다 자세하게 시범을 보여 주셨어요.
	드디어 체육 시험 시간, 떨리는 마음으로 스트레칭 시험을 보았어요. 나는 천천히 순서를 기억하며 한 동작 한 동작 최선을 다했어요. 그런데 높은 점수로 내가 1등이 되었어요. 선생님과 친구들이 깜짝 놀라며 축하한다고 박수를 쳐 주었어요. 나는 너무 자랑스러웠어요.
	시범이 끝난 후 나는 열심히 연습을 하였는데 팔을 발끝까지 뻗는 동작이 생각보다 잘 되지 않아서 친구들이 깔깔 웃었어요. 부끄러워진 난 친구들에게 웃지 말라고 이야기했어요. 친구들이 내 이야기를 듣고 미안하다고 했어요.
	집에 도착한 나는 친구들이 웃었던 것이 생각나며 다시 부끄러워졌어요. 그래서 나는 인터넷으로 스트레칭 동영상을 찾아보았어요. 나는 한 동작씩 차분하게 열심히 연습하였어요.

질문을 듣고 밑줄을 긋고 빈칸을 채워 보세요.

제목		
등장인물		
장소		
1	오늘 체육 시간에 (1)키가 크는 스트레칭을 배웠어요. 그리고 선생님께서는 다음 시간에 시험을 본다고 하셨어요. 나는 선생님께 모르는 부분을 질문하였어요. 선생님은 동작마다 자세하게 시범을 보여 주셨어요.	(1) 키가 크는 스트레칭 (2) (3)
2	시범이 끝난 후 나는 열심히 연습을 하였는데 팔을 발끝까지 뻗는 동작이 생각보다 잘 되지 않아서 친구들이 깔깔 웃었어요. 부끄러워진 난 친구들에게 웃지 말라고 이야기했어요. 친구들이 내 이야기를 듣고 미안하다고 했어요.	(4) (5) (6)
3	집에 도착한 나는 친구들이 웃었던 것이 생각나며 다시 부끄러워졌어요. 그래서 나는 인터넷으로 스트레칭 동영상을 찾아보았어요. 나는 한 동작씩 차분하게 열심히 연습하였어요.	(7)
4	드디어 체육 시험 시간, 떨리는 마음으로 스트레칭 시험을 보았어요. 나는 천천히 순서를 기억하며 한 동작 한 동작 최선을 다했어요. 그런데 높은 점수로 내가 1등이 되었어요. 선생님과 친구들이 깜짝 놀라며 (10)축하한다고 박수를 쳐 주었어요. 나는 너무 자랑스러웠어요.	(8) (9) (10) 축하한다고

확장형	스트레칭 시험	읽기 후– 이야기글 이해: 이야기 내용				워크북 1-3-2-5
		날짜		이름		

이야기글을 읽고 글의 내용과 관련된 질문에 답하세요.

이야기 이해 질문	아동 반응
1. 오늘 체육 시간에 무엇을 배웠나요?	
2. 선생님께서는 다음 시간에 무엇을 한다고 하셨나요?	
3. 나는 친구들에게 왜 웃지 말라고 했나요?	
4. 나는 집에서 어떻게 시험 준비를 하였나요?	
5. 체육 시험 시간에 왜 떨렸나요?	
6. 나는 어떻게 해서 1등을 할 수 있었나요?	

확장형	스트레칭 시험	읽기 후– 이야기글 이해: 결속표지				워크북 1-3-2-6
		날짜		이름		

이야기글을 읽고 적절한 낱말을 보기에서 골라 채워 넣으세요.

오늘 체육 시간에 키가 크는 스트레칭을 배웠어요.

그리고 선생님께서는 다음 시간에 시험을 본다고 하셨어요.

나는 선생님께 모르는 부분을 질문하였어요.

선생님은 동작마다 자세하게 시범을 보여 주셨어요.

시범이 끝난 후 나는 열심히 연습을 하였________ 팔을 발끝까지 뻗는 동작이 생각보다 잘 되지 않아________ 친구들이 깔깔 웃었어요.

부끄러워진 난 친구들에게 웃지 말라고 이야기했어요.

친구들이 내 이야기를 듣고 미안하다고 했어요.

집에 도착한 나는 친구들이 웃었던 것이 생각나며 ________ 부끄러워졌어요.

그래서 나는 인터넷으로 스트레칭 동영상을 찾아보았어요.

나는 한 동작씩 차분하게 열심히 연습하였어요.

드디어 체육 시험 시간, 떨리는 마음으로 스트레칭 시험을 보았어요.

나는 천천히 순서를 기억하며 한 동작 한 동작 최선을 다했어요.

________ 높은 점수로 내가 1등이 되었어요.

선생님과 친구들이 깜짝 놀라며 축하한________ 박수를 쳐 주었어요.

나는 너무 자랑스러웠어요.

보기	–서, 그런데, –는데, 다시, –다고

확장형	스트레칭 시험	읽기 후- 이야기 내용 쓰기				워크북 1-3-2-7
		날짜		이름		

①

②

③

④

- 동영상
- 일등
- 자랑스럽다
- 연습하다
- 스트레칭

앞의 내용을 보고 이야기 순서대로 글을 써 보세요.

중재목표 4

병원 입원

핵심형	병원 입원	읽기 전- 배경지식 나누기, 내용 예측하기				워크북 1-4-1-1
		날짜		이름		

그림카드를 보고 관련된 내용을 생각해 보세요.

그림과 글자를 보고 어떤 내용의 이야기인지 생각해 보세요.

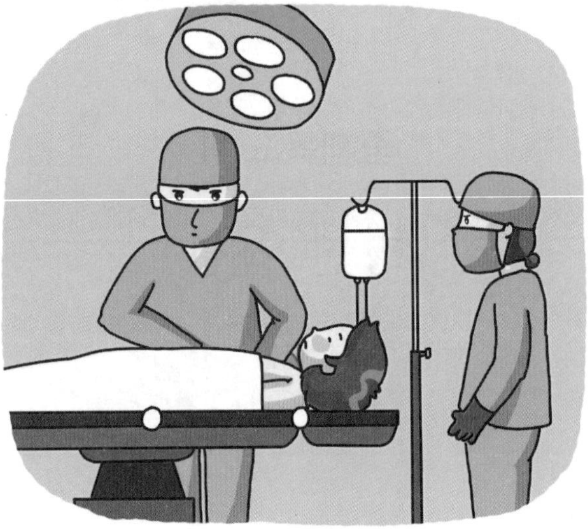

배	아프다	수술하다

핵심형	**병원 입원**	읽기 중- 소리 내어 읽기				워크북 1-4-1-2
		날짜		이름		

글을 보고 알맞은 속도로 정확하게 읽어 보세요.

오늘 아침 나는 밥 먹고 나서 갑자기 배가 아팠어요.
약을 먹었는데도 계속 배가 아팠어요.
결국 나는 맹장 수술을 받으려고 병원에 갔어요.
수술이 잘 끝나고 나자 배가 너무 고팠어요.
방귀를 뀌어야 밥 먹을 수 있어서 이리저리 움직였어요.
갑자기 뿡 하고 방귀가 나왔어요.
난 너무 기뻤어요.

핵심형	**병원 입원**	읽기 후- 이야기 관련 어휘				워크북 1-4-1-3
		날짜		이름		

날말이 포함된 이야기글 내용을 보고 목표 어휘를 넣어 새로운 문장을 만들어 보세요.

목표 어휘	어휘 넣어 문장 만들기
약	• 이야기글 약을 먹었는데도 계속 배가 아팠어요.
병원	• 이야기글 결국 나는 맹장 수술을 받으려고 병원에 갔어요.
배고프다	• 이야기글 수술이 잘 끝나고 나자 배가 너무 고팠어요.

<table>
<tr><td rowspan="2">핵심형</td><td rowspan="2">**병원 입원**</td><td colspan="4">읽기 후- 이야기 순서 맞추기, 이야기 도식판</td><td rowspan="2">워크북
1-4-1-4</td></tr>
<tr><td>날짜</td><td></td><td>이름</td><td></td></tr>
</table>

이야기 순서에 맞게 번호를 써 보세요.

	수술이 잘 끝나고 나자 배가 너무 고팠어요.
1	오늘 아침 나는 밥 먹고 나서 갑자기 배가 아팠어요.
	약을 먹었는데도 계속 배가 아팠어요.
5	방귀를 뀌어야 밥 먹을 수 있어서 이리저리 움직였어요.
	갑자기 뿡 하고 방귀가 나왔어요.
7	난 너무 기뻤어요.
3	결국 나는 맹장 수술을 받으려고 병원에 갔어요.

질문을 듣고 밑줄을 긋고 빈칸을 채워 보세요.

<table>
<tr><td colspan="2">제목</td><td colspan="2"></td></tr>
<tr><td colspan="2">등장인물</td><td colspan="2"></td></tr>
<tr><td colspan="2">장소</td><td colspan="2"></td></tr>
<tr><td rowspan="3">1</td><td rowspan="3" colspan="2">오늘 아침 나는 밥 먹고 나서 갑자기 (1)배가 아팠어요. 약을 먹었는데도 계속 배가 아팠어요. 결국 나는 맹장 수술을 받으려고 병원에 갔어요.</td><td>(1) 배</td></tr>
<tr><td>(2)</td></tr>
<tr><td>(3)</td></tr>
<tr><td rowspan="2">2</td><td rowspan="2" colspan="2">수술이 잘 끝나고 나자 배가 너무 고팠어요. 방귀를 뀌어야 밥 먹을 수 있어서 이리저리 움직였어요. 갑자기 뿡 하고 방귀가 나왔어요. 난 너무 기뻤어요.</td><td>(4)</td></tr>
<tr><td>(5)</td></tr>
</table>

핵심형	병원 입원	읽기 후- 이야기글 이해: 이야기 내용				워크북 1-4-1-5
		날짜		이름		

이야기글을 읽고 글의 내용과 관련된 질문에 답하세요.

이야기 이해 질문	아동 반응
1. 밥 먹고 나서 내게 어떤 일이 일어났나요?	
2. 배가 아파서 어떻게 했나요?	
3. 수술이 끝나고 간호사 선생님은 어떻게 해야 된다고 했나요?	
4. 나는 왜 이리저리 움직였나요?	

핵심형	병원 입원	읽기 후- 이야기글 이해: 결속표지				워크북 1-4-1-6
		날짜		이름		

이야기글을 읽고 적절한 낱말을 보기에서 골라 채워 넣으세요.

오늘 아침 나는 밥 먹고 나서 갑자기 배가 아팠어요.

약을 먹었는데________ 계속 배가 아팠어요.

결국 나는 맹장 수술을 받으________ 병원에 갔어요.

수술이 잘 끝나고 나자 배가 너무 고팠어요.

방귀를 뀌어야 밥 먹을 수 있어________ 이리저리 움직였어요.

갑자기 뿡 하고 방귀가 나왔어요.

난 너무 기뻤어요.

보기	-도, -려고, -서

핵심형	**병원 입원**	읽기 후- 이야기 내용 쓰기				워크북 1-4-1-7
		날짜		이름		

①

②

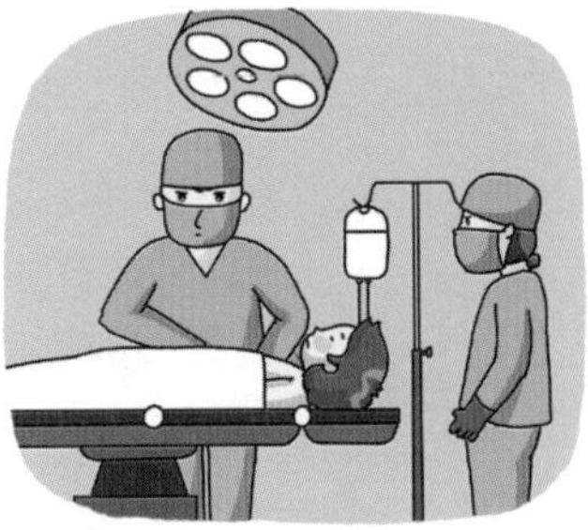

③

④

수술하다
아프다
배

앞의 내용을 보고 이야기 순서대로 내용을 채워 넣으세요.

	➡		➡	

확장형	병원 입원	읽기 전- 배경지식 나누기, 내용 예측하기				워크북 1-4-2-1
		날짜		이름		

그림카드를 보고 관련된 내용을 생각해 보세요.

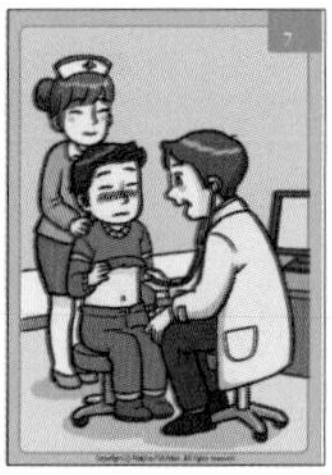

그림과 글자를 보고 어떤 내용의 이야기인지 생각해 보세요.

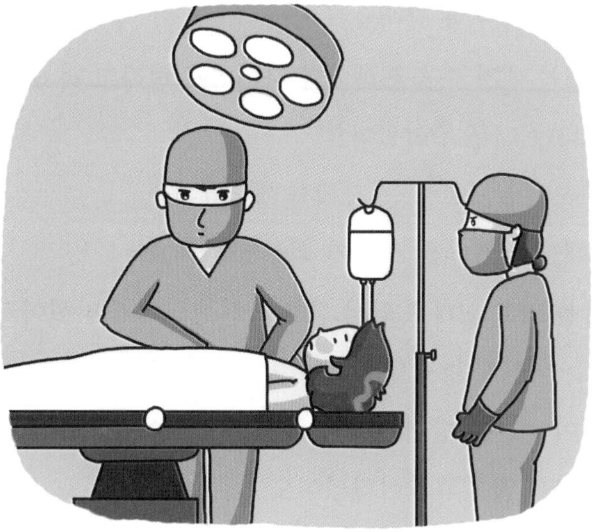

배	입원하다	수술하다	방귀

확장형	병원 입원	읽기 중- 소리 내어 읽기				워크북 1-4-2-2
		날짜		이름		

글을 보고 알맞은 속도로 정확하게 읽어 보세요.

오늘 아침에 나는 맛있게 밥을 먹었어요.
그런데 갑자기 아랫배가 콕콕 쑤시며 아프기 시작했어요.
그래서 나는 엄마에게 배가 아프다고 소화제를 달라고 했어요.
엄마는 내게 소화제 한 알을 주셨고 나는 그것을 먹었어요.
그런데 약을 먹었는데도 계속 배가 아팠어요.
그래서 엄마와 함께 병원에 갔어요.
의사 선생님께서는 맹장 수술을 해야 한다며 입원하라고 하셨어요.
수술을 앞두고 나는 너무 두려웠어요.
길었던 맹장 수술이 끝났고 나는 잠에서 깨어났어요.
그런데 이상하게도 아프지 않고 배가 너무 고팠어요.
그래서 나는 밥을 먹고 싶다고 담당 간호사 선생님에게 말했어요.
간호사 선생님은 나에게 방귀를 꼭 뀌어야 한다고 했어요.
나는 허기가 많이 졌는데 방귀는 계속 나오지 않았어요.
그래서 병실 복도를 열심히 돌아다녔어요.
그리고 순간 뿡 하는 소리와 함께 시원하게 방귀가 나왔어요.
나는 드디어 밥을 먹을 수 있게 되어서 기뻤어요.

확장형	병원 입원	읽기 후– 이야기 관련 어휘				워크북 1-4-2-3
		날짜		이름		

낱말이 포함된 이야기글 내용을 보고 목표 어휘를 넣어 새로운 문장을 만들어 보세요.

목표 어휘	어휘 넣어 문장 만들기
아프다	• 이야기글 그런데 약을 먹었는데도 계속 배가 아팠어요.
소화제	• 이야기글 나는 엄마에게 배가 아프다고 소화제를 달라고 했어요.
입원	• 이야기글 의사 선생님께서는 맹장 수술을 해야 한다며 입원하라고 하셨어요.
배고프다	• 이야기글 그런데 이상하게도 아프지 않고 배가 너무 고팠어요.
방귀	• 이야기글 간호사 선생님은 나에게 방귀를 꼭 뀌어야 한다고 했어요.
시원하게	• 이야기글 순간 뿡 하는 소리와 함께 시원하게 방귀가 나왔어요.

확장형	병원 입원	읽기 후– 이야기 순서 맞추기, 이야기 도식판				워크북 1-4-2-4
		날짜		이름		

이야기 순서에 맞게 번호를 써 보세요.

	나는 허기가 많이 졌는데 방귀는 계속 나오지 않았어요. 그래서 병실 복도를 열심히 돌아다녔어요. 그리고 순간 뿡 하는 소리와 함께 시원하게 방귀가 나왔어요. 나는 드디어 밥을 먹을 수 있게 되어서 기뻤어요.
	길었던 맹장 수술이 끝났고 나는 잠에서 깨어났어요. 그런데 이상하게도 아프지 않고 배가 너무 고팠어요. 그래서 나는 밥을 먹고 싶다고 담당 간호사 선생님에게 말했어요. 간호사 선생님은 나에게 방귀를 꼭 뀌어야 한다고 했어요.
	그런데 약을 먹었는데도 계속 배가 아팠어요. 그래서 엄마와 함께 병원에 갔어요. 의사 선생님께서는 맹장 수술을 해야 한다며 입원하라고 하셨어요. 수술을 앞두고 나는 너무 두려웠어요.
	오늘 아침에 나는 맛있게 밥을 먹었어요. 그런데 갑자기 아랫배가 콕콕 쑤시며 아프기 시작했어요. 그래서 나는 엄마에게 배가 아프다고 소화제를 달라고 했어요. 엄마는 내게 소화제 한 알을 주셨고 나는 그것을 먹었어요.

질문을 듣고 밑줄을 긋고 빈칸을 채워 보세요.

제목		
등장인물		
장소		
1	오늘 아침에 나는 맛있게 밥을 먹었어요. 그런데 갑자기 아랫배가 콕콕 쑤시며 아프기 시작했어요. 그래서 나는 엄마에게 배가 아프다고 소화제를 달라고 했어요. 엄마는 내게 소화제 한 알을 주셨고 나는 그것을 먹었어요.	(1) (2)
2	그런데 약을 먹었는데도 계속 배가 아팠어요. 그래서 엄마와 함께 병원에 갔어요. 의사 선생님께서는 맹장 수술을 해야 한다며 입원하라고 하셨어요. 수술을 앞두고 나는 너무 두려웠어요.	(3) (4) (5)
3	길었던 맹장 수술이 끝났고 나는 잠에서 깨어났어요. 그런데 이상하게도 아프지 않고 배가 너무 고팠어요. 그래서 나는 밥을 먹고 싶다고 담당 (7)간호사 선생님에게 말했어요. 간호사 선생님은 나에게 (8)방귀를 꼭 뀌어야 한다고 했어요.	(6) (7) 간호사 선생님 (8) 방귀
4	나는 허기가 많이 졌는데 방귀는 계속 나오지 않았어요. 그래서 병실 복도를 열심히 돌아다녔어요. 그리고 순간 뿡 하는 소리와 함께 시원하게 방귀가 나왔어요. 나는 드디어 밥을 먹을 수 있게 되어서 기뻤어요.	(9)

확장형	병원 입원	읽기 후- 이야기글 이해: 이야기 내용				워크북 1-4-2-5
		날짜		이름		

이야기글을 읽고 글의 내용과 관련된 질문에 답하세요.

이야기 이해 질문	아동 반응
1. 밥을 먹고 내게 어떤 일이 일어났나요?	
2. 나는 엄마에게 무엇을 달라고 했나요?	
3. 나는 왜 병원에 갔나요?	
4. 의사 선생님은 왜 입원해야 한다고 했나요?	
5. 잠에서 깨어나서 나는 간호사 선생님에게 뭐라고 했나요?	
6. 간호사 선생님은 내게 밥을 먹기 위해 무엇을 해야 한다고 했나요?	
7. 방귀를 뀌기 위해 나는 무엇을 했나요?	
8. 시원하게 방귀가 나왔을 때 왜 기뻤나요?	

확장형	병원 입원	읽기 후- 이야기글 이해: 결속표지				워크북 1-4-2-6
		날짜		이름		

이야기글을 읽고 적절한 낱말을 보기에서 골라 채워 넣으세요.

오늘 아침에 나는 맛있게 밥을 먹었어요.

__________ 갑자기 아랫배가 콕콕 쑤시며 아프기 시작했어요.

그래서 나는 엄마에게 배가 아프다고 소화제를 달라고 했어요.

엄마는 내게 소화제 한 알을 주셨고 나는 그것을 먹었어요.

그런데 약을 먹었는데__________ 계속 배가 아팠어요.

__________ 엄마와 함께 병원에 갔어요.

의사 선생님께서는 맹장 수술을 해야 한다며 입원하라고 하셨어요.

수술을 앞두고 나는 너무 무서웠어요.

길었던 맹장 수술이 끝났고 나는 잠에서 깨어났어요.

그런데 이상하게도 아프지 않고 배가 너무 고팠어요.

그래서 나는 밥을 먹고 싶__________ 담당 간호사 선생님에게 말했어요.

간호사 선생님은 나에게 방귀를 __________ 뀌어야 한다고 했어요.

나는 밥이 너무 먹고 싶은데 방귀는 __________ 나오지 않았어요.

그래서 병실 복도를 열심히 돌아다녔어요.

그리고 순간 뿡 하는 소리와 함께 시원하게 방귀가 나왔어요.

나는 __________ 밥을 먹을 수 있게 되어서 기뻤어요.

보기	그런데, 그래서, 드디어, 계속, -다고, -도, 꼭

확장형	**병원 입원**	읽기 후- 이야기 내용 쓰기				워크북 1-4-2-7
		날짜		이름		

①

②

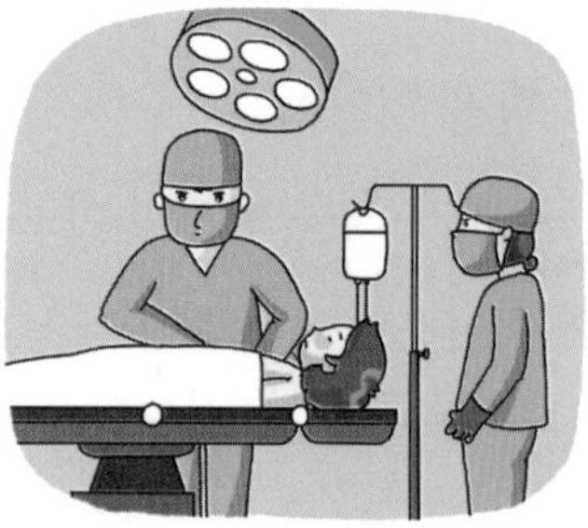

③

④

입원하다

수술

방귀

배

앞의 내용을 보고 이야기 순서대로 글을 써 보세요.

중재목표 5

할아버지와 함께 병원가기

핵심형	할아버지와 함께 병원가기	읽기 전– 배경지식 나누기, 내용 예측하기				워크북 1–5–1–1
		날짜		이름		

그림카드를 보고 관련된 내용을 생각해 보세요.

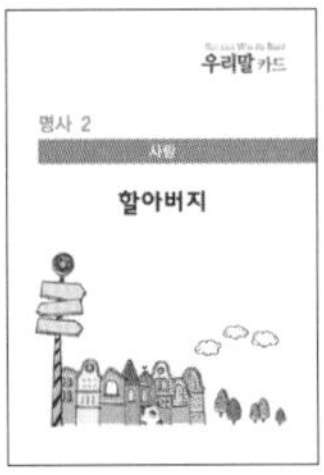

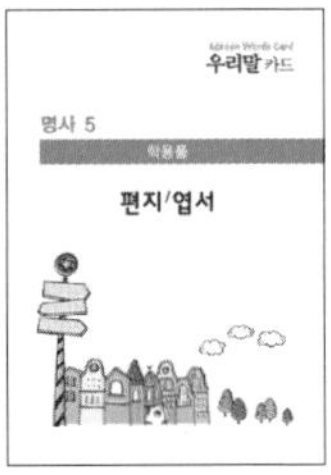

그림과 글자를 보고 어떤 내용의 이야기인지 생각해 보세요.

아빠, 엄마	회사	할아버지	감사하다

핵심형	할아버지와 함께 병원가기	읽기 중- 소리 내어 읽기				워크북 1-5-1-2
		날짜		이름		

글을 보고 알맞은 속도로 정확하게 읽어 보세요.

나는 감기에 걸려서 아팠어요.

그런데 아빠랑 엄마는 회사 가셔야 한대요.

그래서 엄마는 할아버지께 전화를 하셨어요.

나는 할아버지 차를 타고 병원에 갔어요.

병원에 가서 기다리다가 진찰받고 약을 지었어요.

나는 할아버지께 너무 감사했어요.

핵심형	할아버지와 함께 병원가기	읽기 후- 이야기 관련 어휘				워크북 1-5-1-3
		날짜		이름		

🌱 낱말이 포함된 이야기글 내용을 보고 목표 어휘를 넣어 새로운 문장을 만들어 보세요.

목표 어휘	어휘 넣어 문장 만들기
아프다	• 이야기글 나는 감기에 걸려서 아팠어요.
회사	• 이야기글 아빠랑 엄마는 회사에 가셔야 한대요.
진찰받다	• 이야기글 병원에 가서 기다리다가 진찰받고 약을 지었어요.
감사하다	• 이야기글 나는 할아버지께 너무 감사했어요.

핵심형	할아버지와 함께 병원가기	읽기 후- 이야기 순서 맞추기, 이야기 도식판		워크북 1-5-1-4
		날짜	이름	

이야기 순서에 맞게 번호를 써 보세요.

2	그런데 아빠랑 엄마는 회사 가셔야 한대요.
	그래서 엄마는 할아버지께 전화를 하셨어요.
	병원에 가서 기다리다가 진찰받고 약을 지었어요.
6	나는 할아버지께 너무 감사했어요.
	나는 감기에 걸려서 아팠어요.
4	나는 할아버지 차를 타고 병원에 갔어요.

질문을 듣고 밑줄을 긋고 빈칸을 채워 보세요.

<table>
<tr><td colspan="2">제목</td><td colspan="2"></td></tr>
<tr><td colspan="2">등장인물</td><td colspan="2"></td></tr>
<tr><td colspan="2">장소</td><td colspan="2"></td></tr>
<tr><td rowspan="3">1</td><td rowspan="3" colspan="2">나는 <u>(1)감기</u>에 걸려서 아팠어요. 그런데 아빠랑 엄마는 회사 가셔야 한대요. 그래서 엄마는 할아버지께 전화를 하셨어요. 나는 할아버지 차를 타고 병원에 갔어요.</td><td>(1) 감기</td></tr>
<tr><td>(2)</td></tr>
<tr><td>(3)</td></tr>
<tr><td rowspan="2">2</td><td rowspan="2" colspan="2">병원에 가서 기다리다가 진찰받고 약을 지었어요. 나는 할아버지께 너무 <u>(5)감사했어요.</u></td><td>(4)</td></tr>
<tr><td>(5) 감사했어요.</td></tr>
</table>

핵심형	할아버지와 함께 병원가기	읽기 후- 이야기글 이해: 이야기 내용				워크북 1-5-1-5
		날짜		이름		

이야기글을 읽고 글의 내용과 관련된 질문에 답하세요.

이야기 이해 질문	아동 반응
1. 나는 왜 아픈가요?	
2. 아빠와 엄마는 회사 가셔야 해서 어떻게 했나요?	
3. 나는 왜 할아버지께 감사했나요?	

핵심형	할아버지와 함께 병원가기	읽기 후- 이야기글 이해: 결속표지				워크북 1-5-1-6
		날짜		이름		

이야기글을 읽고 적절한 낱말을 보기에서 골라 채워 넣으세요.

나는 감기에 걸려__________ 아팠어요.

__________ 아빠랑 엄마는 회사 가셔야 한대요.

그래서 엄마는 할아버지께 전화를 하셨어요.

나는 할아버지 차를 타고 병원에 갔어요.

병원에 가서 기다리다가 진찰받고 약을 지었어요.

나는 할아버지께 너무 감사했어요.

보기	-서, 그런데

핵심형	할아버지와 함께 병원가기	읽기 후- 이야기 내용 쓰기			워크북 1-5-1-7
		날짜		이름	

①

②

③

④

감사하다

회사

할아버지

아빠, 엄마

앞의 내용을 보고 이야기 순서대로 내용을 채워 넣으세요.

	➡		➡		➡	

확장형	할아버지와 함께 병원가기	읽기 전– 배경지식 나누기, 내용 예측하기				워크북 1–5–2–1
		날짜		이름		

🌱 그림카드를 보고 관련된 내용을 생각해 보세요.

🌱 그림과 글자를 보고 어떤 내용의 이야기인지 생각해 보세요.

아빠, 엄마	회사	할아버지	감사하다

확장형	할아버지와 함께 병원가기	읽기 중- 소리 내어 읽기			워크북 1-5-2-2
		날짜		이름	

글을 보고 알맞은 속도로 정확하게 읽어 보세요.

나는 오늘 아침 일찍 일어났어요.
그런데 나는 갑자기 기침을 심하게 하고 으슬으슬 몸이 추웠어요.
그래서 나는 엄마에게 몸이 너무 아프다고 말했어요.
엄마는 내가 감기에 걸린 것 같다며 많이 걱정하셨어요.
그런데 아빠는 이미 출근하시고, 엄마도 곧 회사에 갈 시간이었어요.
그래서 엄마는 할아버지 댁에 전화를 거셨어요.
결국 할아버지가 우리 집으로 서둘러 오시기로 하셨어요.
초인종 소리와 함께 할아버지의 목소리가 들렸어요.
그래서 나는 힘겹게 일어나서 할아버지께 문을 열어드렸어요.
할아버지는 무척 걱정스러운 눈으로 나를 바라보셨어요.
그리고 나는 할아버지와 함께 근처 병원으로 갔어요.
병원에는 사람들이 너무 많아서 오랫동안 기다려야만 했어요.
기침이 점점 심해진 나를 본 할아버지는 따뜻한 물을 건네주셨어요.
우리 순서가 되었고 의사 선생님께 진찰을 받고 약을 받았어요.
나는 할아버지께 감사한 마음에 편지를 썼어요.

확장형	할아버지와 함께 병원가기	읽기 후– 이야기 관련 어휘				워크북 1-5-2-3
		날짜		이름		

낱말이 포함된 이야기글 내용을 보고 목표 어휘를 넣어 새로운 문장을 만들어 보세요.

목표 어휘	어휘 넣어 문장 만들기
감기	• 이야기글 엄마는 내가 감기에 걸린 것 같다며 많이 걱정하셨어요.
출근하다	• 이야기글 그런데 아빠는 이미 출근하시고, 엄마도 곧 회사에 갈 시간이었어요.
할아버지	• 이야기글 그래서 엄마는 할아버지 댁에 전화를 거셨어요.
병원	• 이야기글 나는 할아버지와 함께 근처 병원으로 갔어요.
기다리다	• 이야기글 병원에는 사람들이 너무 많아서 오랫동안 기다려야만 했어요.
진찰	• 이야기글 우리 순서가 되었고 의사 선생님께 진찰을 받고 약을 받았어요.

확장형	할아버지와 함께 병원가기	읽기 후- 이야기 순서 맞추기, 이야기 도식판				워크북 1-5-2-4
		날짜		이름		

이야기 순서에 맞게 번호를 써 보세요.

	초인종 소리와 함께 할아버지의 목소리가 들렸어요. 그래서 나는 힘겹게 일어나서 할아버지께 문을 열어드렸어요. 할아버지는 무척 걱정스러운 눈으로 나를 바라보셨어요.
	나는 오늘 아침 일찍 일어났어요. 그런데 나는 갑자기 기침을 심하게 하고 으슬으슬 몸이 추웠어요. 그래서 나는 엄마에게 몸이 너무 아프다고 말했어요. 엄마는 내가 감기에 걸린 것 같다며 많이 걱정하셨어요.
	그런데 아빠는 이미 출근하시고, 엄마도 곧 회사에 갈 시간이었어요. 그래서 엄마는 할아버지 댁에 전화를 거셨어요. 결국 할아버지가 우리 집으로 서둘러 오시기로 하셨어요.
	그리고 나는 할아버지와 함께 근처 병원으로 갔어요. 병원에는 사람들이 너무 많아서 오랫동안 기다려야만 했어요. 기침이 점점 심해진 나를 본 할아버지는 따뜻한 물을 건네주셨어요. 우리 순서가 되었고 의사 선생님께 진찰을 받고 약을 받았어요. 나는 할아버지께 감사한 마음에 편지를 썼어요.

질문을 듣고 밑줄을 긋고 빈칸을 채워 보세요.

제목		
등장인물		
장소		
1	나는 오늘 아침 일찍 일어났어요. 그런데 나는 갑자기 기침을 심하게 하고 으슬으슬 몸이 추웠어요. 그래서 나는 엄마에게 몸이 너무 아프다고 말했어요. 엄마는 내가 감기에 걸린 것 같다며 많이 걱정하셨어요.	(1) (2)
2	그런데 아빠는 이미 출근하시고, 엄마도 곧 회사에 갈 시간이었어요. 그래서 엄마는 할아버지 댁에 전화를 거셨어요. 결국 할아버지가 우리 집으로 서둘러 오시기로 하셨어요.	(3) (4)
3	초인종 소리와 함께 할아버지의 목소리가 들렸어요. 그래서 나는 힘겹게 일어나서 할아버지께 문을 열어드렸어요. 할아버지는 무척 <u>(5)걱정스러운 눈으로 나를 바라보셨어요.</u>	(5) 걱정스러운 눈으로 나를 바라보셨어요.
4	그리고 나는 할아버지와 함께 근처 병원으로 갔어요. 병원에는 사람들이 너무 많아서 오랫동안 기다려야만 했어요. 기침이 점점 심해진 나를 본 할아버지는 따뜻한 물을 건네주셨어요. 우리 순서가 되었고 의사 선생님께 진찰을 받고 약을 받았어요. 나는 할아버지께 감사한 마음에 편지를 썼어요.	(6) (7) (8)

확장형	할아버지와 함께 병원가기	읽기 후– 이야기글 이해: 이야기 내용				워크북 1-5-2-5
		날짜		이름		

이야기글을 읽고 글의 내용과 관련된 질문에 답하세요.

이야기 이해 질문	아동 반응
1. 엄마는 왜 걱정하셨나요?	
2. 엄마는 왜 할아버지 댁에 전화를 걸었나요?	
3. 나는 누구와 병원에 갔나요?	
4. 병원에서 왜 오랫동안 기다려야만 했나요?	
5. 기침이 심해지자 할아버지는 무엇을 주셨나요?	
6. 우리 차례가 되어 의사 선생님께 무엇을 받았나요?	
7. 나는 왜 편지를 썼나요?	

확장형	할아버지와 함께 병원가기	읽기 후- 이야기글 이해: 결속표지				워크북 1-5-2-6
		날짜		이름		

이야기글을 읽고 적절한 낱말을 보기에서 골라 채워 넣으세요.

나는 오늘 아침 일찍 일어났어요.
그런데 나는 갑자기 기침을 심하게 하고 으슬으슬 몸이 추웠어요.
그래서 나는 엄마에게 몸이 너무 아프다고 말했어요.
엄마는 내가 감기에 걸린 것 같다며 많이 걱정하셨어요.
__________ 아빠는 이미 출근하시고, 엄마도 곧 회사에 갈 시간이었어요.
__________ 엄마는 할아버지 댁에 전화를 거셨어요.
__________ 할아버지가 우리 집으로 서둘러 오시기로 하셨어요.
초인종 소리와 함께 할아버지의 목소리가 들렸어요.
그래서 나는 힘겹게 일어나서 할아버지께 문을 열어드렸어요.
할아버지는 무척 걱정스러운 눈으로 나를 바라보셨어요.
그리고 나는 할아버지와 __________ 근처 병원으로 갔어요.
병원에는 사람들이 너무 많아__________ 오랫동안 기다려야만 했어요.
기침이 점점 심해진 나를 본 할아버지는 따뜻한 물을 건네주셨어요.
우리 차례가 되었고 의사 선생님께 진찰을 받고 약을 받았어요.
나는 할아버지께 감사한 마음에 편지를 썼어요.

보기	그런데, 그래서, 결국, 함께, -서

확장형	할아버지와 함께 병원가기	읽기 후- 이야기 내용 쓰기				워크북 1-5-2-7
		날짜		이름		

①

②

③

④

아빠, 엄마

회사

할아버지

감사하다

앞의 내용을 보고 이야기 순서대로 글을 써 보세요.

중재목표 6

짝 바꾸는 날

핵심형	짝 바꾸는 날	읽기 전– 배경지식 나누기, 내용 예측하기				워크북 1–6–1–1
		날짜		이름		

그림카드를 보고 관련된 내용을 생각해 보세요.

그림과 글자를 보고 어떤 내용의 이야기인지 생각해 보세요.

짝 바꾸기	지각하다	무섭다	좋다

핵심형	**짝 바꾸는 날**	읽기 중- 소리 내어 읽기 날짜 이름	워크북 1-6-1-2

글을 보고 알맞은 속도로 정확하게 읽어 보세요.

오늘은 짝 바꾸는 날이에요.

짝은 먼저 온 순서대로 앉기로 했어요.

다음 날 나는 늦게 일어났어요.

그래서 지각했어요.

우리 반에 경미는 키도 크고 목소리도 아주 커요.

나는 늦게 와서 무서운 경미랑 짝이 됐어요.

그런데 내가 연필이 없었어요.

경미는 나에게 연필을 빌려주었어요.

경미는 무서운 친구가 아니에요. 나는 내 짝 경미가 좋아요.

핵심형	짝 바꾸는 날	읽기 후– 이야기 관련 어휘				워크북 1–6–1–3
		날짜		이름		

🌱 낱말이 포함된 이야기글 내용을 보고 목표 어휘를 넣어 새로운 문장을 만들어 보세요.

목표 어휘	어휘 넣어 문장 만들기
바꾸다	• 이야기글 오늘은 짝 바꾸는 날이에요.
늦게	• 이야기글 다음 날 나는 늦게 일어났어요.
빌려주다	• 이야기글 경미는 나에게 연필을 빌려주었어요.
좋다	• 이야기글 나는 내 짝 경미가 좋아요.

핵심형	짝 바꾸는 날	읽기 후- 이야기 순서 맞추기, 이야기 도식판		워크북
		날짜	이름	1-6-1-4

이야기 순서에 맞게 번호를 써 보세요.

1	오늘은 짝 바꾸는 날이에요.
	다음 날 나는 늦게 일어났어요.
2	짝은 먼저 온 순서대로 앉기로 했어요.
	그런데 내가 연필이 없었어요.
5	우리 반에 경미는 키도 크고 목소리도 아주 커요.
	그래서 지각했어요.
6	나는 늦게 와서 무서운 경미랑 짝이 됐어요.
	경미는 나에게 연필을 빌려주었어요.
	경미는 무서운 친구가 아니에요. 나는 내 짝 경미가 좋아요.

질문을 듣고 밑줄을 긋고 빈칸을 채워 보세요.

<table>
<tr><td colspan="2">제목</td><td colspan="2"></td></tr>
<tr><td colspan="2">등장인물</td><td colspan="2"></td></tr>
<tr><td colspan="2">장소</td><td colspan="2"></td></tr>
<tr><td rowspan="2">1</td><td rowspan="2">오늘은 (1)짝 바꾸는 날이에요. 짝은 먼저 온 순서대로 앉기로 했어요. 다음 날 나는 늦게 일어났어요. 그래서 지각했어요.</td><td colspan="2">(1) 짝 바꾸는 날</td></tr>
<tr><td colspan="2">(2)</td></tr>
<tr><td rowspan="3">2</td><td rowspan="3">우리 반에 경미는 키도 크고 목소리도 아주 커요. 나는 늦게 와서 무서운 경미랑 짝이 됐어요. 그런데 내가 연필이 없었어요. 경미는 나에게 연필을 빌려주었어요.
경미는 무서운 친구가 아니에요. 나는 내 짝 경미가 좋아요.</td><td colspan="2">(3)</td></tr>
<tr><td colspan="2">(4)</td></tr>
<tr><td colspan="2">(5)</td></tr>
</table>

핵심형	짝 바꾸는 날	읽기 후– 이야기글 이해: 이야기 내용				워크북 1–6–1–5
		날짜		이름		

이야기글을 읽고 글의 내용과 관련된 질문에 답하세요.

이야기 이해 질문	아동 반응
1. 오늘은 무슨 날인가요?	
2. 나는 왜 경미가 무서웠나요?	
3. 연필을 가지고 오지 않았을 때 나는 어땠을까요?	
4. 나는 경미가 왜 좋았나요?	

핵심형	**짝 바꾸는 날**	읽기 후– 이야기글 이해: 결속표지				워크북 1–6–1–6
		날짜		이름		

이야기글을 읽고 적절한 낱말을 보기에서 골라 채워 넣으세요.

오늘은 짝 바꾸는 날이에요.

짝은 먼저 온 순서대로 앉기로 했어요.

다음 날 나는 늦게 일어났어요.

__________ 지각했어요.

우리 반에 경미는 키도 크고 목소리도 아주 커요.

나는 늦게 와서 무서운 경미랑 짝이 됐어요.

__________ 내가 연필이 없었어요.

경미는 나에게 연필을 빌려주었어요.

경미는 무서운 친구가 아니에요. 나는 __________ 경미가 좋아요.

보기	그래서, 그런데, 내 짝

핵심형	**짝 바꾸는 날**	읽기 후- 이야기 내용 쓰기			워크북 1-6-1-7
		날짜		이름	

①

②

③

④

짝 바꾸기
무섭다
지각하다
좋다

앞의 내용을 보고 이야기 순서대로 내용을 채워 넣으세요.

	➡		➡		➡	

확장형	짝 바꾸는 날	읽기 전- 배경지식 나누기, 내용 예측하기				워크북 1-6-2-1
		날짜		이름		

그림카드를 보고 관련된 내용을 생각해 보세요.

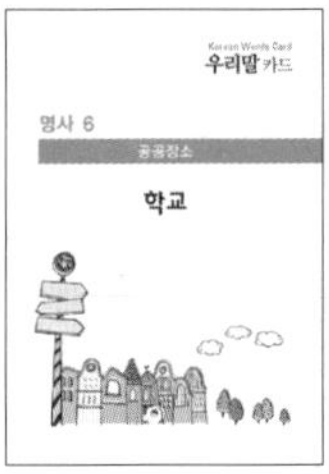

그림과 글자를 보고 어떤 내용의 이야기인지 생각해 보세요.

짝 바꾸기	지각하다	무섭다	빌려주다	좋다

확장형	짝 바꾸는 날	읽기 중- 소리 내어 읽기				워크북 1-6-2-2
		날짜		이름		

글을 보고 알맞은 속도로 정확하게 읽어 보세요.

내일은 한 달에 한 번 짝 바꾸는 날이에요.

선생님께서는 어떻게 바꿀지 의견을 내 보라고 하셨어요.

나는 손을 높이 들었어요.

"아침에 먼저 온 순서대로 자리에 앉는 것이 좋겠어요."라고 이야기하였어요.

아이들과 선생님 모두 좋아하였고 내 의견을 따르기로 하였어요.

다음날 나는 늦게 일어나서 허겁지겁 학교에 갔어요.

자리는 꽉 차 있었고 키가 크고 목소리가 큰 경미의 옆만 비어 있었어요.

나는 경미가 무서워서 가인이에게 살짝 가서 짝을 바꾸자고 했어요.

하지만 가인이가 싫다고 해서 나는 어쩔 수 없이 경미 옆에 앉을 수밖에 없었어요.

나는 가방을 열어 필통을 꺼내려고 하는데 필통이 보이지 않았어요.

내가 허둥지둥거리자 경미는 연필을 빌려주었어요.

나는 말없이 경미에게 연필을 받았어요.

경미는 나에게 연필을 주며 "우리 한 달 동안 재밌게 지내자."라고 반갑게 말을 걸었어요.

경미는 더 이상 무섭지 않았어요.

나는 연필을 빌려줘서 고맙다고 하며 가방에 있는 초콜릿을 건네주었어요.

우리는 둘도 없는 친구가 되었고, 나는 계속 경미와 함께 짝이 되고 싶었어요.

확장형	짝 바꾸는 날	읽기 후– 이야기 관련 어휘				워크북 1-6-2-3
		날짜		이름		

낱말이 포함된 이야기글 내용을 보고 목표 어휘를 넣어 새로운 문장을 만들어 보세요.

목표 어휘	어휘 넣어 문장 만들기
짝 바꾸기	• 이야기글 내일은 한 달에 한 번 짝 바꾸는 날이에요.
의견	• 이야기글 선생님께서는 어떻게 바꿀지 의견을 내 보라고 하셨어요.
순서	• 이야기글 “아침에 먼저 온 순서대로 자리에 앉는 것이 좋겠어요.”라고 이야기하였어요.
비어 있다	• 이야기글 자리는 꽉 차 있었고 키가 크고 목소리가 큰 경미의 옆만 비어 있었어요.
반갑게	• 이야기글 경미는 나에게 연필을 주며 “우리 한 달 동안 재밌게 지내자.”라고 반갑게 말을 걸었어요.
건네주다	• 이야기글 나는 연필을 빌려줘서 고맙다고 하며 가방에 있는 초콜릿을 건네주었어요.

확장형	짝 바꾸는 날	읽기 후- 이야기 순서 맞추기, 이야기 도식판				워크북 1-6-2-4
		날짜		이름		

이야기 순서에 맞게 번호를 써 보세요.

	다음 날 나는 늦게 일어나서 허겁지겁 학교에 갔어요. 자리는 꽉 차 있었고 키가 크고 목소리가 큰 경미의 옆만 비어 있었어요. 나는 경미가 무서워서 가인이에게 살짝 가서 짝을 바꾸자고 했어요. 하지만 가인이가 싫다고 해서 나는 어쩔 수 없이 경미 옆에 앉을 수밖에 없었어요.
	내일은 한 달에 한 번 짝 바꾸는 날이에요. 선생님께서는 어떻게 바꿀지 의견을 내 보라고 하셨어요. 나는 손을 높이 들었어요. "아침에 먼저 온 순서대로 자리에 앉는 것이 좋겠어요."라고 이야기하였어요. 아이들과 선생님 모두 좋아하였고 내 의견을 따르기로 하였어요.
	나는 가방을 열어 필통을 꺼내려고 하는데 필통이 보이지 않았어요. 내가 허둥지둥거리자 경미는 연필을 빌려주었어요. 나는 말없이 경미에게 연필을 받았어요.
	경미는 나에게 연필을 주며 "우리 한 달 동안 재밌게 지내자."라고 반갑게 말을 걸었어요. 경미는 더 이상 무섭지 않았어요. 나는 연필을 빌려줘서 고맙다고 하며 가방에 있는 초콜릿을 건네주었어요. 우리는 둘도 없는 친구가 되었고, 나는 계속 경미와 함께 짝이 되고 싶었어요.

질문을 듣고 밑줄을 긋고 빈칸을 채워 보세요.

<table>
<tr><td colspan="2">제목</td><td colspan="2"></td></tr>
<tr><td colspan="2">등장인물</td><td colspan="2"></td></tr>
<tr><td colspan="2">장소</td><td colspan="2"></td></tr>
<tr><td rowspan="2">1</td><td rowspan="2" colspan="2">내일은 한 달에 한 번 (1)짝 바꾸는 날이에요. 선생님께서는 어떻게 바꿀지 의견을 내 보라고 하셨어요. 나는 손을 높이 들었어요.
"아침에 (2)먼저 온 순서대로 자리에 앉는 것이 좋겠어요."라고 이야기하였어요.
아이들과 선생님 모두 좋아하였고 내 의견을 따르기로 하였어요.</td><td>(1) 짝 바꾸는 날</td></tr>
<tr><td>(2) 먼저 온 순서대로</td></tr>
<tr><td rowspan="3">2</td><td rowspan="3" colspan="2">다음날 나는 늦게 일어나서 허겁지겁 학교에 갔어요. 자리는 꽉 차 있었고 키가 크고 목소리가 큰 경미의 옆만 비어 있었어요. 나는 경미가 무서워서 가인이에게 살짝 가서 짝을 바꾸자고 했어요. 하지만 가인이가 싫다고 해서 나는 어쩔 수 없이 경미 옆에 앉을 수밖에 없었어요.</td><td>(3)</td></tr>
<tr><td>(4)</td></tr>
<tr><td>(5)</td></tr>
<tr><td rowspan="2">3</td><td rowspan="2" colspan="2">나는 가방을 열어 필통을 꺼내려고 하는데 필통이 보이지 않았어요. 내가 허둥지둥거리자 경미는 연필을 빌려주었어요. 나는 말없이 경미에게 연필을 받았어요.</td><td>(6)</td></tr>
<tr><td>(7)</td></tr>
<tr><td rowspan="3">4</td><td rowspan="3" colspan="2">경미는 나에게 연필을 주며 "우리 한 달 동안 재밌게 지내자."라고 반갑게 말을 걸었어요. 경미는 더 이상 무섭지 않았어요. 나는 연필을 빌려줘서 고맙다고 하며 가방에 있는 초콜릿을 건네주었어요. 우리는 둘도 없는 친구가 되었고, 나는 계속 경미와 함께 짝이 되고 싶었어요.</td><td>(8)</td></tr>
<tr><td>(9)</td></tr>
<tr><td>(10)</td></tr>
</table>

확장형	짝 바꾸는 날	읽기 후– 이야기글 이해: 이야기 내용				워크북 1–6–2–5
		날짜		이름		

이야기글을 읽고 글의 내용과 관련된 질문에 답하세요.

이야기 이해 질문	아동 반응
1. 내일은 어떤 날인가요?	
2. 나는 짝 바꾸는 날에 어떤 의견을 냈나요?	
3. 다음 날 나는 왜 경미의 옆자리에 앉게 되었나요?	
4. 나는 왜 경미의 옆자리에 앉기 싫었나요?	
5. 나는 무엇을 가져오지 않았나요?	
6. 경미는 허둥지둥하는 나를 보고 어떻게 했나요?	
7. 나는 왜 초콜릿을 건네주었나요?	

확장형	짝 바꾸는 날	읽기 후- 이야기글 이해: 결속표지			워크북 1-6-2-6
		날짜		이름	

이야기글을 읽고 적절한 낱말을 보기에서 골라 채워 넣으세요.

내일은 한 달에 한 번 짝 바꾸는 날이에요.
선생님께서는 어떻게 바꿀지 의견을 내 보라고 하셨어요.
나는 손을 높이 들었어요.
"아침에 먼저 온 순서대로 자리에 앉는 것이 좋겠어요."라고 이야기하였어요.
아이들과 선생님 모두 좋아하였고 내 의견을 따르기로 하였어요.
다음날 나는 늦게 일어나서 허겁지겁 학교에 갔어요.
자리는 꽉 차 있었고 키가 크고 목소리가 큰 경미의 옆________ 비어 있었어요.
나는 경미가 무서워________ 가인이에게 살짝 가서 짝을 바꾸자고 했어요.
하지만 가인이가 싫다고 해서 나는 어쩔 수 없이 경미 옆에 앉을 수밖에 없었어요.
나는 가방을 열어 필통을 꺼내려고 하는데 필통이 보이지 않았어요.
내가 허둥지둥거리자 경미는 연필을 빌려주었어요.
나는 말없이 경미에게 연필을 받았어요.
경미는 나에게 연필을 주며 "우리 한 달 동안 재밌게 지내자."라고 반갑게 말을 걸었어요.
경미는 더 이상 무섭지 않았어요.
나는 연필을 빌려줘서 고맙다고 하며 가방에 있는 초콜릿을 건네주었어요.
우리는 둘도 없는 친구가 되었고, 나는 ________ 경미와 함께 짝이 되고 싶었어요.

보기	-만, -서, 계속

확장형	짝 바꾸는 날	읽기 후- 이야기 내용 쓰기				워크북 1-6-2-7
		날짜		이름		

①

②

③

④

짝 바꾸기

지각하다

무섭다

빌려주다

좋다

앞의 내용을 보고 이야기 순서대로 글을 써 보세요.

한국어 해독해 ⑤ 이야기와 설명 담화 독해 워크북

중재목표 7

도서관

핵심형	도서관	읽기 전- 배경지식 나누기, 내용 예측하기				워크북 1-7-1-1
		날짜		이름		

그림카드를 보고 관련된 내용을 생각해 보세요.

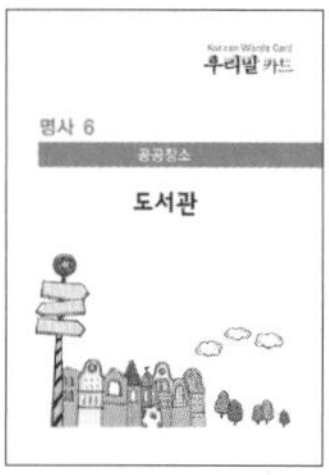

그림과 글자를 보고 어떤 내용의 이야기인지 생각해 보세요.

도서관	책 찾기	도와주다	조용히

핵심형	도서관	읽기 중- 소리 내어 읽기				워크북 1-7-1-2
		날짜		이름		

글을 보고 알맞은 속도로 정확하게 읽어 보세요.

나는 경미에게 도서관에 가자고 했어요.
처음 가는 곳은 두근두근해요.
경미는 책 찾는 방법을 알려 주었어요.
그런데 경미가 알려 준 대로 했는데도 안 됐어요.
그래서 경미가 도와주었어요.
드디어 책을 찾게 되었어요.
나는 조용히 책을 봤어요.

핵심형	도서관	읽기 후- 이야기 관련 어휘				워크북 1-7-1-3
		날짜		이름		

날말이 포함된 이야기글 내용을 보고 목표 어휘를 넣어 새로운 문장을 만들어 보세요.

목표 어휘	어휘 넣어 문장 만들기
도서관	• 이야기글 나는 경미에게 도서관에 가자고 했어요.
찾다	• 이야기글 경미는 책 찾는 방법을 알려 주었어요.
돕다	• 이야기글 그래서 경미가 도와주었어요.
조용히	• 이야기글 나는 조용히 책을 봤어요.

핵심형	도서관	읽기 후- 이야기 순서 맞추기, 이야기 도식판				워크북 1-7-1-4
		날짜		이름		

이야기 순서에 맞게 번호를 써 보세요.

1	나는 경미에게 도서관에 가자고 했어요.
	그런데 경미가 알려 준 대로 했는데도 안 됐어요.
	경미는 책 찾는 방법을 알려 주었어요.
5	그래서 경미가 도와주었어요.
6	드디어 책을 찾게 되었어요.
2	처음 가는 곳은 두근두근해요.
	나는 조용히 책을 봤어요.

질문을 듣고 밑줄을 긋고 빈칸을 채워 보세요.

<table>
<tr><td colspan="2">제목</td><td colspan="2"></td></tr>
<tr><td colspan="2">등장인물</td><td colspan="2"></td></tr>
<tr><td colspan="2">장소</td><td colspan="2"></td></tr>
<tr><td rowspan="3">1</td><td rowspan="3">나는 경미에게 (1)도서관에 가자고 했어요.
처음 가는 곳은 두근두근해요.
경미는 책 찾는 방법을 알려 주었어요.
그런데 경미가 알려 준 대로 했는데도 안 됐어요.</td><td colspan="2">(1) 도서관</td></tr>
<tr><td colspan="2">(2)</td></tr>
<tr><td colspan="2">(3)</td></tr>
<tr><td rowspan="2">2</td><td rowspan="2">그래서 (4)경미가 도와주었어요.
드디어 책을 찾게 되었어요.
나는 조용히 책을 봤어요.</td><td colspan="2">(4) 경미</td></tr>
<tr><td colspan="2">(5)</td></tr>
</table>

핵심형	도서관	읽기 후- 이야기글 이해: 이야기 내용				워크북 1-7-1-5
		날짜		이름		

이야기글을 읽고 글의 내용과 관련된 질문에 답하세요.

이야기 이해 질문	아동 반응
1. 나는 경미한테 어디에 가자고 했나요?	
2. 나는 왜 두근두근거렸나요?	
3. 책 찾는 방법을 몰라서 어떻게 하였나요?	

핵심형	도서관	읽기 후- 이야기글 이해: 결속표지				워크북 1-7-1-6
		날짜		이름		

이야기글을 읽고 적절한 낱말을 보기에서 골라 채워 넣으세요.

나는 경미에게 도서관에 가자__________ 했어요.

처음 가는 곳은 두근두근해요.

경미는 책 찾는 방법을 알려 주었어요.

__________ 경미가 알려 준 대로 했는데도 안 됐어요.

그래서 경미가 __________ 도와주었어요.

드디어 책을 찾게 되었어요.

나는 조용히 책을 봤어요.

보기	-고, 그런데, 다시

핵심형	도서관	읽기 후- 이야기 내용 쓰기				워크북 1-7-1-7
		날짜		이름		

①

②

③

④

도서관
도와주다
책 찾기
조용히

앞의 내용을 보고 이야기 순서대로 내용을 채워 넣으세요.

	➡		➡		➡	

확장형	도서관	읽기 전– 배경지식 나누기, 내용 예측하기				워크북 1-7-2-1
		날짜		이름		

그림카드를 보고 관련된 내용을 생각해 보세요.

그림과 글자를 보고 어떤 내용의 이야기인지 생각해 보세요.

숙제	도서관	검색하다	발표 준비	칭찬받다

확장형	도서관	읽기 중- 소리 내어 읽기				워크북 1-7-2-2
		날짜		이름		

글을 보고 알맞은 속도로 정확하게 읽어 보세요.

선생님은 수업이 끝나고 짝과 함께 하는 숙제를 내 주셨어요.

그래서 이번 주 토요일에 도서관에 같이 가기로 약속하였어요.

나는 도서관에 처음 가는 것이라 조금 설레었어요.

경미는 토요일에 도서관 앞에서 만나자고 하였어요.

토요일에 경미와 나는 신나게 도서관으로 향하였어요.

나는 어떻게 검색하는지 몰라서 경미에게 물어보았어요.

경미는 도서관에서 책을 검색하는 방법을 설명해 주었어요.

우리는 책을 찾아서 숙제를 모두 완성하였고 발표 준비를 했어요.

발표준비를 하는데 경미가 너무 긴장해서 나에게 발표를 하라고 했어요.

나도 긴장되었지만 집에서 열심히 연습을 했어요.

숙제 발표 날, 나는 경미와 준비한 자료를 앞에 나와서 떨리는 마음으로 발표를 했어요.

갑자기 중간에 내용이 생각나지 않았어요.

그때 경미를 보았는데 경미가 작은 소리로 알려 주었어요.

나는 더 씩씩한 목소리로 발표를 끝냈고, 결국 선생님께서 우리 팀이 제일 잘했다고 칭찬을 해 주셨어요.

확장형	도서관	읽기 후- 이야기 관련 어휘				워크북 1-7-2-3
		날짜		이름		

날말이 포함된 이야기글 내용을 보고 목표 어휘를 넣어 새로운 문장을 만들어 보세요.

목표 어휘	어휘 넣어 문장 만들기
도서관	• 이야기글 이번 주 토요일에 도서관에 같이 가기로 약속했어요.
설레다	• 이야기글 나는 도서관에 처음 가는 것이라 조금 설레었어요.
검색	• 이야기글 경미는 도서관에서 책을 검색하는 방법을 설명해 주었어요.
발표하다	• 이야기글 나는 경미와 준비한 자료를 앞에 나와서 떨리는 마음으로 발표를 했어요.

확장형	도서관	읽기 후- 이야기 순서 맞추기, 이야기 도식판				워크북 1-7-2-4
		날짜		이름		

이야기 순서에 맞게 번호를 써 보세요.

	선생님은 수업이 끝나고 짝과 함께 하는 숙제를 내 주셨어요. 그래서 이번 주 토요일에 도서관에 같이 가기로 약속하였어요. 나는 도서관에 처음 가는 것이라 조금 설레었어요. 경미는 토요일에 도서관 앞에서 만나자고 하였어요.
	우리는 책을 찾아서 숙제를 모두 완성하였고 발표 준비를 했어요. 발표 준비를 하는데 경미가 너무 긴장해서 나에게 발표를 하라고 했어요. 나도 긴장되었지만 집에서 열심히 연습을 했어요.
	숙제 발표 날, 나는 경미와 준비한 자료를 앞에 나와서 떨리는 마음으로 발표를 했어요. 갑자기 중간에 내용이 생각나지 않았어요. 그때 경미를 보았는데 경미가 작은 소리로 알려 주었어요. 나는 더 씩씩한 목소리로 발표를 끝냈고, 결국 선생님께서 우리 팀이 제일 잘했다고 칭찬을 해 주셨어요.
	토요일에 경미와 나는 신나게 도서관으로 향하였어요. 나는 어떻게 검색하는지 몰라서 경미에게 물어보았어요. 경미는 도서관에서 책을 검색하는 방법을 설명해 주었어요.

질문을 듣고 밑줄을 긋고 빈칸을 채워 넣어보세요.

제목		
등장인물		
장소		
1	선생님은 수업이 끝나고 짝과 함께 하는 숙제를 내 주셨어요. 그래서 이번 주 토요일에 도서관에 같이 가기로 약속하였어요. 나는 도서관에 처음 가는 것이라 조금 설레었어요. 경미는 토요일에 도서관 앞에서 만나자고 하였어요.	(1) (2)
2	토요일에 경미와 나는 신나게 도서관으로 향하였어요. 나는 어떻게 검색하는지 몰라서 (3)경미에게 물어보았어요. 경미는 도서관에서 (4)책을 검색하는 방법을 설명해 주었어요.	(3) 경미 (4) 책을 검색하는 방법
3	우리는 책을 찾아서 숙제를 모두 완성하였고 발표 준비를 했어요. 발표 준비를 하는데 경미가 너무 긴장해서 나에게 발표를 하라고 했어요. 나도 긴장되었지만 집에서 열심히 연습을 했어요.	(5) (6)
4	숙제 발표 날, 나는 경미와 준비한 자료를 앞에 나와서 떨리는 마음으로 발표를 했어요. 갑자기 중간에 내용이 생각나지 않았어요. 그때 경미를 보았는데 (8)경미가 작은 소리로 알려 주었어요. 나는 더 씩씩한 목소리로 발표를 끝냈고, 결국 선생님께서 우리 팀이 제일 잘했다고 칭찬을 해 주셨어요.	(7) (8) 경미가 작은 소리로 알려 주었어요. (9)

확장형	도서관	읽기 후- 이야기글 이해: 이야기 내용				워크북 1-7-2-5
		날짜		이름		

이야기글을 읽고 글의 내용과 관련된 질문에 답하세요.

이야기 이해 질문	아동 반응
1. 우리는 왜 도서관에 가기로 했나요?	
2. 나는 왜 설레었나요?	
3. 나는 책을 찾는 방법을 몰라서 어떻게 했나요?	
4. 숙제 발표 날 나는 어떤 마음이 들었을까요?	
5. 발표가 끝나고 나서 어떻게 되었나요?	

확장형	도서관	읽기 후- 이야기글 이해: 결속표지				워크북 1-7-2-6
		날짜		이름		

이야기글을 읽고 적절한 낱말을 보기에서 골라 채워 넣으세요.

선생님은 수업이 끝나고 짝과 함께 하는 숙제를 내주셨어요.
__________ 이번 주 토요일에 도서관에 같이 가기로 약속하였어요.
나는 도서관에 처음 가는 것이라 조금 설레었어요.
경미는 토요일에 도서관 앞에서 만나자고 하였어요.
토요일에 경미와 나는 신나게 도서관으로 향하였어요.
나는 어떻게 검색하는지 몰라__________ 경미에게 물어보았어요.
경미는 도서관에서 책을 검색하는 방법을 설명해 주었어요.
우리는 책을 찾아서 숙제를 모두 완성하였고 발표 준비를 했어요.
발표 준비를 하는데 경미가 너무 긴장해서 나에게 발표를 하라고 했어요.
나도 긴장되었지만 집에서 열심히 연습을 했어요.
숙제 발표 날, 나는 경미와 준비한 자료를 앞에 나와서 떨리는 마음으로 발표를 했어요.
갑자기 중간에 내용이 생각나지 않았어요.
__________ 경미를 보았는데 경미가 작은 소리로 알려 주었어요.
나는 더 씩씩한 목소리로 발표를 끝냈고, 결국 선생님께서 우리 팀이 제일 잘했다고 칭찬을 해 주셨어요.

보기	그래서, -서, 그때

확장형	도서관	읽기 후- 이야기 내용 쓰기				워크북 1-7-2-7
		날짜		이름		

①

②

③

④

숙제

도서관

검색하다

발표 준비

칭찬받다

앞의 내용을 보고 이야기 순서대로 글을 써 보세요.

중재목표 8

축구하기

핵심형	축구하기	읽기 전- 배경지식 나누기, 내용 예측하기		워크북 1-8-1-1
		날짜	이름	

그림카드를 보고 관련된 내용을 생각해 보세요.

그림과 글자를 보고 어떤 내용의 이야기인지 생각해 보세요.

축구	숙제	엄마	신나게

핵심형	축구하기	읽기 중- 소리 내어 읽기				워크북 1-8-1-2
		날짜		이름		

글을 보고 알맞은 속도로 정확하게 읽어 보세요.

나는 공부를 많이 해요.
어느 날 친구가 수업 끝나고 축구를 하자고 했어요.
나는 숙제 때문에 안 된다고 했어요.
하지만 축구를 하고 싶었어요.
학원 끝나고 오니 엄마가 어디 아프냐고 물어보았어요.
내 이야기를 듣고 엄마는 내일 친구들과 축구를 해도 된다고 하셨어요.
나는 너무 기뻤고, 다음 날 친구들과 신나게 축구를 했어요.

핵심형	축구하기	읽기 후- 이야기 관련 어휘				워크북 1-8-1-3
		날짜		이름		

낱말이 포함된 이야기글 내용을 보고 목표 어휘를 넣어 새로운 문장을 만들어 보세요.

목표 어휘	어휘 넣어 문장 만들기
축구하다	• 이야기글 어느 날 친구가 수업 끝나고 축구를 하자고 했어요.
학원	• 이야기글 학원 끝나고 오니 엄마가 어디 아프냐고 물어보았어요.

핵심형	축구하기	읽기 후- 이야기 순서 맞추기, 이야기 도식판				워크북 1-8-1-4
		날짜		이름		

이야기 순서에 맞게 번호를 써 보세요.

1	나는 공부를 많이 해요.
	학원 끝나고 오니 엄마가 어디 아프냐고 물어보았어요.
6	내 이야기를 듣고 엄마는 내일 친구들과 축구를 해도 된다고 하셨어요.
3	나는 숙제 때문에 안 된다고 했어요.
	어느 날 친구가 수업 끝나고 축구하자고 했어요.
	하지만 축구를 하고 싶었어요.
7	나는 너무 기뻤고, 다음 날 친구들과 신나게 축구를 했어요.

질문을 듣고 밑줄을 긋고 빈칸을 채워 보세요.

제목		
등장인물		
장소		
1	나는 (1)공부를 많이 해요. 어느 날 친구가 수업 끝나고 축구를 하자고 했어요. 나는 숙제 때문에 안 된다고 했어요. 하지만 축구를 하고 싶었어요.	(1) 공부
		(2)
		(3)
2	학원 끝나고 오니 엄마가 어디 아프냐고 물어보았어요. 내 이야기를 듣고 엄마는 내일 친구들과 축구를 해도 된다고 하셨어요. 나는 너무 기뻤고, 다음 날 친구들과 신나게 축구를 했어요.	(4)
		(5)
		(6)

핵심형	축구하기	읽기 후- 이야기글 이해: 이야기 내용				워크북 1-8-1-5
		날짜		이름		

이야기글을 읽고 글의 내용과 관련된 질문에 답하세요.

이야기 이해 질문	아동 반응
1. 친구가 수업 끝나고 뭐하자고 했나요?	
2. 나는 왜 안 된다고 했나요?	
3. 엄마에게 이야기를 하자 어떻게 하라고 하셨나요?	
4. 나는 결국 어떻게 했나요?	

핵심형	축구하기	읽기 후- 이야기글 이해: 결속표지		워크북
		날짜	이름	1-8-1-6

이야기글을 읽고 적절한 낱말을 보기에서 골라 채워 넣으세요.

나는 공부를 많이 해요.

어느 날 친구가 수업 끝나고 축구를 하자고 했어요.

나는 숙제 때문에 안 된다고 했어요.

__________ 축구를 하고 싶었어요.

학원 끝나고 오니 엄마가 어디 아프냐고 물어보았어요.

내 이야기를 듣고 엄마는 내일 친구들과 축구를 해도 된__________ 하셨어요.

나는 너무 기뻤고, 다음 날 친구들과 __________ 축구를 했어요.

보기	하지만, -다고, 신나게

핵심형	축구하기	읽기 후- 이야기 내용 쓰기				워크북 1-8-1-7
		날짜		이름		

①

②

③

④

축구하고 싶다

숙제 많다

즐겁게 축구하다

엄마에게 물어보다

앞의 내용을 보고 이야기 순서대로 내용을 채워 넣으세요.

확장형	축구하기	읽기 전- 배경지식 나누기, 내용 예측하기				워크북 1-8-2-1
		날짜		이름		

그림카드를 보고 관련된 내용을 생각해 보세요.

그림과 글자를 보고 어떤 내용의 이야기인지 생각해 보세요.

축구	숙제	허락하다	즐겁게

확장형	축구하기	읽기 중- 소리 내어 읽기				워크북 1-8-2-2
		날짜		이름		

글을 보고 알맞은 속도로 정확하게 읽어 보세요.

조용하던 운동장은 종소리와 함께 금세 아이들로 채워졌어요.
반장 재희가 수업이 끝나자마자 축구를 하자고 하였어요.
나는 학원을 가야 해서 축구를 할 수 없었어요.
사실 나도 친구들과 축구를 하고 싶었어요.
재희는 "다음에는 꼭 같이 하자."라고 하였어요.
나는 발걸음이 무겁게 학원으로 갔어요.
학원에 갔지만 나는 축구를 하고 싶어서 집중을 하지 못했어요.
선생님께서는 집중하라고 주의를 주셨어요.
나는 다시 집중하려고 노력했어요.
결국 나는 포기한 채, 벤치에서 엄마를 기다렸어요.
엄마께서 왜 힘들어 보이냐고 물었어요.
"형무야, 학원에서 무슨 일 있었어?"
"엄마, 저 애들이랑 놀고 싶어요."라고 말했어요.
그러자 엄마는 내일은 친구들과 놀아도 된다고 허락해 주셨어요.
다음 날 학교를 가면서 콧노래를 불렀어요.
재희는 방과 후에 축구할 친구들을 모으고 있었어요.
그래서 재희에게 나도 하겠다고 말하였어요.
방과 후에 친구들과 즐겁게 축구를 하였어요.

확장형	축구하기	읽기 후– 이야기 관련 어휘				워크북 1-8-2-3
		날짜		이름		

낱말이 포함된 이야기글 내용을 보고 목표 어휘를 넣어 새로운 문장을 만들어 보세요.

목표 어휘	어휘 넣어 문장 만들기
축구	• 이야기글 반장 재희가 수업이 끝나자마자 축구를 하자고 하였어요.
학원	• 이야기글 나는 학원을 가야 해서 축구를 할 수 없었어요.
집중하다	• 이야기글 학원에 갔지만 나는 축구를 하고 싶어서 집중을 하지 못했어요.
주의를 주다	• 이야기글 선생님께서는 집중하라고 주의를 주셨어요.
허락하다	• 이야기글 그러자 엄마는 내일은 친구들과 놀아도 된다고 허락해 주셨어요.
모으다	• 이야기글 재희는 방과 후에 축구할 친구들을 모으고 있었어요.

확장형	축구하기	읽기 후- 이야기 순서 맞추기, 이야기 도식판				워크북 1-8-2-4
		날짜		이름		

이야기 순서에 맞게 번호를 써 보세요.

	학원에 갔지만 나는 축구를 하고 싶어서 집중을 하지 못했어요. 선생님께서는 집중하라고 주의를 주셨어요. 나는 다시 집중하려고 노력했어요. 결국 나는 포기한 채, 벤치에서 엄마를 기다렸어요.
	엄마께서 왜 힘들어 보이냐고 물었어요. "형무야, 학원에서 무슨 일 있었어?" "엄마, 저 애들이랑 놀고 싶어요."라고 말했어요. 그러자 엄마는 내일은 친구들과 놀아도 된다고 허락해 주셨어요.
	조용하던 운동장은 종소리와 함께 금세 아이들로 채워졌어요. 반장 재희가 수업이 끝나자마자 축구를 하자고 하였어요. 나는 학원을 가야 해서 축구를 할 수 없었어요. 사실 나도 친구들과 축구를 하고 싶었어요. 재희는 "다음에는 꼭 같이 하자."라고 하였어요. 나는 발걸음이 무겁게 학원으로 갔어요.
	다음 날 학교를 가면서 콧노래를 불렀어요. 재희는 방과 후에 축구할 친구들을 모으고 있었어요. 그래서 재희에게 나도 하겠다고 말하였어요. 방과 후에 친구들과 즐겁게 축구를 하였어요.

질문을 듣고 밑줄을 긋고 빈칸을 채워 보세요.

<table>
<tr><th colspan="2">제목</th><td colspan="2"></td></tr>
<tr><th colspan="2">등장인물</th><td colspan="2"></td></tr>
<tr><th colspan="2">장소</th><td colspan="2"></td></tr>
<tr><td rowspan="3">1</td><td rowspan="3">조용하던 운동장은 종소리와 함께 금세 아이들로 채워졌어요. 반장 재희가 수업이 끝나자마자 축구를 하자고 하였어요. 나는 학원을 가야 해서 축구를 할 수 없었어요. 사실 나도 친구들과 축구를 하고 싶었어요. 재희는 “다음에는 꼭 같이 하자.”라고 하였어요. 나는 발걸음이 무겁게 학원으로 갔어요.</td><td colspan="2">(1)</td></tr>
<tr><td colspan="2">(2)</td></tr>
<tr><td colspan="2">(3)</td></tr>
<tr><td rowspan="2">2</td><td rowspan="2">학원에 갔지만 나는 축구를 하고 싶어서 집중을 하지 못했어요. 선생님께서는 집중하라고 주의를 주셨어요. 나는 다시 집중하려고 노력했어요. 결국 나는 포기한 채, 벤치에서 엄마를 기다렸어요.</td><td colspan="2">(4)</td></tr>
<tr><td colspan="2">(5)</td></tr>
<tr><td>3</td><td>엄마께서 왜 힘들어 보이냐고 물었어요.
“형무야, 학원에서 무슨 일 있었어?”
“엄마, 저 애들이랑 놀고 싶어요.”라고 말했어요.
그러자 엄마는 내일은 친구들과 놀아도 된다고 허락해 주셨어요.</td><td colspan="2">(6)</td></tr>
<tr><td rowspan="2">4</td><td rowspan="2">다음 날 학교를 가면서 콧노래를 불렀어요. 재희는 방과 후에 축구할 친구들을 모으고 있었어요. 그래서 재희에게 (7)나도 하겠다고 말하였어요. 방과 후에 친구들과 즐겁게 (8)축구를 하였어요.</td><td colspan="2">(7) 나도 하겠다고 말하였어요.</td></tr>
<tr><td colspan="2">(8) 축구</td></tr>
</table>

확장형	축구하기	읽기 후– 이야기글 이해: 이야기 내용				워크북 1-8-2-5
		날짜		이름		

이야기글을 읽고 글의 내용과 관련된 질문에 답하세요.

이야기 이해 질문	아동 반응
1. 방과 후에 반장 재희는 뭐라고 했나요?	
2. 나는 왜 친구들과 놀 수 없었나요?	
3. 학원에서 나는 어떠했나요?	
4. 학원이 끝나고 엄마에게 나는 뭐라고 했나요?	
5. 다음 날 방과 후에 나는 어떻게 했나요?	

확장형	축구하기	읽기 후- 이야기글 이해: 결속표지				워크북 1-8-2-6
		날짜		이름		

이야기글을 읽고 적절한 낱말을 보기에서 골라 채워 넣으세요.

조용하던 운동장은 종소리와 함께 금세 아이들로 채워졌어요.
반장 재희가 수업이 끝나자마자 축구를 하자고 하였어요.
나는 학원을 가야 해서 축구를 할 수 없었어요.
사실 나도 친구들과 축구를 하고 싶었어요.
재희는 "다음에는 꼭 같이 하자."라고 하였어요.
나는 발걸음이 무겁게 학원으로 갔어요.
학원에 갔지만 나는 축구를 하고 싶어__________ 집중을 하지 못했어요.
선생님께서는 집중하라고 주의를 주셨어요.
나는 __________ 집중하려고 노력했어요.
결국 나는 포기한 채, 벤치에서 엄마를 기다렸어요.
엄마께서 왜 힘들어 보이냐고 물었어요.
"형무야, 학원에서 무슨 일 있었어?"
"엄마, 저 애들이랑 놀고 싶어요."라고 말했어요.
그러자 엄마는 내일은 친구들과 놀아도 된__________ 허락해 주셨어요.
다음 날 학교를 가면서 콧노래를 불렀어요.
재희는 방과 후에 축구할 친구들을 모으고 있었어요.
그래서 재희에게 나도 하겠다고 말하였어요.
방과 후에 친구들과 즐겁게 축구를 하였어요.

보기	-서, 다시, -다고

<table>
<tr><td rowspan="2">확장형</td><td rowspan="2">축구하기</td><td colspan="4">읽기 후- 이야기 내용 쓰기</td><td rowspan="2">워크북
1-8-2-7</td></tr>
<tr><td>날짜</td><td></td><td>이름</td><td></td></tr>
</table>

①

②

③

④

축구
숙제
허락하다
즐겁게

앞의 내용을 보고 이야기 순서대로 글을 써 보세요.

중재목표 9

친구랑 영화를 봐요

핵심형	친구랑 영화를 봐요	읽기 전- 배경지식 나누기, 내용 예측하기				워크북 1-9-1-1
		날짜		이름		

그림카드를 보고 관련된 내용을 생각해 보세요.

그림과 글자를 보고 어떤 내용의 이야기인지 생각해 보세요.

영화	영화표	보다

핵심형	친구랑 영화를 봐요	읽기 중- 소리 내어 읽기				워크북 1-9-1-2
		날짜		이름		

글을 보고 알맞은 속도로 정확하게 읽어 보세요.

오늘 친구랑 영화를 보러 가기로 했어요.
어떤 영화를 볼까 친구에게 전화했어요.
우리는 '겨울 모험'을 보기로 했어요.
우리는 영화표를 샀어요.
그리고 재미있게 영화를 봤어요.

핵심형	친구랑 영화를 봐요	읽기 후- 이야기 관련 어휘				워크북 1-9-1-3
		날짜		이름		

🌱 낱말이 포함된 이야기글 내용을 보고 목표 어휘를 넣어 새로운 문장을 만들어 보세요.

목표 어휘	어휘 넣어 문장 만들기
영화보다	• 이야기글 오늘 친구랑 영화를 보러 가기로 했어요.
사다	• 이야기글 우리는 영화표를 샀어요.

핵심형	친구랑 영화를 봐요	읽기 후- 이야기 순서 맞추기, 이야기 도식판	워크북 1-9-1-4
		날짜 이름	

이야기 순서에 맞게 번호를 써 보세요.

5	그리고 재미있게 영화를 봤어요.
	우리는 영화표를 샀어요.
3	우리는 '겨울 모험'을 보기로 했어요.
	어떤 영화를 볼까 친구에게 전화했어요.
1	오늘 친구랑 영화를 보러 가기로 했어요.

질문을 듣고 밑줄을 긋고 빈칸을 채워 보세요.

<table>
<tr><td colspan="2">제목</td><td colspan="2"></td></tr>
<tr><td colspan="2">등장인물</td><td colspan="2"></td></tr>
<tr><td colspan="2">장소</td><td colspan="2"></td></tr>
<tr><td rowspan="3">1</td><td rowspan="3" colspan="2">오늘 친구랑 <u>(1)영화</u>를 보러 가기로 했어요.
어떤 영화를 볼까 친구에게 전화했어요.
우리는 '겨울 모험'을 보기로 했어요.</td><td>(1) 영화</td></tr>
<tr><td>(2)</td></tr>
<tr><td>(3)</td></tr>
<tr><td rowspan="2">2</td><td rowspan="2" colspan="2">우리는 영화표를 샀어요.
그리고 재미있게 영화를 봤어요.</td><td>(4)</td></tr>
<tr><td>(5)</td></tr>
</table>

핵심형	친구랑 영화를 봐요	읽기 후- 이야기글 이해: 이야기 내용				워크북 1-9-1-5
		날짜		이름		

이야기글을 읽고 글의 내용과 관련된 질문에 답하세요.

이야기 이해 질문	아동 반응
1. 친구와 무엇을 하기로 했나요?	
2. 우리는 영화를 보기 위해 어떻게 했나요?	

핵심형	친구랑 영화를 봐요	읽기 후- 이야기글 이해: 결속표지				워크북 1-9-1-6
		날짜		이름		

이야기글을 읽고 적절한 낱말을 보기에서 골라 채워 넣으세요.

오늘 친구랑 영화를 보러 가기로 했어요.

__________ 영화를 볼까 친구에게 전화했어요.

우리는 '겨울 모험'을 보기로 했어요.

우리는 영화표를 샀어요.

__________ 재미있게 영화를 봤어요.

보기	어떤, 그리고

핵심형	친구랑 영화를 봐요	읽기 후- 이야기 내용 쓰기		워크북 1-9-1-7
		날짜	이름	

①

②

③

④

영화

보다

영화표

앞의 내용을 보고 이야기 순서대로 내용을 채워 넣으세요.

[ ] → [ ] → [ ]

확장형	친구랑 영화를 봐요	읽기 전- 배경지식 나누기, 내용 예측하기				워크북 1-9-2-1
		날짜		이름		

🌱 그림카드를 보고 관련된 내용을 생각해 보세요.

🌱 그림과 글자를 보고 어떤 내용의 이야기인지 생각해 보세요.

영화관	매표소	예매하다	즐겁다

확장형	친구랑 영화를 봐요	읽기 중- 소리 내어 읽기				워크북 1-9-2-2
		날짜		이름		

글을 보고 알맞은 속도로 정확하게 읽어 보세요.

오늘 정원이와 함께 영화를 보러 영화관에 가기로 했어요.
어떤 영화를 볼지 고민이 되었어요.
그래서 정원이에게 전화를 걸어서 물어보았어요.
우리는 '겨울 모험'을 보기로 했어요.
영화관으로 가려고 하는데 밖을 보니 눈이 많이 내리고 있었어요.
나는 운동화 대신 장화를 신고 우산도 챙겼어요.
덕분에 나는 집 근처에 있는 영화관에 젖지 않고 도착할 수 있었어요.
멀리 보니 정원이는 이미 와 있었어요.
우리는 매표소에서 표를 예매하였고 시간이 40분 정도 남았어요.
그래서 팝콘이랑 콜라를 사서 영화 시간을 기다렸어요.
팝콘을 먹으면서 기다리니 시간은 빨리 갔어요.
영화 시작 시간이 되었고 우리는 앉고 싶은 자리에 앉았어요.
그때 어떤 아주머니가 오셔서 자리가 바뀐 것 같다고 하셨어요.
우리는 영화표를 다시 살펴보았고 우리 자리를 찾고 앉아 영화를 즐겁게 보았어요.
눈 오는 날 겨울 모험을 보니 더 재미있었어요. 너무 즐거운 하루였어요.

확장형	친구랑 영화를 봐요	읽기 후– 이야기 관련 어휘				워크북 1-9-2-3
		날짜		이름		

낱말이 포함된 이야기글 내용을 보고 목표 어휘를 넣어 새로운 문장을 만들어 보세요.

목표 어휘	어휘 넣어 문장 만들기
영화관	• 이야기글 오늘 정원이와 함께 영화를 보러 영화관에 가기로 했어요.
전화하다	• 이야기글 정원이에게 전화를 걸어서 물어보았어요.
예매하다	• 이야기글 우리는 매표소에서 표를 예매하였고 시간이 40분 정도 남았어요.
도착하다	• 이야기글 덕분에 나는 집 근처에 있는 영화관에 늦지 않고 도착할 수 있었어요
바뀌다	• 이야기글 그때 어떤 아주머니가 오셔서 자리가 바뀐 것 같다고 하셨어요.

확장형	친구랑 영화를 봐요	읽기 후- 이야기 순서 맞추기, 이야기 도식판				워크북 1-9-2-4
		날짜		이름		

이야기 순서에 맞게 번호를 써 보세요.

	오늘 정원이와 함께 영화를 보러 영화관에 가기로 했어요. 어떤 영화를 볼지 고민이 되었어요. 그래서 정원이에게 전화를 걸어서 물어보았어요. 우리는 '겨울 모험'을 보기로 했어요.
	우리는 매표소에서 표를 예매하였고 시간이 40분 정도 남았어요. 그래서 팝콘이랑 콜라를 사서 영화 시간을 기다렸어요. 팝콘을 먹으면서 기다리니 시간은 빨리 갔어요.
	영화관으로 가려고 하는데 밖을 보니 눈이 많이 내리고 있었어요. 나는 운동화 대신 장화를 신고 우산도 챙겼어요. 덕분에 나는 집 근처에 있는 영화관에 젖지 않고 도착할 수 있었어요. 멀리 보니 정원이는 이미 와 있었어요.
	영화 시작 시간이 되었고 우리는 영화표를 사서 앉고 싶은 자리에 앉았어요. 그때 어떤 아주머니가 오셔서 자리가 바뀐 것 같다고 하셨어요. 우리는 영화표를 다시 살펴보았고 우리 자리를 찾고 앉아 영화를 즐겁게 보았어요. 눈 오는 날 겨울 모험을 보니 더 재미있었어요. 너무 즐거운 하루였어요.

질문을 듣고 밑줄을 긋고 빈칸을 채워 보세요.

<table>
<tr><td colspan="2">제목</td><td colspan="2"></td></tr>
<tr><td colspan="2">등장인물</td><td colspan="2"></td></tr>
<tr><td colspan="2">장소</td><td colspan="2"></td></tr>
<tr><td rowspan="2">1</td><td colspan="2" rowspan="2">오늘 정원이와 함께 영화를 보러 (1)영화관에 가기로 했어요. 어떤 영화를 볼지 고민이 되었어요. 그래서 정원이에게 전화를 걸어서 물어보았어요. 우리는 '겨울 모험'을 보기로 했어요.</td><td>(1) 영화관</td></tr>
<tr><td>(2)</td></tr>
<tr><td rowspan="2">2</td><td colspan="2" rowspan="2">영화관으로 가려고 하는데 밖을 보니 눈이 많이 내리고 있었어요. 나는 운동화 대신 장화를 신고 우산도 챙겼어요. 덕분에 나는 집 근처에 있는 영화관에 젖지 않고 도착할 수 있었어요. 멀리 보니 정원이는 이미 와 있었어요.</td><td>(3)</td></tr>
<tr><td>(4)</td></tr>
<tr><td rowspan="2">3</td><td colspan="2" rowspan="2">우리는 매표소에서 표를 예매하였고 시간이 40분 정도 남았어요. 그래서 팝콘이랑 콜라를 사서 영화 시간을 기다렸어요. 팝콘을 먹으면서 기다리니 시간은 빨리 갔어요.</td><td>(5)</td></tr>
<tr><td>(6)</td></tr>
<tr><td rowspan="2">4</td><td colspan="2" rowspan="2">영화 시작 시간이 되었고 우리는 앉고 싶은 자리에 앉았어요. 그때 어떤 아주머니가 오셔서 자리가 바뀐 것 같다고 하셨어요. 우리는 (8)영화표를 다시 살펴보았고 우리 자리를 찾고 앉아 영화를 즐겁게 보았어요. 눈 오는 날 겨울 모험을 보니 더 재미있었어요. 너무 즐거운 하루였어요.</td><td>(7)</td></tr>
<tr><td>(8) 영화표</td></tr>
</table>

확장형	친구랑 영화를 봐요	읽기 후– 이야기글 이해: 이야기 내용				워크북 1–9–2–5
		날짜		이름		

이야기글을 읽고 글의 내용과 관련된 질문에 답하세요.

이야기 이해 질문	아동 반응
1. 우리는 무엇을 하기로 했나요?	
2. 나는 왜 장화를 신고 갔나요?	
3. 우리는 표를 예매한 후에 무엇을 하였나요?	
4. 자리에 앉아 있는데 아주머니가 뭐라고 말씀하셨나요?	
5. 아주머니가 자리가 바뀌었다고 말씀하셨을 때 기분이 어땠을까요?	
6. 영화를 보고 나서 기분이 어땠나요?	

확장형	친구랑 영화를 봐요	읽기 후- 이야기글 이해: 결속표지				워크북 1-9-2-6
		날짜		이름		

이야기글을 읽고 적절한 낱말을 보기에서 골라 채워 넣으세요.

오늘 정원이와 함께 영화를 보러 영화관에 가기로 했어요.
어떤 영화를 볼지 고민이 되었어요.
그래서 정원이에게 전화를 걸어서 물어보았어요.
우리는 '겨울 모험'을 보기로 했어요.
영화관으로 가려고 하__________ 밖을 보니 눈이 많이 내리고 있었어요.
나는 운동화 대신 장화를 신고 우산도 챙겼어요.
덕분에 나는 집 근처에 있는 영화관에 젖지 않고 도착할 수 있었어요.
멀리 보니 정원이는 이미 와 있었어요.
우리는 매표소에서 표를 예매하였고 시간이 40분 정도 남았어요.
__________ 팝콘이랑 콜라를 사서 영화 시간을 기다렸어요.
팝콘을 먹으면서 기다리니 시간은 빨리 갔어요.
영화 시작 시간이 되었고 우리는 앉고 싶은 자리에 앉았어요.
__________ 어떤 아주머니가 오셔서 자리가 바뀐 것 같다고 하셨어요.
우리는 영화표를 다시 살펴보았고 우리 자리를 찾고 앉아 영화를 즐겁게 보았어요.
눈 오는 날 겨울 모험을 보니 더 재미있었어요. 너무 즐거운 하루였어요.

보기	-는데, 그래서, 그때

확장형	친구랑 영화를 봐요	읽기 후- 이야기 내용 쓰기				워크북 1-9-2-7
		날짜		이름		

①

②

③

④

영화관

매표소

예매하다

즐겁다

앞의 내용을 보고 이야기 순서대로 글을 써 보세요.

한국어 해독해 ⑤ 이야기와 설명 담화 독해 워크북

중재목표 10

생일 파티

핵심형	생일 파티	읽기 전- 배경지식 나누기, 내용 예측하기		워크북
		날짜	이름	1-10-1-1

그림카드를 보고 관련된 내용을 생각해 보세요.

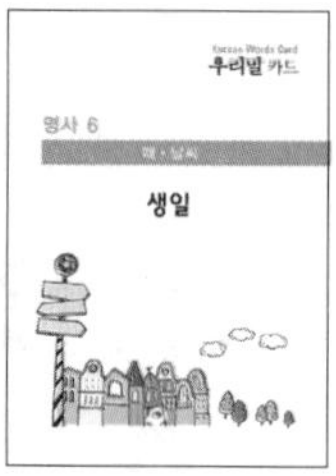

그림과 글자를 보고 어떤 내용의 이야기인지 생각해 보세요.

생일	초대장	깜빡하다	생일 파티

핵심형	생일 파티	읽기 중- 소리 내어 읽기				워크북 1-10-1-2
		날짜		이름		

글을 보고 알맞은 속도로 정확하게 읽어 보세요.

오늘은 내 생일.

나는 친구들한테 초대장을 주었어요.

그런데 그 초대장에 시간 적는 것을 깜빡했어요.

그래서 나는 다시 친구들한테 시간을 알려 주었어요.

나는 친구들과 함께 즐거운 생일 파티를 했어요.

핵심형	생일 파티	읽기 후- 이야기 관련 어휘				워크북 1-10-1-3
		날짜		이름		

🌱 낱말이 포함된 이야기글 내용을 보고 목표 어휘를 넣어 새로운 문장을 만들어 보세요.

목표 어휘	어휘 넣어 문장 만들기
생일	• 이야기글 오늘은 내 생일.
초대장	• 이야기글 나는 친구들에게 초대장을 주었어요.
깜빡하다	• 이야기글 그런데 그 초대장에 시간을 적는 것을 깜빡했어요.

핵심형	생일 파티	읽기 후- 이야기 순서 맞추기, 이야기 도식판				워크북 1-10-1-4
		날짜		이름		

이야기 순서에 맞게 번호를 써 보세요.

	그래서 나는 다시 친구들한테 시간을 알려 주었어요.
1	오늘은 내 생일.
5	나는 친구들과 함께 즐거운 생일 파티를 했어요.
	나는 친구들한테 초대장을 주었어요.
3	그런데 그 초대장에 시간을 적는 것을 깜빡했어요.

질문을 듣고 밑줄을 긋고 빈칸을 채워 보세요.

<table>
<tr><td colspan="2">제목</td><td colspan="2"></td></tr>
<tr><td colspan="2">등장인물</td><td colspan="2"></td></tr>
<tr><td colspan="2">장소</td><td colspan="2"></td></tr>
<tr><td rowspan="2">1</td><td rowspan="2" colspan="2">오늘은 (1)내 생일.
나는 친구들한테 초대장을 주었어요.</td><td>(1) 내 생일</td></tr>
<tr><td>(2)</td></tr>
<tr><td rowspan="3">2</td><td rowspan="3" colspan="2">그런데 그 초대장에 시간을 적는 것을 깜빡했어요.
그래서 나는 다시 친구들한테 시간을 알려 주었어요.
나는 친구들과 함께 즐거운 생일 파티를 했어요.</td><td>(3)</td></tr>
<tr><td>(4)</td></tr>
<tr><td>(5)</td></tr>
</table>

핵심형	생일 파티	읽기 후- 이야기글 이해: 이야기 내용				워크북 1-10-1-5
		날짜		이름		

이야기글을 읽고 글의 내용과 관련된 질문에 답하세요.

이야기 이해 질문	아동 반응
1. 오늘은 무슨 날인가요?	
2. 친구들에게 무엇을 주었나요?	
3. 그런데 초대장에 무엇을 깜빡 잊었나요?	
4. 시간 적는 것을 깜빡 잊어서 어떻게 했나요?	
5. 나는 친구들과 함께 무엇을 하였나요?	

핵심형	생일 파티	읽기 후– 이야기글 이해: 결속표지				워크북 1–10–1–6
		날짜		이름		

이야기글을 읽고 적절한 낱말을 보기에서 골라 채워 넣으세요.

오늘은 내 생일.

나는 친구들한테 초대장을 주었어요.

__________ 그 초대장에 시간을 적는 것을 깜빡했어요.

__________ 나는 __________ 친구들한테 시간을 알려 주었어요.

나는 친구들과 함께 즐거운 생일 파티를 했어요.

보기	그런데, 그래서, 다시

핵심형	생일 파티	읽기 후- 이야기 내용 쓰기		워크북 1-10-1-7
		날짜	이름	

①

②

③

④

생일
초대장
깜빡하다
생일 파티

앞의 내용을 보고 이야기 순서대로 내용을 채워 넣으세요.

	➡		➡		➡	

확장형	생일 파티	읽기 전- 배경지식 나누기, 내용 예측하기				워크북 1-10-2-1
		날짜		이름		

그림카드를 보고 관련된 내용을 생각해 보세요.

그림과 글자를 보고 어떤 내용의 이야기인지 생각해 보세요.

생일	초대장	깜빡하다	생일 파티	굽다

확장형	생일 파티	읽기 중- 소리 내어 읽기				워크북 1-10-2-2
		날짜		이름		

글을 보고 알맞은 속도로 정확하게 읽어 보세요.

며칠 후는 나의 생일입니다.
나는 친구들을 초대하고 싶었습니다.
그래서 직접 색종이로 초대장을 만들었습니다.
그리고 친구들에게 전달해 주었습니다.
오늘 아침 일찍 정원이한테 전화가 왔습니다.
정원이는 초대장에 시간이 적혀 있지 않다고 말했습니다.
그래서 나는 초대장을 전달한 친구들에게 다시 시간을 알려 주었습니다.
친구들은 모두 알겠다고 이야기해 주었습니다.
친구들은 선물을 준비해서 내게 주었습니다.
정원이의 선물을 풀어 보려는데 상자 안에서 노랫소리가 들렸습니다.
나는 조심스럽게 상자를 열어 보았습니다.
그때 피에로 인형이 튀어나왔습니다.
우리는 크게 웃었습니다.
가인이는 어머니께서 직접 구워 주신 쿠키를 챙겨 왔습니다.
우리는 너무 맛있어서 손을 바삐 움직이며 쿠키를 먹었습니다.
노래도 듣고 쿠키도 먹고 생일 케이크도 먹고 너무 즐거운 하루였습니다.
오늘은 최고의 날이었습니다.

확장형	생일 파티	읽기 후- 이야기 관련 어휘				워크북 1-10-2-3
		날짜		이름		

낱말이 포함된 이야기글 내용을 보고 목표 어휘를 넣어 새로운 문장을 만들어 보세요.

목표 어휘	어휘 넣어 문장 만들기
생일	• 이야기글 며칠 후 나의 생일입니다.
초대장	• 이야기글 그래서 직접 색종이로 초대장을 만들었습니다.
조심스럽게	• 이야기글 나는 조심스럽게 상자를 열어 보았습니다.
굽다	• 이야기글 가인이는 어머니께서 직접 구워 주신 쿠키를 챙겨 왔습니다.

확장형	생일 파티	읽기 후- 이야기 순서 맞추기, 이야기 도식판				워크북 1-10-2-4
		날짜		이름		

이야기 순서에 맞게 번호를 써 보세요.

	친구들은 선물을 준비해서 내게 주었습니다. 정원이의 선물을 풀어 보려는데 상자 안에서 노랫소리가 들렸습니다. 나는 조심스럽게 상자를 열어 보았습니다. 그때 피에로 인형이 튀어나왔습니다. 우리는 크게 웃었습니다.
	가인이는 어머니께서 직접 구워 주신 쿠키를 챙겨 왔습니다. 우리는 너무 맛있어서 손을 바삐 움직이며 쿠키를 먹었습니다. 노래도 듣고 쿠키도 먹고 생일 케이크도 먹고 너무 즐거운 하루였습니다. 오늘은 최고의 날이었습니다.
	오늘 아침 일찍 정원이한테 전화가 왔습니다. 정원이는 초대장에 시간이 적혀 있지 않다고 말했습니다. 그래서 나는 초대장을 전달한 친구들에게 다시 시간을 알려 주었습니다. 친구들은 모두 알겠다고 이야기해 주었습니다.
	며칠 후는 나의 생일입니다. 나는 친구들을 초대하고 싶었습니다. 그래서 직접 색종이로 초대장을 만들었습니다. 그리고 친구들에게 전달해 주었습니다.

질문을 듣고 밑줄을 긋고 빈칸을 채워 보세요.

<table>
<tr><td colspan="2">제목</td><td colspan="2"></td></tr>
<tr><td colspan="2">등장인물</td><td colspan="2"></td></tr>
<tr><td colspan="2">장소</td><td colspan="2"></td></tr>
<tr><td rowspan="2">1</td><td colspan="2" rowspan="2">며칠 후는 (1)나의 생일입니다. 나는 친구들을 초대하고 싶었습니다. 그래서 직접 색종이로 초대장을 만들었습니다. 그리고 친구들에게 전달해 주었습니다.</td><td>(1) 나의 생일</td></tr>
<tr><td>(2)</td></tr>
<tr><td>2</td><td colspan="2">오늘 아침 일찍 정원이한테 전화가 왔습니다. 정원이는 초대장에 시간이 적혀 있지 않다고 말했습니다. 그래서 나는 초대장을 전달한 친구들에게 다시 시간을 알려 주었습니다. 친구들은 모두 알겠다고 이야기해 주었습니다.</td><td>(3)</td></tr>
<tr><td rowspan="2">3</td><td colspan="2" rowspan="2">친구들은 선물을 준비해서 내게 주었습니다. 정원이의 선물을 풀어 보려는데 상자 안에서 노랫소리가 들렸습니다. 나는 조심스럽게 상자를 열어 보았습니다. 그때 피에로 인형이 튀어나왔습니다. 우리는 크게 웃었습니다.</td><td>(4)</td></tr>
<tr><td>(5)</td></tr>
<tr><td rowspan="2">4</td><td colspan="2" rowspan="2">가인이는 어머니께서 직접 구워 주신 쿠키를 챙겨 왔습니다. 우리는 너무 맛있어서 손을 바삐 움직이며 쿠키를 먹었습니다. 노래도 듣고 쿠키도 먹고 생일 케이크도 먹고 너무 즐거운 하루였습니다. 오늘은 (7)최고의 날이었습니다.</td><td>(6)</td></tr>
<tr><td>(7) 최고의 날</td></tr>
</table>

확장형	생일 파티	읽기 후- 이야기글 이해: 이야기 내용				워크북 1-10-2-5
		날짜		이름		

이야기글을 읽고 글의 내용과 관련된 질문에 답하세요.

이야기 이해 질문	아동 반응
1. 어떤 날인가요?	
2. 친구들에게 생일 파티에 초대하기 위해서 무엇을 주었나요?	
3. 정원이는 왜 아침 일찍 전화를 했나요?	
4. 정원이의 선물을 왜 조심스럽게 열어 보았나요?	
5. 우리는 쿠키를 먹으면서 왜 손을 바삐 움직였나요?	
6. 오늘은 왜 최고의 날이었나요?	

확장형	생일 파티	읽기 후 – 이야기글 이해: 결속표지				워크북 1-10-2-6
		날짜		이름		

이야기글을 읽고 적절한 낱말을 보기에서 골라 채워 넣으세요.

며칠 후는 나의 생일입니다.
나는 친구들을 초대하고 싶었습니다.
그래서 직접 색종이로 초대장을 만들었습니다.
그리고 친구들에게 전달해 주었습니다.
오늘 아침 아침 일찍 정원이한테 전화가 왔습니다.
정원이는 초대장에 시간이 적혀 있지 않__________ 말했습니다.
__________ 나는 초대장을 전달한 친구들에게 다시 시간을 알려 주었습니다.
친구들은 모두 알겠다고 이야기해 주었습니다.
친구들은 선물을 준비해서 내게 주었습니다.
정원이의 선물을 풀어 보려는데 상자 안에서 노랫소리가 들렸습니다.
나는 조심스럽게 상자를 열어 보았습니다.
__________ 피에로 인형이 튀어나왔습니다.
우리는 크게 웃었습니다.
가인이는 어머니께서 직접 구워 주신 쿠키를 챙겨 왔습니다.
우리는 너무 맛있어__________ 손을 바삐 움직이며 쿠키를 먹었습니다.
노래도 듣고 쿠키도 먹고 생일 케이크도 먹고 너무 즐거운 하루였습니다.
오늘은 최고의 날이었습니다.

보기	–다고, 그래서, 그때, –서

확장형	생일 파티	읽기 후- 이야기 내용 쓰기				워크북 1-10-2-7
		날짜		이름		

①

②

③

④

- 생일
- 초대장
- 깜빡하다
- 굽다
- 생일 파티

앞의 내용을 보고 이야기 순서대로 글을 써 보세요.

한국어 해독해 ⑤ 이야기와 설명 담화 독해 워크북

중재목표 11

식물 키우기

핵심형	식물 키우기	읽기 전- 배경지식 나누기, 내용 예측하기				워크북 1-11-1-1
		날짜		이름		

그림카드를 보고 관련된 내용을 생각해 보세요.

그림과 글자를 보고 어떤 내용의 이야기인지 생각해 보세요.

나무	키우다	시들다	싱싱하다

핵심형	식물 키우기	읽기 중- 소리 내어 읽기				워크북 1-11-1-2
		날짜		이름		

글을 보고 알맞은 속도로 정확하게 읽어 보세요.

나는 오래전부터 나무를 키웠어요.
그런데 어느 날 나무가 시들시들해졌어요.
나는 엄마에게 여쭈어 보았어요.
엄마는 거름을 만들자고 했어요.
그리고 시든 나무에 거름을 부어 주었어요.
며칠 후, 나무가 다시 싱싱해졌어요.
나는 엄마에게 감사했어요.

핵심형	식물 키우기	읽기 후- 이야기 관련 어휘				워크북 1-11-1-3
		날짜		이름		

날말이 포함된 이야기글 내용을 보고 목표 어휘를 넣어 새로운 문장을 만들어 보세요.

목표 어휘	어휘 넣어 문징 만들기
키우다	• 이야기글 나는 오래전부터 나무를 키웠어요.
시들다	• 이야기글 어느 날 나무가 시들시들해졌어요.
화분	• 이야기글 시든 나무에 거름을 부어 주었어요.
싱싱하다	• 이야기글 며칠 후 나무는 다시 싱싱해졌요.

핵심형	식물 키우기	읽기 후– 이야기 순서 맞추기, 이야기 도식판				워크북
		날짜		이름		1-11-1-4

이야기 순서에 맞게 번호를 써 보세요.

	그런데 어느 날 나무가 시들시들해졌어요.
3	나는 엄마에게 여쭈어 보았어요.
6	며칠 후, 나무가 다시 싱싱해졌어요.
	그리고 시든 나무에 거름을 부어 주었어요.
1	나는 오래전부터 나무를 키웠어요.
4	엄마는 거름을 만들자고 했어요.
	나는 엄마에게 감사했어요.

질문을 듣고 밑줄을 긋고 빈칸을 채워 보세요.

제목		
등장인물		
장소		
1	나는 오래전부터 (1)나무를 키웠어요. 그런데 어느 날 나무가 시들시들해졌어요. 나는 엄마에게 여쭈어 보았어요. 엄마는 거름을 만들자고 했어요.	(1) 나무 (2) (3)
2	그리고 시든 나무에 거름을 부어 주었어요. 며칠 후, 나무가 다시 싱싱해졌어요. 나는 엄마에게 감사했어요.	(4) (5)

핵심형	식물 키우기	읽기 후- 이야기글 이해: 이야기 내용				워크북 1-11-1-5
		날짜		이름		

이야기글을 읽고 글의 내용과 관련된 질문에 답하세요.

이야기 이해 질문	아동 반응
1. 나는 무엇을 키우나요?	
2. 나무가 시들어서 어떻게 했나요?	
3. 엄마는 무엇을 만들자고 하나요?	
4. 거름을 넣었더니 어떻게 되었나요?	

핵심형	식물 키우기	읽기 후- 이야기글 이해: 결속표지				워크북
		날짜		이름		1-11-1-6

이야기글을 읽고 적절한 낱말을 보기에서 골라 채워 넣으세요.

나는 오래전부터 나무를 키웠어요.

__________ 어느 날 나무가 시들시들해졌어요.

나는 엄마에게 여쭈어 보았어요.

엄마는 거름을 만들__________ 했어요.

그리고 시든 나무에 거름을 부어 주었어요.

며칠 후, 나무가 __________ 싱싱해졌어요.

나는 엄마에게 감사했어요.

보기	그런데, -자고, 다시

핵심형	식물 키우기	읽기 후- 이야기 내용 쓰기				워크북 1-11-1-7
		날짜		이름		

①

②

③

④

나무
싱싱하다
시들다
키우다

앞의 내용을 보고 이야기 순서대로 내용을 채워 넣으세요.

확장형	식물 키우기	읽기 전- 배경지식 나누기, 내용 예측하기				워크북 1-11-2-1
		날짜		이름		

그림카드를 보고 관련된 내용을 생각해 보세요.

그림과 글자를 보고 어떤 내용의 이야기인지 생각해 보세요.

식물	키우다	시들다	거름

확장형	식물 키우기	읽기 중- 소리 내어 읽기				워크북 1-11-2-2
		날짜		이름		

글을 보고 알맞은 속도로 정확하게 읽어 보세요.

나는 오래전부터 푸른색의 로즈마리라는 식물을 키웠습니다.
그런데 어느 날부터 로즈마리가 시들기 시작했습니다.
그래서 나는 햇볕도 잘 쬐어 주고 물도 잘 주었습니다.
그런데 예뻤던 로즈마리는 더 시들어만 갔습니다.
나는 식물 박사인 엄마에게 다급하게 물어보았습니다.
엄마는 로즈마리를 보시더니 거름을 주어야겠다고 하셨습니다.
엄마는 음식물 쓰레기와 비료를 함께 섞어 거름을 만들었습니다.
그리고 로즈마리 화분에 거름을 덮어 주었습니다.
나는 왜 음식물 쓰레기를 거름으로 뿌리는지 궁금했습니다.
그래서 엄마에게 여쭈어 보았습니다.
엄마는 웃으시며 음식물 쓰레기가 식물 성장을 도와준다고 말씀하셨습니다.
며칠 후, 나는 로즈마리가 어떻게 되었는지 궁금하였습니다.
그래서 로즈마리를 살펴보았습니다.
그 로즈마리는 푸른빛을 띤 건강한 모습을 하고 있었습니다.
나는 기분이 좋았고, 엄마에게 감사하다고 했습니다.

확장형	식물 키우기	읽기 후- 이야기 관련 어휘				워크북 1-11-2-3
		날짜		이름		

낱말이 포함된 이야기글 내용을 보고 목표 어휘를 넣어 새로운 문장을 만들어 보세요.

목표 어휘	어휘 넣어 문장 만들기
키우다	• 이야기글 나는 오래전부터 푸른색의 로즈마리라는 식물을 키웠습니다.
시들다	• 이야기글 어느 날부터 로즈마리가 시들기 시작했습니다.
섞다	• 이야기글 엄마는 음식물 쓰레기와 비료를 함께 섞어 거름을 만들었습니다.
주다	• 이야기글 로즈마리 화분에 거름을 주었습니다.

확장형	식물 키우기	읽기 후- 이야기 순서 맞추기, 이야기 도식판				워크북 1-11-2-4
		날짜		이름		

이야기 순서에 맞게 번호를 써 보세요.

	며칠 후, 나는 로즈마리가 어떻게 되었는지 궁금하였습니다. 그래서 로즈마리를 살펴보았습니다. 그 로즈마리는 푸른빛을 띤 건강한 모습을 하고 있었습니다. 나는 기분이 좋았고, 엄마에게 감사하다고 했습니다.
	나는 식물 박사인 엄마에게 다급하게 물어보았습니다. 엄마는 로즈마리를 보시더니 거름을 주어야겠다고 하셨습니다. 엄마는 음식물 쓰레기와 비료를 함께 섞어 거름을 만들었습니다. 그리고 로즈마리 화분에 거름을 덮어 주었습니다.
	나는 오래전부터 푸른색의 로즈마리라는 식물을 키웠습니다. 그런데 어느 날부터 로즈마리가 시들기 시작했습니다. 그래서 나는 햇볕도 잘 쬐어 주고 물도 잘 주었습니다. 그런데 예뻤던 로즈마리는 더 시들어만 갔습니다.
	나는 왜 음식물 쓰레기를 거름으로 뿌리는지 궁금했습니다. 그래서 엄마에게 여쭈어보았습니다. 엄마는 웃으시며 음식물 쓰레기가 식물 성장을 도와준다고 말씀하셨습니다.

질문을 듣고 밑줄을 긋고 빈칸을 채워 넣어보세요.

제목		
등장인물		
장소		
1	나는 오래전부터 푸른색의 (1)로즈마리라는 식물을 키웠습니다. 그런데 어느 날부터 로즈마리가 시들기 시작했습니다. 그래서 나는 햇볕도 잘 쬐어 주고 물도 잘 주었습니다. 그런데 예뻤던 로즈마리는 더 시들어만 갔습니다.	(1) 로즈마리 (2)
2	나는 식물 박사인 엄마에게 다급하게 물어보았습니다. 엄마는 로즈마리를 보시더니 거름을 주어야겠다고 하셨습니다. 엄마는 음식물 쓰레기와 비료를 함께 섞어 거름을 만들었습니다. 그리고 로즈마리 화분에 거름을 덮어 주었습니다.	(3) (4)
3	나는 왜 음식물 쓰레기를 거름으로 뿌리는지 궁금했습니다. 그래서 엄마에게 여쭈어 보았습니다. 엄마는 웃으시며 음식물 쓰레기가 식물 성장을 도와준다고 말씀하셨습니다.	(5)
4	며칠 후, 나는 로즈마리가 어떻게 되었는지 궁금하였습니다. 그래서 로즈마리를 살펴보았습니다. 그 로즈마리는 푸른빛을 띤 건강한 모습을 하고 있었습니다. 나는 기분이 좋았고, 엄마에게 (7)감사하다고 했습니다.	(6) (7) 감사하다고 했습니다.

확장형	식물 키우기	읽기 후– 이야기글 이해: 이야기 내용			워크북 1-11-2-5
		날짜		이름	

이야기글을 읽고 글의 내용과 관련된 질문에 답하세요.

이야기 이해 질문	아동 반응
1. 내가 키우는 식물의 이름은 무엇인가요?	
2. 로즈마리가 어떻게 되었나요?	
3. 엄마는 식물에게 무엇을 주어야 한다고 했나요?	
4. 엄마는 거름을 만들기 위해 무엇과 무엇을 섞었나요?	
5. 음식물 쓰레기는 식물의 무엇을 도와준다고 했나요?	
6. 거름을 만들고 나서 어떻게 했나요?	
7. 결국 로즈마리는 어떻게 되었나요?	

확장형	식물 키우기	읽기 후- 이야기글 이해: 결속표지				워크북 1-11-2-6
		날짜		이름		

이야기글을 읽고 적절한 낱말을 보기에서 골라 채워 넣으세요.

나는 오래전부터 푸른색의 로즈마리라는 식물을 키웠습니다.
__________ 어느 날부터 로즈마리가 시들기 시작했습니다.
__________ 나는 햇볕도 잘 쬐어 주고 물도 잘 주었습니다.
그런데 예뻤던 로즈마리는 더 시들어__________ 갔습니다.
나는 식물 박사인 엄마에게 다급하게 물어보았습니다.
엄마는 로즈마리를 보시더니 거름을 주어야겠다고 하셨습니다.
엄마는 음식물 쓰레기와 비료를 함께 섞어 거름을 만들었습니다.
그리고 로즈마리 화분에 거름을 덮어 주었습니다.
나는 왜 음식물 쓰레기를 거름으로 뿌리는지 궁금했습니다.
__________ 엄마에게 여쭈어보았습니다.
엄마는 웃으시며 음식물 쓰레기가 식물 성장을 도와준다고 말씀하셨습니다.
며칠 후, 나는 로즈마리가 어떻게 되었는지 궁금하였습니다.
그래서 로즈마리를 살펴보았습니다.
__________ 로즈마리는 푸른빛을 띤 건강한 모습을 하고 있었습니다.
나는 기분이 좋았고, 엄마에게 감사하다고 했습니다.

보기	그런데, 그래서, −만, 그

확장형	식물 키우기	읽기 후- 이야기 내용 쓰기				워크북 1-11-2-7
		날짜		이름		

①  ②  ③  ④ 	식물
	키우다
	시들다
	거름

앞의 내용을 보고 이야기 순서대로 글을 써 보세요.

한국어 해독해 ⑤ 이야기와 설명 담화 독해 워크북

중재목표 12

여름휴가

핵심형	여름휴가	읽기 전- 배경지식 나누기, 내용 예측하기				워크북 1-12-1-1
		날짜		이름		

그림카드를 보고 관련된 내용을 생각해 보세요.

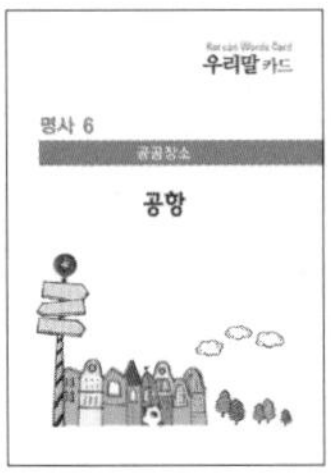

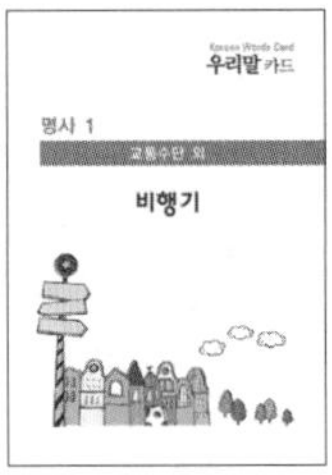

그림과 글자를 보고 어떤 내용의 이야기인지 생각해 보세요.

비행기	공항	비	구경하다

핵심형	**여름휴가**	읽기 중- 소리 내어 읽기				워크북 1-12-1-2
		날짜		이름		

글을 보고 알맞은 속도로 정확하게 읽어 보세요.

우리 가족은 제주도에 가기로 했어요.
그래서 우리는 비행기를 타려고 공항에 갔어요.
그런데 비가 와서 비행기가 안 떴어요.
우리는 제주도에 갔지만, 비가 계속 와서 방에만 있었어요.
그러자 아빠는 윷놀이를 하자고 했어요.
너무 즐거웠어요.
다음 날 아침, 날씨가 쨍쨍해서 제주도를 구경했어요.

핵심형	여름휴가	읽기 후- 이야기 관련 어휘				워크북 1-12-1-3
		날짜		이름		

낱말이 포함된 이야기글 내용을 보고 목표 어휘를 넣어 새로운 문장을 만들어 보세요.

목표 어휘	어휘 넣어 문장 만들기
공항	• 이야기글 우리는 비행기를 타려고 공항에 갔어요.
계속	• 이야기글 우리는 제주도에 갔지만 비가 계속 와서 방에만 있었어요.
구경하다	• 이야기글 날씨가 쨍쨍해서 제주도를 구경했어요.

<table>
<tr><td rowspan="2">핵심형</td><td rowspan="2">여름휴가</td><td colspan="4">읽기 후- 이야기 순서 맞추기, 이야기 도식판</td><td rowspan="2">워크북
1-12-1-4</td></tr>
<tr><td>날짜</td><td></td><td>이름</td><td></td></tr>
</table>

이야기 순서에 맞게 번호를 써 보세요.

1	우리 가족은 제주도에 가기로 했어요.
4	우리는 제주도에 갔지만, 비가 계속 와서 방에만 있었어요.
6	너무 즐거웠어요.
2	그래서 우리는 비행기를 타려고 공항에 갔어요.
	그런데 비가 와서 비행기가 안 떴어요.
	그러자 아빠는 윷놀이를 하자고 했어요.
7	다음 날 아침, 날씨가 쨍쨍해서 제주도 구경을 했어요.

질문을 듣고 밑줄을 긋고 빈칸을 채워 보세요.

<table>
<tr><td colspan="2">제목</td><td></td></tr>
<tr><td colspan="2">등장인물</td><td></td></tr>
<tr><td colspan="2">장소</td><td></td></tr>
<tr><td rowspan="3">1</td><td rowspan="3">우리 가족은 <u>(1)제주도</u>에 가기로 했어요. 그래서 우리는 비행기를 타려고 공항에 갔어요. 그런데 비가 와서 비행기가 안 떴어요.</td><td>(1) 제주도</td></tr>
<tr><td>(2)</td></tr>
<tr><td>(3)</td></tr>
<tr><td rowspan="3">2</td><td rowspan="3">우리는 제주도에 갔지만, 비가 계속 와서 방에만 있었어요. 그러자 아빠는 윷놀이를 하자고 했어요. 너무 즐거웠어요. 다음날 아침, 날씨가 쨍쨍해서 제주도를 구경했어요.</td><td>(4)</td></tr>
<tr><td>(5)</td></tr>
<tr><td>(6)</td></tr>
</table>

핵심형	여름휴가	읽기 후– 이야기글 이해: 이야기 내용				워크북 1-12-1-5
		날짜		이름		

이야기글을 읽고 글의 내용과 관련된 질문에 답하세요.

이야기 이해 질문	아동 반응
1. 우리 가족은 어디에 가기로 했나요?	
2. 우리는 비행기를 타려고 어디에 갔나요?	
3. 비행기가 왜 안 떴나요?	
4. 제주도에 도착해서 비가 계속 왔을 때 어떻게 하였나요?	
5. 다음 날 아침 날씨가 좋아서 무엇을 하였나요?	

핵심형	여름휴가	읽기 후- 이야기글 이해: 결속표지				워크북 1-12-1-6
		날짜		이름		

이야기글을 읽고 적절한 낱말을 보기에서 골라 채워 넣으세요.

우리 가족은 제주도에 가기로 했어요.

그래서 우리는 비행기를 타려고 공항에 갔어요.

__________ 비가 와서 비행기가 안 떴어요.

우리는 제주도에 갔지만, 비가 계속 와__________ 방에만 있었어요.

그러자 아빠는 윷놀이를 하자고 했어요.

너무 즐거웠어요.

다음 날 아침, 날씨가 쨍쨍해서 제주도를 구경했어요.

보기	그런데, -서

핵심형	**여름휴가**	읽기 후- 이야기 내용 쓰기				워크북 1-12-1-7
		날짜		이름		

①  ② 	비행기
	공항
③  ④ 	구경하다
	비

앞의 내용을 보고 이야기 순서대로 내용을 채워 넣으세요.

	➡		➡		➡	

확장형	여름휴가	읽기 전- 배경지식 나누기, 내용 예측하기				워크북 1-12-2-1
		날짜		이름		

그림카드를 보고 관련된 내용을 생각해 보세요.

그림과 글자를 보고 어떤 내용의 이야기인지 생각해 보세요.

여름휴가	공항	이륙하다	비	윷놀이	관광하다

확장형	여름휴가	읽기 중- 소리 내어 읽기				워크북 1-12-2-2
		날짜		이름		

글을 보고 알맞은 속도로 정확하게 읽어 보세요.

오늘은 여름휴가로 제주도에 가기로 한 날입니다.
우리는 비행기를 타려고 공항에 갔습니다.
그런데 태풍으로 인해 비행기가 이륙하지 못했습니다.
아쉬웠지만 우리는 다음 날 떠나기로 했습니다.
다음 날 아침 일찍 제주도에 갔습니다.
제주도에 도착해서 우리는 제일 먼저 숙소로 향했습니다.
그런데 날씨가 흐려지기 시작했고 비가 억수같이 쏟아졌습니다.
우리는 우비를 입고 나가려고 했습니다.
하지만 비가 너무 많이 내려서 우리 가족은 숙소에 들어와야만 했습니다.
숙소에 들어온 가족은 계속해서 창문 밖을 보았습니다.
아빠는 실망한 가족에게 윷놀이를 하자고 제안하셨습니다.
아빠는 얼른 편의점에 가셔서 윷을 사 오셨습니다.
우리는 시간 가는 줄 모르고 재미있게 숙소에서 지냈습니다.
다음 날 아침, 아빠는 날씨가 좋아 관광할 수 있다고 하셨습니다.
우리 가족은 숙소에서 일찍 나왔습니다.
날씨가 좋아서 제주도 관광을 즐겁게 했습니다.
윷놀이도 하고 제주도 관광도 하고 이번 여름휴가는 최고였습니다.

확장형	여름휴가	읽기 후– 이야기 관련 어휘				워크북 1-12-2-3
		날짜		이름		

낱말이 포함된 이야기글 내용을 보고 목표 어휘를 넣어 새로운 문장을 만들어 보세요.

목표 어휘	어휘 넣어 문장 만들기
여름휴가	• 이야기글 오늘은 여름휴가로 제주도에 가기로 한 날입니다.
공항	• 이야기글 우리는 비행기를 타려고 공항에 갔습니다.
이륙하다	• 이야기글 태풍으로 인해 비행기가 이륙하지 못했습니다.
윷놀이	• 이야기글 아빠는 실망한 가족에게 윷놀이를 하자고 제안하셨습니다.
관광	• 이야기글 날씨가 좋아서 제주도 관광을 즐겁게 했습니다.

확장형	여름휴가	읽기 후- 이야기 순서 맞추기, 이야기도식판				워크북 1-12-2-4
		날짜		이름		

이야기 순서에 맞게 번호를 써 보세요.

	숙소에 들어온 가족은 계속해서 창문 밖을 보았습니다. 아빠는 실망한 가족에게 윷놀이를 하자고 제안하셨습니다. 아빠는 얼른 편의점에 가셔서 윷을 사 오셨습니다. 우리는 시간 가는 줄 모르고 재미있게 숙소에서 지냈습니다.
	제주도에 도착해서 우리는 제일 먼저 숙소로 향했습니다. 그런데 날씨가 흐려지기 시작했고 비가 억수같이 쏟아졌습니다. 우리는 우비를 입고 나가려고 했습니다. 하지만 비가 너무 많이 내려서 우리 가족은 숙소에 들어와야만 했습니다.
	오늘은 여름휴가로 제주도에 가기로 한 날입니다. 우리는 비행기를 타려고 공항에 갔습니다. 그런데 태풍으로 인해 비행기가 이륙하지 못했습니다. 아쉬웠지만 우리는 다음 날 떠나기로 했습니다. 다음 날 아침 일찍 제주도에 갔습니다.
	다음 날 아침, 아빠는 날씨가 좋아 관광할 수 있다고 하셨습니다. 우리 가족은 숙소에서 일찍 나왔습니다. 날씨가 좋아서 제주도 관광을 즐겁게 했습니다. 윷놀이도 하고 제주도 관광도 하고 이번 여름휴가는 최고였습니다.

질문을 듣고 밑줄을 긋고 빈칸을 채워 보세요.

<table>
<tr><td colspan="2">제목</td><td colspan="2"></td></tr>
<tr><td colspan="2">등장인물</td><td colspan="2"></td></tr>
<tr><td colspan="2">장소</td><td colspan="2"></td></tr>
<tr><td rowspan="3">1</td><td colspan="2" rowspan="3">오늘은 여름휴가로 제주도에 가기로 한 날입니다. 우리는 비행기를 타려고 공항에 갔습니다. 그런데 <u>(2)태풍</u>으로 인해 비행기가 이륙하지 못했습니다. 아쉬웠지만 우리는 다음 날 떠나기로 했습니다. <u>(3)다음 날 아침</u> 일찍 제주도에 갔습니다.</td><td>(1)</td></tr>
<tr><td>(2) 태풍</td></tr>
<tr><td>(3) 다음날 아침</td></tr>
<tr><td rowspan="2">2</td><td colspan="2" rowspan="2">제주도에 도착해서 우리는 제일 먼저 숙소로 향했습니다. 그런데 날씨가 흐려지기 시작했고 비가 억수같이 쏟아졌습니다. 우리는 우비를 입고 나가려고 했습니다. 하지만 비가 너무 많이 내려서 우리 가족은 숙소에 들어와야만 했습니다.</td><td>(3)</td></tr>
<tr><td>(4)</td></tr>
<tr><td>3</td><td colspan="2">숙소에 들어온 가족은 계속해서 창문 밖을 보았습니다. 아빠는 실망한 가족에게 윷놀이를 하자고 제안하셨습니다. 아빠는 얼른 편의점에 가셔서 윷을 사 오셨습니다. 우리는 시간 가는 줄 모르고 재미있게 숙소에서 지냈습니다.</td><td>(5)</td></tr>
<tr><td rowspan="2">4</td><td colspan="2" rowspan="2">다음 날 아침, 아빠는 날씨가 좋아 관광할 수 있다고 하셨습니다. 우리 가족은 숙소에서 일찍 나왔습니다. 날씨가 좋아서 제주도 관광을 즐겁게 했습니다.
윷놀이도 하고 제주도 관광도 하고 이번 여름휴가는 <u>(7)최고였습니다.</u></td><td>(6)</td></tr>
<tr><td>(7) 최고였습니다.</td></tr>
</table>

확장형	여름휴가	읽기 후– 이야기글 이해: 이야기 내용				워크북 1–12–2–5
		날짜		이름		

이야기글을 읽고 글의 내용과 관련된 질문에 답하세요.

이야기 이해 질문	아동 반응
1. 우리 가족은 여름휴가에 어디로 가기로 했나요?	
2. 비행기를 타려고 어디에 갔나요?	
3. 왜 비행기가 이륙하지 못했나요?	
4. 제주도에 도착해서 아빠는 실망한 가족에게 어떤 놀이를 제안하셨나요?	
5. 다음 날 날씨가 어땠나요?	
6. 이번 여름휴가는 어땠나요?	

확장형	여름휴가	읽기 후- 이야기글 이해: 결속표지				워크북 1-12-2-6
		날짜		이름		

이야기글을 읽고 적절한 낱말을 보기에서 골라 채워 넣으세요.

오늘은 여름휴가로 제주도에 가기로 한 날입니다.
우리는 비행기를 타려고 공항에 갔습니다.
_________ 태풍으로 인해 비행기가 이륙하지 못했습니다.
아쉬웠_________ 우리는 다음 날 떠나기로 했습니다.
다음 날 아침 일찍 제주도에 갔습니다.
제주도에 도착해서 우리는 제일 먼저 숙소로 향했습니다.
_________ 날씨가 흐려지기 시작했고 비가 억수같이 쏟아졌습니다.
우리는 우비를 입고 나가려고 했습니다.
하지만 비가 너무 많이 내려_________ 우리 가족은 숙소에 들어와야만 했습니다.
숙소에 들어온 가족은 _________ 창문 밖을 보았습니다.
아빠는 실망한 가족에게 윷놀이를 하자고 제안하셨습니다.
아빠는 얼른 편의점에 가셔서 윷을 사 오셨습니다.
우리는 시간 가는 줄 모르고 재미있게 숙소에서 지냈습니다.
다음 날 아침, 아빠는 날씨가 좋아 관광할 수 있다고 하셨습니다.
우리 가족은 숙소에서 일찍 나왔습니다.
날씨가 좋아_________ 제주도 관광을 즐겁게 했습니다.
윷놀이도 하고 제주도 관광도 하고 이번 여름휴가는 최고였습니다.

보기	그런데, -지만, -서, 계속해서

확장형	여름휴가	읽기 후- 이야기 내용 쓰기				워크북 1-12-2-7
		날짜		이름		

①

②

③

④

여름휴가

공항

이륙하다

비

윷놀이

관광하다

앞의 내용을 보고 이야기 순서대로 글을 써 보세요.

제2장

설명/설득 글 이해

중재목표 1

여러 나라의 전통의상: 설명글(예시 · 나열)

핵심형	여러 나라의 전통의상	읽기 전- 배경지식 나누기, 내용 예측하기				워크북 2-1-1-1
		날짜		이름		

1분 동안 알고 있는 나라 이름을 말해 보고, 그중 5개 이상을 써 보세요.

다음 각 나라의 전통의상을 알맞게 짝지어 보세요.

 ● ● 일본 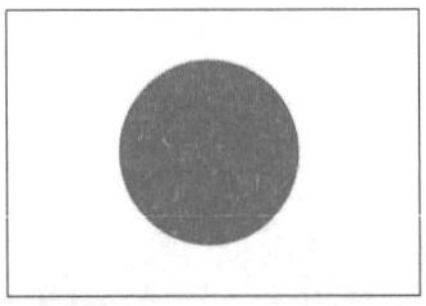

 ● ● 베트남 

 ● ● 한국 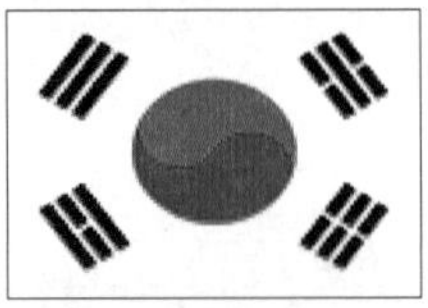

 ● ● 중국 

각 나라의 전통의상 이름을 쓰고, "○○의 옷은 ○○이다."와 같은 문장을 만들어 보세요.

나라	전통의상	문장

핵심형	여러 나라의 전통의상	읽기 중- 소리 내어 읽기				워크북 2-1-1-2
		날짜		이름		

글을 보고 알맞은 속도로 정확하게 읽어 보세요.

나라마다 옛날부터 전해져 오는 옷이 다르다. 그 나라의 날씨와 문화의 영향을 받기 때문이다.

우리나라를 대표하는 옷은 한복이다. 한복은 저고리와 치마, 바지 등으로 되어 있다. 사계절에 맞게 여러 가지 옷감으로 만든다.

일본 사람은 기모노를 입는다. 기모노는 길이가 길고 소매가 넓다. 이 옷은 온도가 높고 습기가 많은 날씨에 맞는 옷이다.

중국 사람은 치파오를 입는다. 치파오는 위아래가 하나로 되어 있다. 또 소매가 좁고 움직이기 편하다.

베트남 사람은 아오자이를 입는다. 아오자이는 긴 윗옷과 바지가 있다. 이것은 중국의 영향을 받아 만들어졌다. 하지만 베트남의 날씨에 맞게 얇고 바람이 잘 통하도록 만들었다.

이상으로 여러 나라의 옷에 대해 알아보았다. 이 옷들은 각 나라의 특성에 맞게 만들어지고 전해져 왔다.

핵심형	여러 나라의 전통의상	읽기 후- 관련 어휘				워크북 2-1-1-3
		날짜		이름		

글과 관련된 단어를 확인하고 예시 단어를 사용하여 문장을 만들어 보세요.

보기	예시 단어	문장
문화	받기, 영향을, 문화의, 날씨와, 때문이다	
습기	날씨에, 옷이다, 많은, 습기가, 맞는	
영향	영향을 받아, 중국의, 이것은, 만들어졌다	
특성	나라의, 맞게, 각, 특성에, 만들어졌다	

글을 읽고 각 나라의 전통의상에 맞는 특징을 정리해 보세요.

〈한복〉

〈기모노〉

〈치파오〉

〈아오자이〉

보기의 단어카드를 활용하여 어휘망을 만들어 보세요.

보기	한국, 일본, 베트남, 중국, 기모노, 치파오, 한복, 아오자이, 길고 소매가 넓다, 소매가 좁고 치마 형태, 긴 윗옷과 바지, 저고리와 치마, 바지

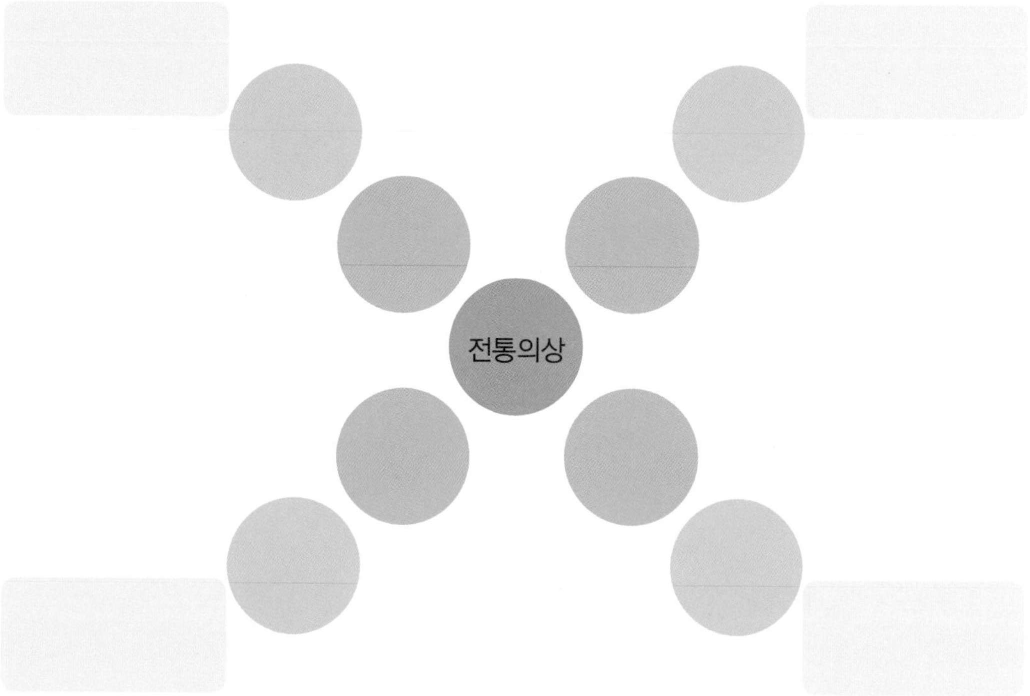

앞의 어휘망을 보고 낱말을 연결하여 "○○의 옷은 ○○이다."와 같은 문장을 만들어 보세요.

나라	전통의상	문장

핵심형	여러 나라의 전통의상	읽기 후- 중심내용과 세부내용 찾기, 설명 도식판				워크북 2-1-1-4
		날짜		이름		

글을 읽고 단어카드를 이용해서 다음의 표를 완성해 보세요.

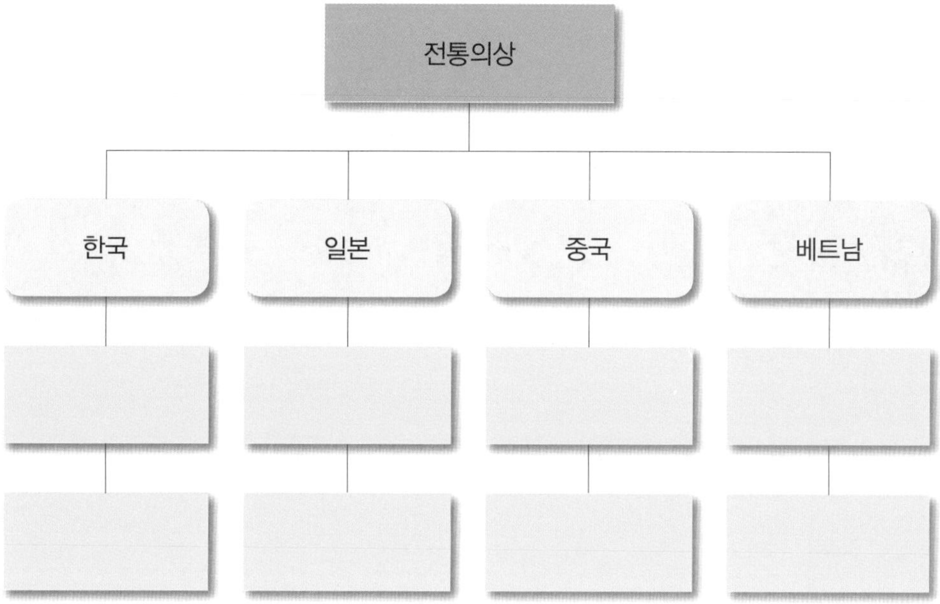

글을 읽고 문장카드를 이용해서 다음의 표를 완성해 보세요.

나라	전통의상	특징

글을 읽고 적절한 이어 주는 말을 보기에서 골라 채워 넣으세요.

나라마다 옛날부터 전해져 오는 옷이 다르다. ________ 나라의 날씨와 문화의 영향을 받기 때문이다.

우리나라를 대표하는 옷은 한복이다. 한복은 저고리와 치마, 바지 등으로 되어 있다. 사계절에 맞게 여러 가지 옷감으로 만든다.

일본 사람은 기모노를 입는다. 기모노는 길이가 길고 소매가 넓다. 이 옷은 온도가 높고 습기가 많은 날씨에 맞는 옷이다.

중국 사람은 치파오를 입는다. 치파오는 위아래가 하나로 되어 있다. 또 소매가 좁고, 움직이기 편하다.

베트남 사람은 아오자이를 입는다. 아오자이는 긴 웃옷과 바지가 있다. ________ 중국의 영향을 받아 만들어졌다. ________ 베트남의 날씨에 맞게 얇고 바람이 잘 통하도록 만들었다.

________ 여러 나라의 옷에 대해 알아보았다. 이 옷들은 각 나라의 특성에 맞게 만들어지고 전해져 왔다.

보기	이것은, 이상으로, 하지만, 그

글을 읽고 보기에서 문장을 골라 다음의 표를 완성해 보세요.

보기	• 일본 사람은 기모노를 입는다. • 우리나라의 옷은 한복이다. • 나라마다 전해져 오는 옷이 다르다. • 아오자이는 긴 윗옷과 바지가 있다. • 이상으로 여러 나라의 옷에 대해 알아보았다. • 중국 사람은 치파오를 입는다. • 기모노는 길이가 길고 소매가 넓다. • 베트남 사람은 아오자이를 입는다. • 한복은 저고리와 치마, 바지 등으로 되어 있다. • 치파오는 소매가 좁고 치마 형태이다.

소개하는 말	

나라	전통의상	특징
한국		
일본		
중국		
베트남		

정리하는 말	

앞의 표를 참고하여 여러 나라의 전통의상에 대한 글을 요약해 보세요.

다음의 질문을 듣고 답에 밑줄을 그어 보세요.

질문 내용	문장
1. 이 글은 무엇을 설명하고 있나요?	나라마다 옛날부터 전해져 오는 옷이 다르다.
2. 우리나라에서 전해져 오는 옷은 무엇인가요?	우리나라를 대표하는 옷은 한복이다. 한복은 저고리와 치마, 바지 등으로 되어 있다. 사계절에 맞게 여러 가지 옷감으로 만든다.
3. 중국의 대표적 옷은 무엇인가요?	중국 사람은 치파오를 입는다. 치파오는 소매가 좁고 치마 형태인데, 움직이기 편하다.
4. 아오자이는 어느 나라의 영향을 받은 옷인가요?	베트남 사람은 아오자이를 입는다. 아오자이는 긴 웃옷과 바지가 있다. 이것은 중국의 영향을 받아 만들어졌다. 하지만 베트남의 날씨에 맞게 얇고 바람이 잘 통하도록 만들었다.
5. 온도가 높고 습기가 많은 날씨에 맞는 옷은 무엇인가요?	일본 사람은 기모노를 입는다. 기모노는 길이가 길고 소매가 넓다. 이 옷은 온도가 높고 습기가 많은 날씨에 맞는 옷이다.

<table>
<tr><td rowspan="2">확장형</td><td rowspan="2">여러 나라의
전통의상</td><td colspan="4">읽기 전- 배경지식 나누기, 내용 예측하기</td><td rowspan="2">워크북
2-1-2-1</td></tr>
<tr><td>날짜</td><td></td><td>이름</td><td></td></tr>
</table>

1분 동안 알고 있는 나라 이름을 말해 보고, 그중 5개 이상 써 보세요.

다음 각 나라의 전통의상을 알맞게 짝지어 보세요.

 ● ● 일본 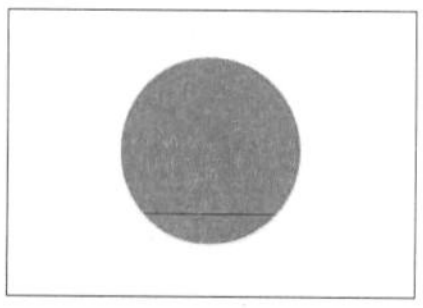

 ● ● 베트남 

 ● ● 한국 

 ● ● 중국 

각 나라의 전통의상 이름을 쓰고, "○○의 옷은 ○○이다."와 같은 문장을 만들어 보세요.

나라	옷	문장

확장형	여러 나라의 전통의상	읽기 중 – 소리 내어 읽기				워크북 2-1-2-2
		날짜		이름		

글을 보고 알맞은 속도로 정확하게 읽어 보세요.

세계 여러 나라에는 각 나라마다 전해 오는 고유의 전통의상이 있다. 이것은 그 나라의 기후나 문화적 특성의 영향을 받아 발달해 왔다. 그러면 세계 여러 나라의 전통의상에는 어떤 것들이 있는지 알아보자.

우선, 우리나라의 전통의상은 한복인데, 아름답고 화려한 것이 특징이다. 여자는 소매가 넓고 길이가 짧은 저고리와 길고 풍성한 치마를 주로 입는다. 남자의 경우 소매가 넓고 허리까지 내려오는 저고리와 넓은 통의 바지를 입는다. 또한 사계절이 뚜렷한 기후에 맞게 만들어졌다. 즉, 여름에는 바람이 잘 통하는 삼베나 모시로 만들고, 겨울에는 비단으로 만들거나 솜을 넣어 누벼서 한복을 만든다.

다음으로, 일본은 남녀 모두 기모노라는 전통의상을 입는다. 기모노는 발목까지 내려오는 길이에 소매가 넓고 목 부분이 'V' 자로 되어 있다. 끈이나 단추가 따로 없고 왼쪽 옷자락으로 오른쪽 옷자락을 덮어서 띠를 둘러 묶어 준다. 기모노는 온도가 높고 습기가 많은 여름과 추운 겨울을 지내기 알맞게 만들어졌다.

중국의 대표적인 전통의상은 치파오이다. 이 옷은 소매가 좁고, 위아래가 하나로 연결된 치마 형태로 옆이 트여 있다. 그래서 말 타기나 활 쏘기 등과 같은 운동을 하기에 편리하다. 요즘은 원피스 형태로 된 여성의 옷을 나타내는 뜻으로 사용되고 있다.

마지막으로, 베트남 여성이 즐겨 입는 전통의상은 아오자이이다. 아오자이는 긴 상의와 통이 넓은 바지가 포함된다. 또한 옆이 길게 트여 있고, 깃이 차이니스 칼라로 되어 있다. 이것은 중국 복식의 영향을 받은 것이라고 한다. 하지만 베트남의 풍토와 기후에 맞게 얇고 통기성이 좋은 형태로 변형되었다. 또한 햇볕을 가리고 비를 피하려는 목적으로 '논'이라고 하는 삿갓 모양의 모자를 같이 쓴다.

이상으로 세계 여러 나라의 전통의상에 대해 알아보았다. 전통의상은 각 나라의 여러 가지 특성에 맞게 변해 왔으며, 단순한 옷의 기능을 넘어 그 나라의 정신을 대표하는 문화로 자리매김하고 있다.

확장형	여러 나라의 전통의상	읽기 후– 관련 어휘				워크북 2-1-2-3
		날짜		이름		

글과 관련된 단어를 확인하고 보기의 단어를 사용하여 새로운 문장을 만들어 보세요.

예문	보기	문장
각 나라마다 전해 오는 고유의 전통의상이 있다.	전통의상	
사계절이 뚜렷한 기후에 맞게 만들어졌다.	기후	
중국 복식의 영향을 받은 것이라고 한다.	복식	
얇고 통기성이 좋은 형태이다.	통기성	

글을 읽고 각 나라의 옷에 맞는 특징을 정리해 보세요.

〈한복〉

〈기모노〉

〈치파오〉

〈아오자이〉

글을 읽고 핵심 어휘를 활용하여 어휘망을 만들어 보세요.

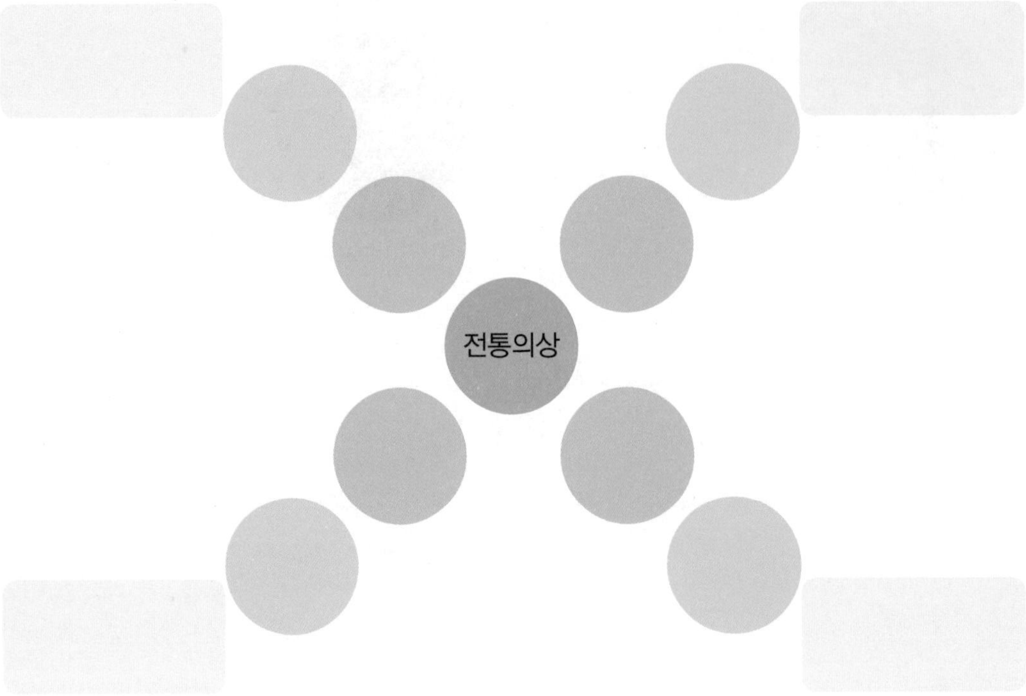

<table>
<tr><td rowspan="2">확장형</td><td rowspan="2">여러 나라의
전통의상</td><td colspan="4">읽기 후– 중심내용 · 세부내용 찾기, 설명 도식판</td><td rowspan="2">워크북
2-1-2-4</td></tr>
<tr><td>날짜</td><td></td><td>이름</td><td></td></tr>
</table>

글을 읽고 빈칸의 단어를 넣어 표를 완성해 보세요.

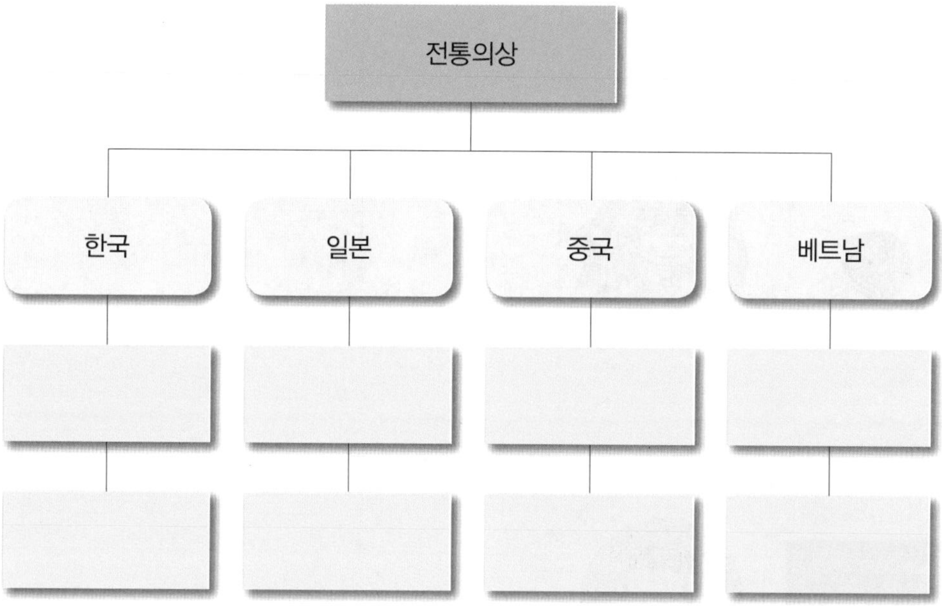

글을 읽고 빈칸에 내용을 적어서 표를 완성해 보세요.

나라	전통의상	모양	옷감 재료	특징(기후, 문화)

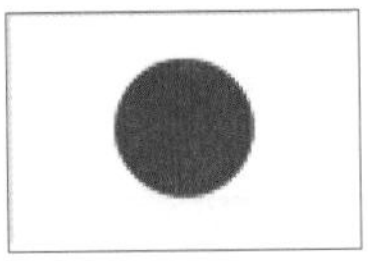				

글을 읽고 다음의 표를 완성해 보세요.

무엇에 대해 설명하고 있는가?	전통의상	
중심내용		
세부내용		

다음 글에 들어갈 알맞은 이어 주는 말을 보기에서 골라 넣어 보세요.

세계 여러 나라에는 각 나라마다 전해 오는 고유의 전통의상이 있다. ________ 그 나라의 기후나 문화적 특성의 영향을 받아 발달해 왔다. ________ 세계 여러 나라의 전통의상에는 어떤 것들이 있는지 알아보자.

________, 우리나라의 전통의상은 한복인데, 아름답고 화려한 것이 특징이다. 여자는 소매가 넓고 길이가 짧은 저고리와 길고 풍성한 치마를 주로 입는다. 남자의 경우 소매가 넓고 허리까지 내려오는 저고리와 넓은 통의 바지를 입는다. 또한 사계절이 뚜렷한 기후에 맞게 만들어졌다. ________, 여름에는 바람이 잘 통하는 삼베나 모시로 만들고, 겨울에는 비단으로 만들거나 솜을 넣어 누벼서 한복을 만든다.

일본은 남녀 모두 기모노라는 전통의상을 입는다. 기모노는 발목까지 내려오는 길이에 소매가 넓고 목 부분이 'V' 자로 되어 있다. 끈이나 단추가 따로 없고 왼쪽 옷자락으로 오른쪽 옷자락을 덮어서 띠를 둘러 묶어 준다. 기모노는 온도가 높고 습기가 많은 여름과 추운 겨울을 지내기 알맞게 만들어졌다.

중국의 대표적인 전통의상은 치파오이다. 이 옷은 소매가 좁고, 위아래가 하나로 연결된 치마 형태로 옆이 트여 있다. ________ 말 타기나 활 쏘기 등과 같은 운동을 하기에 편리하다. 요즘은 원피스 형태로 된 여성의 옷을 나타내는 뜻으로 사용되고 있다.

마지막으로, 베트남 여성이 즐겨 입는 전통의상은 아오자이이다. 아오자이는 긴 상의와 통이 넓은 바지가 포함된다. 또한 옆이 길게 트여 있고, 깃이 차이니스 칼라로 되어 있다. 이것은 중국 복식의 영향을 받은 것이라고 한다. 하지만 베트남의 풍토와 기후에 맞게 얇고 통기성이 좋은 형태로 변형되었다. 또한 햇볕을 가리고 비를 피하려는 목적으로 '논'이라고 하는 삿갓 모양의 모자를 같이 쓴다.

________ 세계 여러 나라의 전통의상에 대해 알아보았다. 전통의상은 각 나라의 여러 가지 특성에 맞게 변해 왔으며, 단순한 옷의 기능을 넘어 그 나라의 정신을 대표하는 문화로 자리매김하고 있다.

보기	그러면, 이것은, 다음으로, 이상으로, 그래서, 우선, 즉

앞의 표를 참고하여 여러 나라의 전통의상에 대한 글을 요약해 보세요.

글을 읽고 다음의 표를 완성해 보세요.

소개하는 말	

나라	전통의상	특징
한국		
일본		
중국		
베트남		

정리하는 말	

다음의 질문을 듣고 물음에 답해 보세요.

질문 내용	답
1. 이 글은 무엇을 설명하고 있나요?	
2. 우리나라의 전통의상은 무엇인가요?	
3. 중국의 대표적 전통의상은 무엇인가요?	
4. 여름에 한복을 만드는 재료는 무엇인가요?	
5. 아오자이는 어느 나라의 영향을 받은 옷인가요?	
6. 솜을 넣어 누빈 한복을 입는 이유는 무엇인가요?	
7. 뚱뚱한 사람의 체형을 감추기 좋은 옷은 무엇인가요?	
8. 바람이 잘 통하는 천으로 아오자이를 만드는 이유는 무엇인가요?	
9. 남극에 사는 사람은 어떤 옷을 입을까요?	
10. 운동할 때 입기 좋은 옷은 어느 나라 옷인가요?	

중재목표 2

호랑이와 토끼: 설명글(비교 · 대조)

핵심형	**호랑이와 토끼**	읽기 전– 배경지식 나누기, 내용 예측하기				워크북 2–2–1–1
		날짜		이름		

다음의 그림카드를 보고 알고 있는 특징과 알고 싶은 것에 대해 말해 보세요.

	알고 있는 특징	알고 싶은 것
호랑이		
토끼		

호랑이와 토끼의 같은 점과 다른 점을 생각해 보세요.

	같은 점	다른 점
호랑이		
토끼		

아는 동물의 이름을 말하고 그 특징에 대해 알아보세요.

동물 이름	생김새	사는 곳	먹이

다음의 단어카드를 선택하여 문장으로 말해 보세요.

보기	산속, 호랑이, 무겁다, 젖, 고기, 빠르다, 가볍다, 짧다, 크다, 길다, 풀

카드 1	카드 2	문장

핵심형	호랑이와 토끼	읽기 중– 소리 내어 읽기				워크북 2-2-1-2
		날짜		이름		

🌱 글을 보고 알맞은 속도로 정확하게 읽어 보세요.

호랑이와 토끼는 이야기에 자주 나오는 동물이다. 그래서 우리와 친한 동물이기도 하다.

호랑이와 토끼는 같은 점이 많다. 먼저, 둘 다 산에 산다. 달리기도 모두 빠르다. 또 새끼들에게 젖을 먹이는 동물이다.

하지만 호랑이와 토끼는 다른 점도 많다. 호랑이는 몸집이 크고 무겁다. 그런데 토끼는 작고 가볍다. 호랑이는 주로 고기를 먹는다. 토끼는 풀을 먹는다. 또 호랑이는 꼬리가 길다. 하지만 토끼는 꼬리가 짧다.

이처럼 호랑이와 토끼는 같은 점과 다른 점이 많다.

핵심형	**호랑이와 토끼**	읽기 후- 관련 어휘				워크북 2-2-1-3
		날짜		이름		

다음의 빈칸에 들어갈 반대말을 찾아보세요.

길이가	길다 ↔ ______
달리기가	빠르다 ↔ ______
몸무게가	무겁다 ↔ ______
몸이	크다 ↔ ______
크기가	작다 ↔ ______

다음의 단어카드를 활용하여 어휘망을 만들어 보세요.

보기	산속, 호랑이, 무겁다, 젖, 고기, 빠르다, 가볍다, 짧다, 크다, 길다, 풀

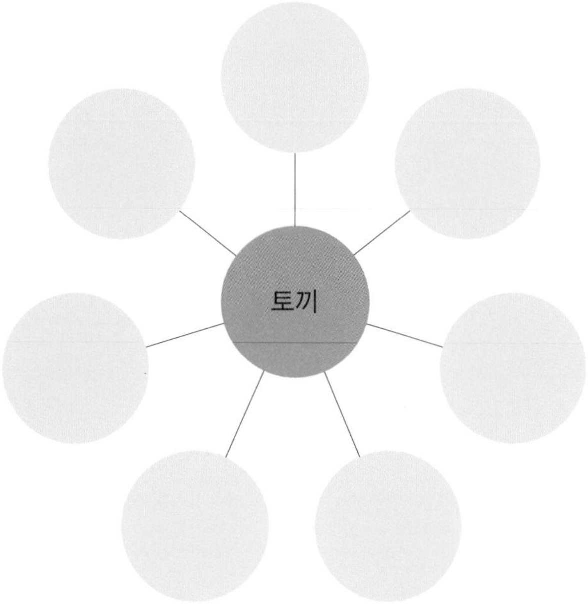

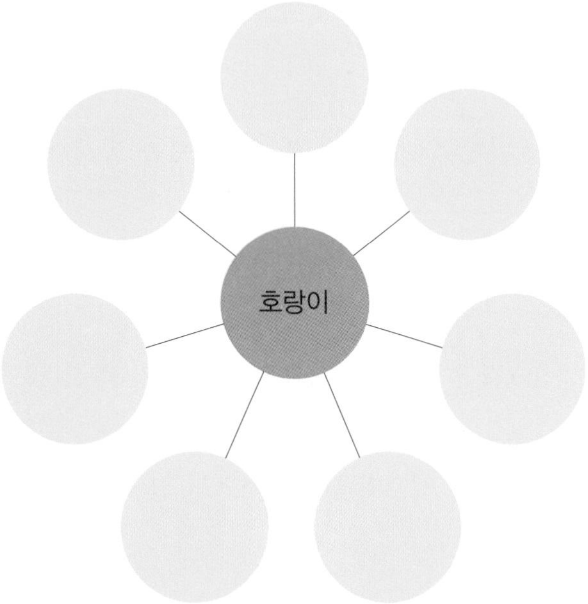

앞의 어휘망을 보고 단어카드를 연결하여 문장을 만들어 보세요.

보기	산속, 호랑이, 무겁다, 젖, 고기, 빠르다, 가볍다, 짧다, 크다, 길다, 풀

카드 1	카드 2	문장

다음에 들어갈 알맞은 말에 ○로 표시하세요.

- 토끼는 사람들과 (친한, 관계없는) 동물이다.
- 호랑이와 토끼는 이야기에 (자주, 가끔) 나오는 동물이다.
- 호랑이와 토끼는 새끼들에게 (우유, 젖)을 먹이는 동물이다.
- 호랑이와 토끼의 (같은 점, 다른 점)은 달리기가 빠른 것이다.
- 호랑이와 토끼의 (같은 점, 다른 점)은 꼬리 길이이다.

핵심형	**호랑이와 토끼**	읽기 후– 중심내용 · 세부내용 찾기, 설명 도식판				워크북 2-2-1-4
		날짜		이름		

글을 읽고 다음의 도식을 완성해 보세요.

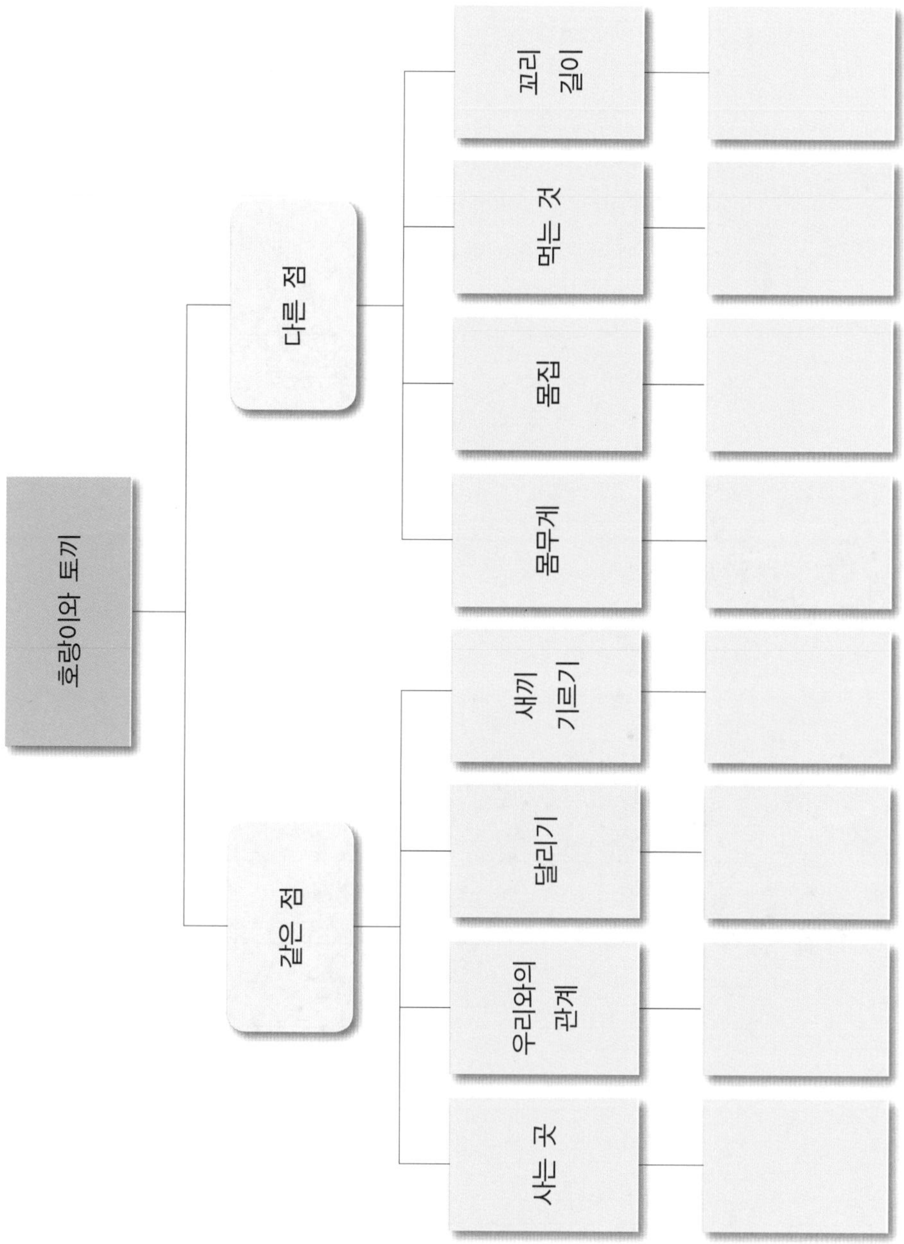

글을 읽고 보기에서 문장을 골라 다음의 표를 완성해 보세요.

보기	• 호랑이는 고기를 먹는다. • 새끼에게 젖을 먹여서 키운다. • 호랑이와 토끼는 산에 산다. • 토끼는 작고 가볍다. • 토끼는 풀을 먹는다. • 호랑이는 꼬리가 길다. • 토끼는 꼬리가 짧다. • 호랑이는 몸집이 크고 무겁다. • 호랑이와 토끼는 달리기가 빠르다. • 이야기에 자주 나오는 동물이다. • 우리와 친한 동물이다.

		호랑이	토끼
같은 점	사는 곳		
	우리와의 관계		
	달리기		
	새끼 기르기		
다른 점	몸무게		
	몸집		
	먹는 것		
	꼬리 길이		

다음 글에 들어갈 알맞은 이어 주는 말을 보기에서 골라 넣어 보세요.

호랑이와 토끼는 이야기에 자주 나오는 동물이다. ________ 우리와 친한 동물이기도 하다.

호랑이와 토끼는 같은 점이 많다. 먼저, 둘 다 산에 산다. 달리기도 모두 빠르다. ________ 새끼들에게 젖을 먹이는 동물이다.

________ 호랑이와 토끼는 다른 점도 많다.

호랑이는 몸집이 크고 무겁다. 그런데 토끼는 작고 가볍다. 호랑이는 주로 고기를 먹는다. 토끼는 풀을 먹는다. 또 호랑이는 꼬리가 길다. ________ 토끼는 꼬리가 짧다.

이처럼 호랑이와 토끼는 같은 점과 다른 점이 많다.

보기	하지만, 또, 그리고, 그래서

글을 읽고 다음의 표를 완성해 봅시다.

소개하는 말	

사는 곳	
우리와의 관계	
달리기	
새끼 기르기	
몸무게	
몸집	
먹는 것	
꼬리 길이	

정리하는 말	

앞의 표를 참고하여 호랑이와 토끼의 같은 점과 다른 점에 대한 글을 요약해 보세요.

다음의 질문을 듣고 답에 밑줄을 그어 보세요.

<table>
<tr><th>질문 내용</th><th>예문</th></tr>
<tr><td>1. 이 글은 무엇과 무엇을 설명하고 있나요?</td><td>호랑이와 토끼는 이야기에 자주 나오는 동물이다.</td></tr>
<tr><td>2. 호랑이와 토끼는 어디서 생활하나요?</td><td rowspan="3">호랑이와 토끼는 같은 점이 많다. 먼저, 둘 다 산에 산다. 달리기도 모두 빠르다. 또 새끼들에게 젖을 먹인다.</td></tr>
<tr><td>3. 호랑이와 토끼는 새끼에게 무엇을 먹이나요?</td></tr>
<tr><td>4. 호랑이와 토끼는 어떤 점에서 같은가요?</td></tr>
<tr><td>5. 토끼는 무엇을 먹고 사나요?</td><td rowspan="3">하지만 호랑이와 토끼는 다른 점도 많다. 호랑이는 몸집이 크고 무겁다. 그런데 토끼는 작고 가볍다. 호랑이는 주로 고기를 먹는다. 토끼는 풀을 먹는다. 또 호랑이는 꼬리가 길다. 하지만 토끼는 꼬리가 짧다.</td></tr>
<tr><td>6. 호랑이가 토끼보다 긴 것은 무엇인가요?</td></tr>
<tr><td>7. 호랑이와 토끼의 다른 점은 무엇인가요?</td></tr>
</table>

확장형	**호랑이와 토끼**	읽기 전- 배경지식 나누기, 내용 예측하기			워크북 2-2-2-1
		날짜		이름	

다음의 그림카드를 보고 알고 있는 특징과 알고 싶은 것에 대해 말해 보세요.

	알고 있는 특징	알고 싶은 것
호랑이		
토끼		

호랑이와 토끼의 같은 점과 다른 점을 생각해 보세요.

	같은 점	다른 점
호랑이		
토끼		

아는 동물의 이름을 말하고 그 특징에 대해 알아보세요.

알고 있는 동물 이름	생김새	사는 곳	먹이

다음의 단어카드를 선택하여 문장으로 말해 보세요.

보기	산속, 호랑이, 무겁다, 젖, 고기, 빠르다, 가볍다, 짧다, 크다, 길다, 풀

카드 1	카드 2	문장

확장형	호랑이와 토끼	읽기 중- 소리 내어 읽기				워크북 2-2-2-2
		날짜		이름		

글을 보고 알맞은 속도로 정확하게 읽어 보세요.

호랑이와 토끼는 전래동화에 자주 등장하는 동물이다. 그래서 아주 오랜 옛날부터 우리에게 친숙한 동물이기도 하다.

호랑이와 토끼는 서식지나 활동 특성, 새끼를 키우는 방식 등 다양한 공통점이 있다. 우선, 두 동물 모두 주 서식지가 산이라는 점이 비슷하다. 호랑이는 깊은 산의 동굴 같은 곳에 살고, 토끼는 굴 속이나 바위 밑에 살거나 땅에 굴을 파고 산다. 또한 모두 달리는 속도가 빠른 편인데, 특히 토끼는 작은 덩치에 비해 빠른 동물로 알려져 있다. 토끼는 앞 다리가 짧고 뒷다리가 길어 뛰기에 적합하게 생김새가 발달했다. 또한 둘 다 젖을 먹여 새끼를 키우는 포유류에 속한다는 점도 일치한다.

하지만 호랑이와 토끼는 몸집의 크기, 좋아하는 먹이, 생김새 특성 등에서 차이가 있다. 호랑이는 덩치가 크고 몸무게도 무겁지만, 토끼는 작고 가볍다. 그리고 호랑이는 다른 동물을 잡아먹고 사는 육식동물이지만, 토끼는 주로 풀 종류를 먹고 사는 초식동물이다. 또 두 동물은 생김새도 다른데, 호랑이는 귀는 짧고 꼬리가 길지만 토끼는 귀가 길고 꼬리는 짧은 것이 특징이다.

이상에서 살펴본 바와 같이 호랑이와 토끼는 다양한 공통점과 차이점을 지닌 동물이다.

확장형	호랑이와 토끼	읽기 후- 관련 어휘				워크북 2-2-2-3
		날짜		이름		

다음의 빈칸에 들어갈 반대말을 찾아보세요.

길이가	길다 ↔ ______
달리기가	빠르다 ↔ ______
몸무게가	무겁다 ↔ ______
몸이	크다 ↔ ______
먹이	육식 ↔ ______
친숙도	친숙한 ↔ ______

다음의 단어카드를 활용하여 어휘망을 만들어 보세요.

보기	산속, 호랑이, 무겁다, 젖, 고기, 빠르다, 가볍다, 짧다, 크다, 길다, 풀

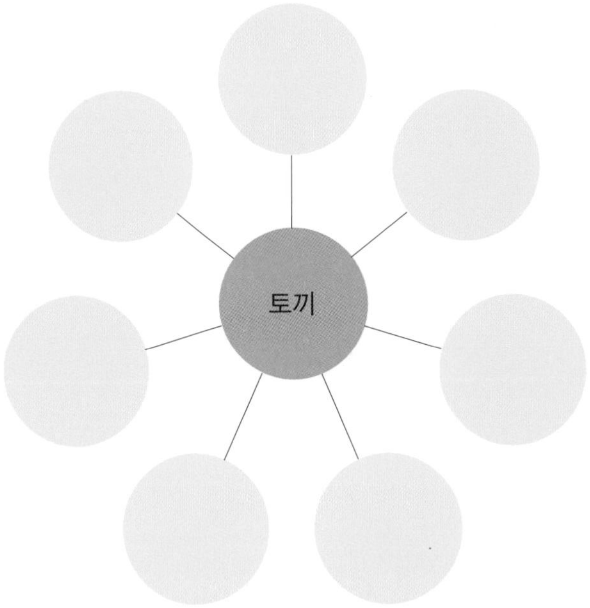

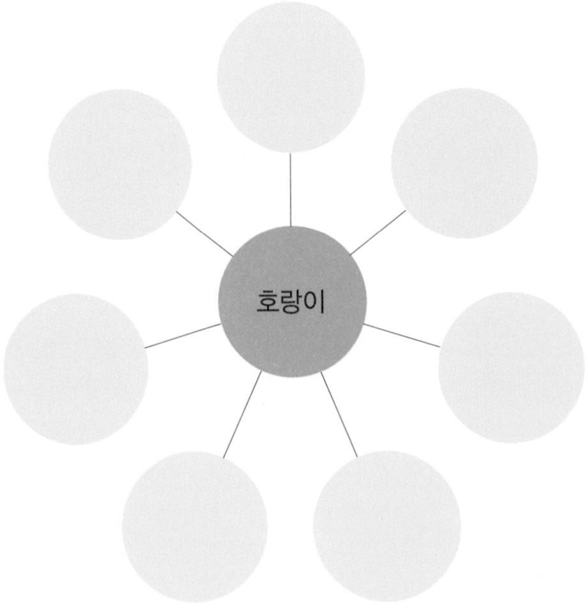

글과 관련된 단어를 확인하고 보기의 단어를 넣어서 새로운 문장을 만들어 보세요.

예문	보기	문장
호랑이와 토끼는 전래동화에 자주 등장하는 동물이다.	전래동화	
아주 오랜 옛날부터 우리에게 친숙한 동물이기도 하다.	친숙한	
두 동물 모두 주 서식지가 산이라는 점이 비슷하다.	서식지	
젖을 먹여 새끼를 키우는 포유류에 속한다는 점도 일치한다.	포유류	
호랑이는 다른 동물을 잡아먹고 사는 육식동물이지만, 토끼는 주로 풀 종류를 먹고 사는 초식동물이다.	육식동물	

다음에 들어갈 알맞은 말에 ○로 표시하세요.

- 토끼는 사람들과 (친한, 관계없는) 동물이다.
- 호랑이와 토끼는 이야기에 (자주, 가끔) 나오는 동물이다.
- 호랑이와 토끼는 새끼에게 (우유, 젖)을 먹이는 동물이다.
- 호랑이와 토끼의 (같은 점, 다른 점)은 달리기가 빠른 것이다.
- 호랑이와 토끼의 (같은 점, 다른 점)은 꼬리 길이이다.

확장형	호랑이와 토끼	읽기 후- 중심내용 세부내용 찾기, 설명 도식판				워크북 2-2-2-4
		날짜		이름		

글을 읽고 다음의 빈칸에 들어갈 단어를 넣어 글의 도식을 완성해 보세요.

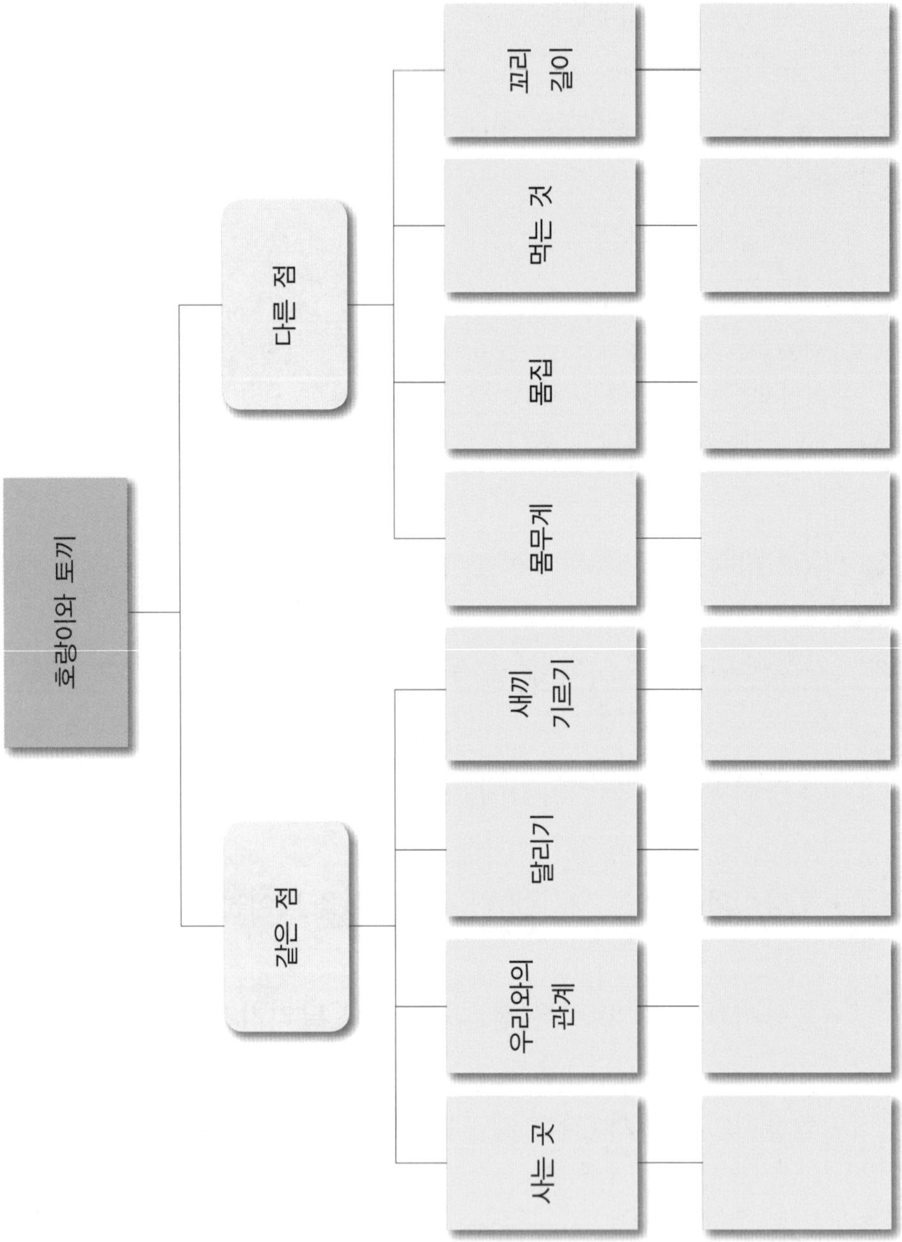

글을 읽고 보기에서 문장을 골라 다음의 표를 완성해 보세요.

보기	• 호랑이는 육식동물이다. • 젖을 먹여서 새끼를 키운다. • 주 서식지가 산이다. • 토끼는 작고 가볍다. • 토끼는 초식동물이다. • 모두 달리는 속도가 빠른 편이다. • 호랑이는 덩치가 크고 무겁다. • 호랑이와 토끼는 달리기가 빠르다. • 새끼에게 젖을 먹여 양육을 하는 포유류에 속한다. • 호랑이와 토끼는 전래동화에 자주 등장하는 동물이다.

소개하는 말	

사는 곳	
우리와의 관계	
달리기	
새끼 기르기	
몸무게	
몸집	
먹는 것	
꼬리 길이	

정리하는 말	

다음 글에 들어갈 알맞은 이어 주는 말을 보기에서 골라 넣어 보세요.

호랑이와 토끼는 전래동화에 자주 등장하는 동물이다. ________ 아주 오랜 옛날부터 우리에게 친숙한 동물이기도 하다.

호랑이와 토끼는 서식지나 활동 특성, 새끼를 키우는 방식 등 다양한 공통점이 있다. ________, 두 동물 모두 주 서식지가 산이라는 점이 비슷하다. 호랑이는 깊은 산의 동굴 같은 곳에 살고, 토끼는 굴 속이나 바위 밑에 살거나 땅에 굴을 파고 산다. 또한 모두 달리는 속도가 빠른 편인데, 특히 토끼는 작은 덩치에 비해 빠른 동물로 알려져 있다. 토끼는 앞다리가 짧고 뒷다리가 길어 뛰기에 적합하게 생김새가 발달했다. 또한 둘 다 젖을 먹여 새끼를 키우는 포유류에 속한다는 점도 일치한다.

________ 호랑이와 토끼는 몸집의 크기, 좋아하는 먹이, 생김새 특성 등에서 차이가 있다. 호랑이는 덩치가 크고 몸무게도 무겁지만 토끼는 작고 가볍다. ________ 호랑이는 다른 동물을 잡아먹고 사는 육식동물이지만, 토끼는 주로 풀 종류를 먹고 사는 초식동물이다. 또 두 동물은 생김새도 다른데, 호랑이는 귀는 짧고 꼬리가 길지만 토끼는 귀가 길고 꼬리는 짧은 것이 특징이다.

이상에서 살펴본 바와 같이 호랑이와 토끼는 다양한 공통점과 차이점을 지닌 동물이다.

보기	하지만, 그리고, 그래서, 우선

글을 읽고 다음 빈칸에 알맞은 중심 문장을 적어 보세요.

		호랑이	토끼
똑같다	종류		
	달리기		
	사는 곳		
	우리와 관계		
다르다	몸무게		
	몸집		
	꼬리 길이		
	먹이		

앞의 표를 참고하여 호랑이와 토끼의 같은 점과 다른 점에 대한 글을 요약해 보세요.

글을 읽고 다음의 질문에 알맞은 답을 써 보세요.

질문 내용	답
1. 이 글은 무엇과 무엇을 설명하고 있나요?	
2. 호랑이와 토끼는 어디서 생활하나요?	
3. 호랑이와 토끼는 새끼에게 무엇을 먹이나요?	
4. 호랑이와 토끼는 어떤 점에서 같은가요?	
5. 토끼는 무엇을 먹고 사나요?	
6. 호랑이가 토끼보다 긴 것은 무엇인가요?	
7. 호랑이와 토끼의 다른 점은 무엇인가요?	
8. 토끼보다 몸집이 작은 동물은 무엇인가요?	
9. 호랑이와 같은 먹이를 먹은 동물은 무엇인가요?	
10. 호랑이나 토끼와 다른 곳에 사는 동물은 무엇이 있나요?	

한국어 해독해 ⑤ 이야기와 설명 담화 독해 워크북

중재목표 3

음식 만들기: 설명글(과정)

핵심형	음식 만들기	읽기 전- 배경지식 나누기, 내용 예측하기				워크북 2-3-1-1
		날짜		이름		

1분 동안 알고 있는 음식 이름을 말하고, 제일 좋아하는 음식 5개를 써 보세요.

단어카드를 연결하여 새로운 단어 만들기를 해 보세요.

카드 1	카드 2	새 단어
바나나	우유	바나나 우유
딸기		
초콜릿		
포도		
당근		

다음 표는 생일 파티와 관련된 단어들입니다. 다음 표에 생일 파티하는 순서에 맞게 번호를 써 보세요.

촛불 붙이기	케이크 꺼내기	케이크 자르기	먹기	접시에 담기	촛불 끄기	초 꽂기

핵심형	음식 만들기	읽기 중- 소리 내어 읽기				워크북 2-3-1-2
		날짜		이름		

글을 보고 알맞은 속도로 정확하게 읽어 보세요.

준비물: 바나나, 우유, 꿀

바나나 우유를 만들자.
먼저 바나나, 우유, 꿀을 준비한다.
바나나 껍질을 깐다.
그리고 바나나를 칼로 자른다.
바나나를 믹서기에 넣는다.
우유도 믹서기에 넣는다.
여기에 꿀을 조금 넣는다.
그다음에 함께 갈아 준다.
컵에 따른다.
완성된 바나나 우유를 마신다.

핵심형	음식 만들기	읽기 후– 관련 어휘				워크북 2-3-1-3
		날짜		이름		

글에 있는 단어를 확인하고 예시 단어를 사용하여 문장을 만들어 보세요.

보기	예시 단어	문장
준비	준비한다, 먼저, 바나나, 우유, 꿀을	
껍질	껍질을, 바나나, 깐다	
믹서기	넣는다, 믹서기에, 바나나를	
갈다	갈아 준다, 바나나를, 함께 우유와	

바나나 우유 만드는 순서에 따라 빈칸에 알맞은 단어를 넣어 보세요.

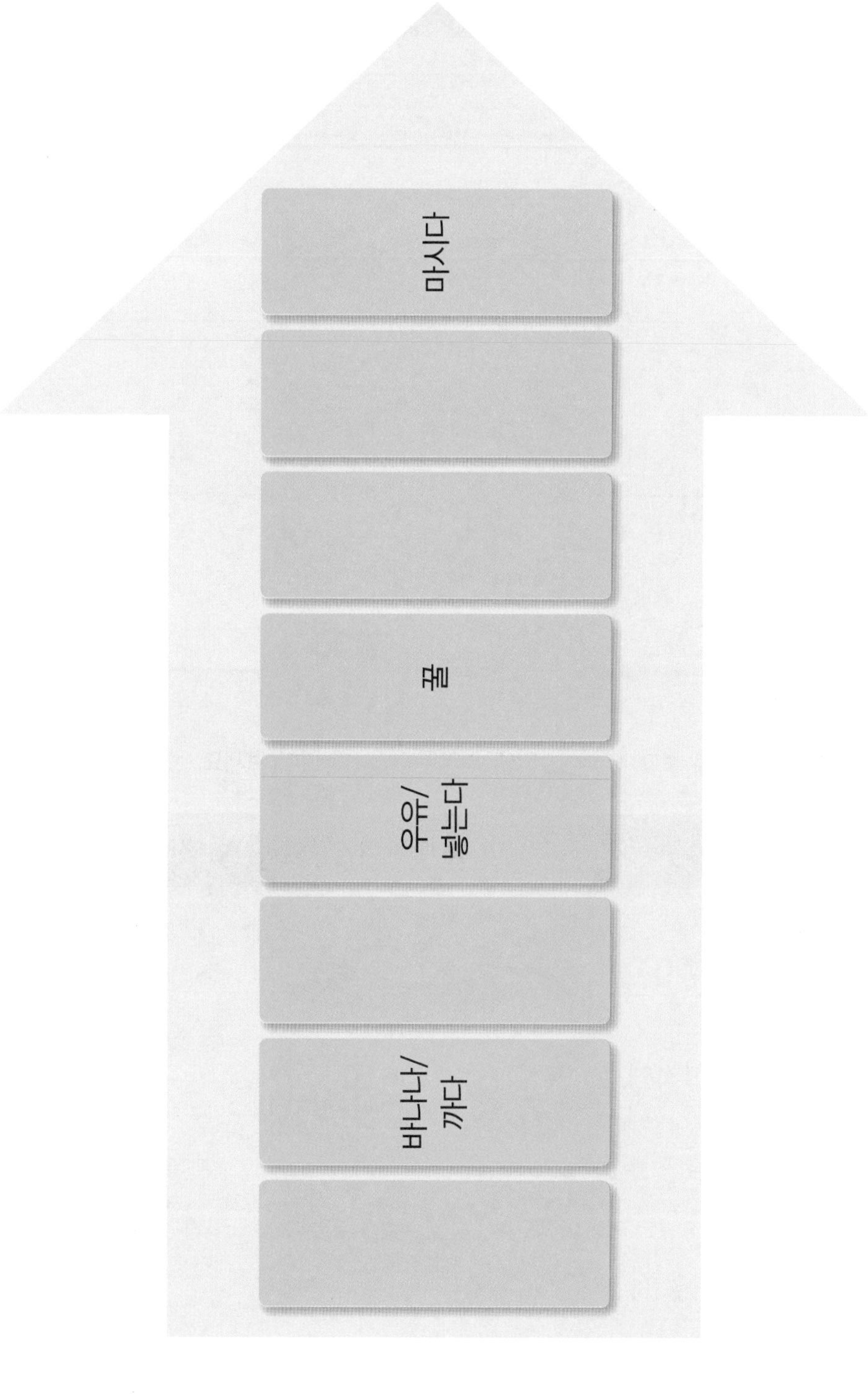

다음 빈칸에 핵심 단어카드를 선택하여 붙인 후, 이를 연결하여 문장으로 써 보세요.

보기	까다, 자르다, 바나나, 준비

카드 1	카드 2	문장

다음 보기의 단어를 보고, (   ) 안에 알맞은 말을 써 넣어 보세요.

보기	깐다, 준비한다, 갈아 준다, 자른다

- 바나나 껍질을 (   ).
- 바나나를 믹서기에 넣고 (   ).
- 바나나를 칼로 (   ).
- 먼저 바나나, 우유, 꿀을 (   ).

핵심형	음식 만들기	읽기 후– 중심내용 · 세부내용 찾기, 설명 도식판				워크북 2-3-1-4
		날짜		이름		

글을 읽고 단어카드를 이용하여 다음의 도식을 완성해 보세요.

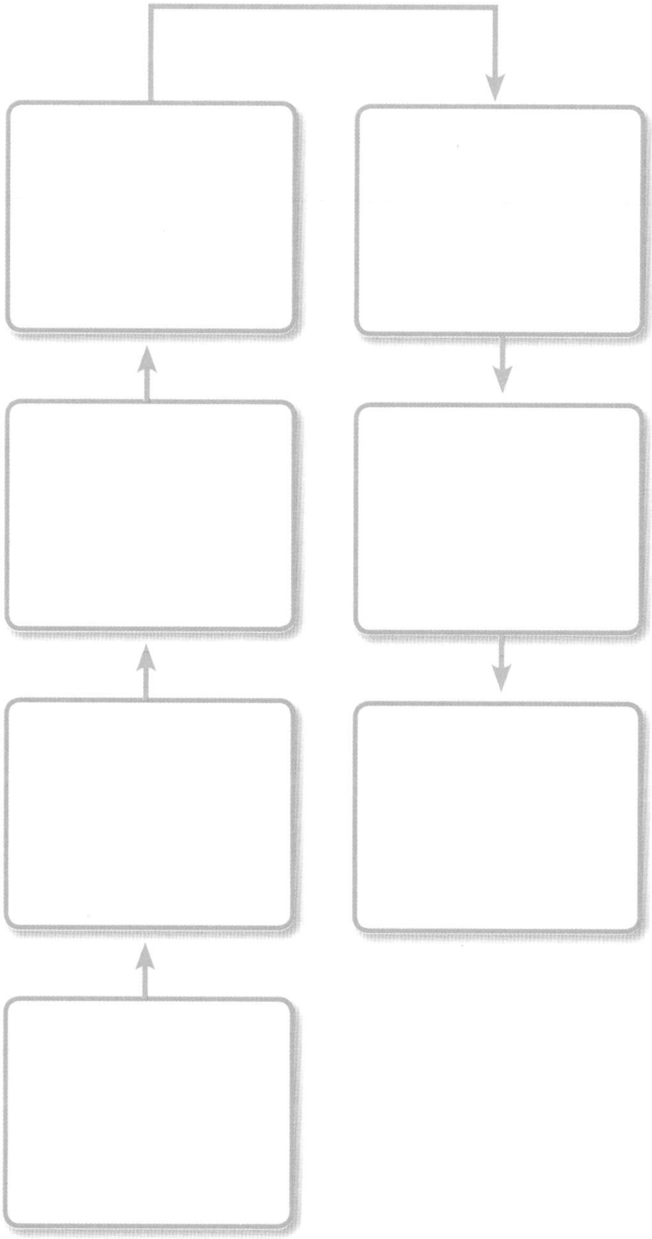

글을 읽고 보기의 문장을 선택하여 다음 표에 알맞게 써 보세요.

보기	• 바나나 껍질을 깐다. • 컵에 따른다. • 여기에 꿀을 조금 넣는다. • 바나나와 우유도 믹서기에 넣는다. • 바나나를 칼로 자른다. • 바나나, 우유, 꿀을 준비한다. • 맛있게 먹는다. • 함께 믹서기에 간다.

바나나 우유 만들기 순서	
1	
2	
3	
4	
5	
6	
7	
8	

다음 글에 들어갈 알맞은 이어 주는 말을 넣어 보세요.

바나나 우유를 만들자.

__________ 바나나, 우유, 꿀을 준비한다.

바나나 껍질을 깐다.

그리고 바나나를 칼로 자른다.

바나나를 믹서기에 넣는다.

우유도 믹서기에 넣는다.

__________ 꿀을 조금 넣는다.

그다음에 함께 갈아 준다.

컵에 따른다.

맛있게 먹는다.

보기	여기에, 먼저

앞의 표를 활용하여 바나나 우유 만들기 과정을 요약해서 써 보세요.

다음의 질문을 듣고 답에 밑줄을 그어 보세요.

<table>
<tr><th>질문 내용</th><th>예문</th></tr>
<tr><td>1. 이 글은 무엇을 설명하고 있나요?</td><td rowspan="2">바나나 우유를 만들자.
먼저 바나나, 우유, 꿀을 준비한다.</td></tr>
<tr><td>2. 먼저 준비해야 하는 것은 무엇인가요?</td></tr>
<tr><td>3. 바나나를 믹서기에 넣기 전에 무엇을 하나요?</td><td>바나나 껍질을 깐다.
그리고 바나나를 칼로 자른다.
바나나를 믹서기에 넣는다.</td></tr>
<tr><td>4. 바나나 우유를 달게 먹으려면 무엇을 넣어야 하나요?</td><td rowspan="2">우유도 믹서기에 넣는다.
여기에 꿀을 조금 넣는다.
그다음에 함께 갈아 준다.</td></tr>
<tr><td>5. 믹서기는 무엇을 하는 도구인가요?</td></tr>
</table>

확장형	음식 만들기	읽기 중– 소리 내어 읽기				워크북 2-3-2-1
		날짜		이름		

1분 동안 알고 있는 음식이름을 말하고, 제일 좋아하는 음식 5개를 써 보세요.

다음 햄버거 주문하기 순서에 따라 번호를 쓰고, 길게 연결해서 말해 보세요.

번호	햄버거 주문 순서
	점원에게 가서 원하는 햄버거를 말한다.
	햄버거 가게에 간다.
	돈을 내고 거스름돈을 받는다.
	햄버거가 나오면 자리에 가서 먹는다.
	메뉴판을 보고 먹고 싶은 것을 고른다.
	주문한 햄버거가 나올 때까지 기다린다.
	다 먹은 후 쟁반과 쓰레기를 정리한다.

확장형	음식 만들기	읽기 중- 소리 내어 읽기				워크북 2-3-2-2
		날짜		이름		

글을 보고 알맞은 속도로 정확하게 읽어 보세요.

준비물: 가래떡, 어묵, 파, 양배추, 당근, 고추장, 고춧가루, 간장, 설탕, 물엿, 물, 통깨

매콤하고 맛있는 떡볶이를 만들어 보자.

우선, 가래떡을 냉수에 잠깐 담갔다가 깨끗이 씻어 소쿠리에 건져 둔다.

어묵은 한 입 크기로 썰고 양배추는 굵직하게 채를 썰어 둔다.

당근과 양파도 적당한 크기로 채 썰고, 파는 어슷하게 잘라 놓는다.

오목한 프라이팬에 물을 적당히 담아 준비해 둔다.

그다음, 물에 고추장과 간장, 설탕을 넣은 후 바글바글 끓인다.

양념장이 끓어오르면 가래떡과 어묵을 넣고 중간불로 줄인 후 잠시 졸여 준다.

떡에 간이 배이면 당근, 양배추 등의 각종 채소를 넣고, 어슷 썬 파는 가장 나중에 넣는다.

마지막으로, 떡이 눌어붙지 않게 잘 저어 준 후, 좀 더 달콤하고 매콤한 맛을 내려면 고춧가루와 물엿을 더 첨가한다.

완성된 떡볶이를 그릇에 담고, 통깨를 솔솔 뿌려서 맛있게 먹는다.

확장형	음식 만들기	읽기 후- 관련 어휘				워크북 2-3-2-3
		날짜		이름		

예문에 있는 단어를 확인하고, 보기 단어를 사용하여 새로운 문장을 만들어 보세요.

예문	보기	문장
파를 어슷하게 잘라 놓는다.	어슷하게	
양념장이 끓어 오르면 중간불로 줄인 후 잠시 졸여 준다.	졸이다	
고춧가루와 물엿을 더 첨가한다.	첨가	

보기의 단어들을 같은 종류에 따라 분류하고 해당하는 범주어를 써 보세요.

보기	같은 종류 단어 모으기	범주어
간장, 냄비, 파, 고추장, 당근, 설탕, 프라이팬, 양배추, 고춧가루, 그릇	예) 양배추, 파, 당근	채소

떡볶이 만드는 순서에 따라 다음 보기의 단어를 순서대로 배열해 보세요.

보기	씻는다, 담는다, 졸인다, 끓인다, 채 썬다, 먹는다

확장형	음식 만들기	읽기 후– 중심내용 · 세부내용 찾기, 설명 도식판				워크북 2-3-2-4
		날짜		이름		

글을 읽고 보기의 문장을 선택하여 다음 표에 알맞게 써 보세요.

보기	• 어묵과 양배추, 당근, 양파, 파를 썰어 둔다. • 떡볶이를 그릇에 담는다. • 오목한 프라이팬에 물을 담는다. • 잘 저어 준 후, 물엿을 첨가한다. • 고추장, 간장, 설탕을 넣고 끓인다. • 불을 줄이고 양념장을 졸인다. • 깨를 뿌려 맛있게 먹는다. • 가래떡을 씻어 건져 둔다. • 양념장이 끓으면 가래떡과 어묵을 넣는다. • 떡에 간이 배이면 채소를 넣는다.

떡볶이 만들기 순서	
1	
2	
3	
4	
5	
6	
7	
8	
9	
10	

다음 글에 들어갈 알맞은 이어 주는 말을 넣어 보세요.

매콤하고 맛있는 떡볶이를 만들어 보자.

__________, 가래떡을 냉수에 잠깐 담갔다가 깨끗이 씻어 소쿠리에 건져 둔다.

어묵은 한 입 크기로 썰고 양배추는 굵직하게 채를 썰어 둔다.

당근과 양파도 적당한 크기로 채 썰고, 파는 어슷하게 잘라 놓는다.

__________, 물에 고추장과 간장, 설탕을 넣은 후 바글바글 끓인다.

양념장이 끓어오르면 가래떡과 어묵을 넣고 중간불로 줄인 후 잠시 졸여 준다.

떡에 간이 배이면 당근, 양배추 등의 각종 채소를 넣고, 어슷 썬 파는 가장 나중에 넣는다.

__________, 떡이 눌어붙지 않게 잘 저어 준 후, 좀 더 달콤하고 매콤한 맛을 내려면 고춧가루와 물엿을 더 첨가한다.

완성된 떡볶이를 그릇에 담고, 통깨를 솔솔 뿌려서 맛있게 먹는다.

보기	그다음, 마지막으로, 우선

앞의 도표를 참고하여 떡볶이 만들기 과정을 요약해서 써 보세요.

다음의 질문에 대해 적절한 답을 작성해 보세요.

질문 내용	답
1. 이 글은 무엇을 설명하고 있나요?	
2. 가장 먼저 준비해야 하는 것은 무엇인가요?	
3. 파는 어떤 방법으로 썰어야 하나요?	
4. 양념장이 끓을 때 중간불로 줄이는 이유는 무엇인가요?	
5. 가장 나중에 넣어야 하는 재료는 무엇인가요?	
6. 잘 저어 주지 않으면 어떤 문제가 생길까요?	
7. 매운 음식을 잘 못 먹는다면 어떻게 해야 할까요?	

한국어 해독해 ⑤ 이야기와 설명 담화 독해 워크북

중재목표 4

동물의 종류: 설명글(분류)

핵심형	동물의 종류	읽기 전- 배경지식 나누기, 내용 예측하기				워크북 2-4-1-1
		날짜		이름		

1분 동안 알고 있는 동물 이름을 말하고, 제일 좋아하는 동물 이름 5개를 써 보세요.

아는 동물의 이름을 말하고 그 특징에 대해 알아보세요.

알고 있는 동물 이름	생김새	사는 곳	먹이

다음 동물들이 사는 곳을 화살표로 연결해 보세요.

부엉이 ●

사자 ●

고래 ●

기린 ●

상어 ●

원숭이 ●

독수리 ●

참새 ●

새우 ●

● 
땅

● 
하늘

● 
바다

다음의 카드를 선택하여 문장으로 말해 보세요.

카드 1	카드 2	문장
예) 사자	땅	
상어	바다	
원숭이	나무	
독수리	하늘	

핵심형	동물의 종류	읽기 중– 소리 내어 읽기				워크북 2-4-1-2
		날짜		이름		

글을 보고 알맞은 속도로 정확하게 읽어 보세요.

이 세상에는 많은 동물들이 있다. 그런데 동물들은 사는 곳이 다르다.

새들은 하늘에서 산다. 독수리, 부엉이는 큰 새이다. 참새나 제비는 작은 새이다.

땅에 사는 동물도 있다. 호랑이, 사슴은 산에 산다. 사자, 얼룩말, 기린은 들판에서 산다. 또 원숭이나 코알라는 나무에서 산다.

바다에서 사는 동물들도 많다. 상어, 고등어, 오징어는 물고기 종류이다. 딱딱한 껍질을 가진 소라, 조개도 바다에 산다.

이렇게 사는 곳에 따라 동물을 여러 가지로 나눌 수 있다.

핵심형	동물의 종류	읽기 후- 관련 어휘				워크북 2-4-1-3
		날짜		이름		

다음의 예시 단어들을 같은 종류에 따라 분류하고 해당하는 범주어를 써 보세요.

예시 단어	같은 종류 단어	범주어
호랑이, 고등어, 사자, 독수리, 얼룩말, 상어, 새우, 부엉이, 참새, 사슴, 기린, 원숭이, 소라, 제비		

다음의 낱말카드를 활용하여 어휘망을 만들어 보세요.

보기	호랑이, 고등어, 사자, 독수리, 얼룩말, 상어, 새우, 부엉이, 참새, 사슴, 기린, 원숭이, 소라, 제비

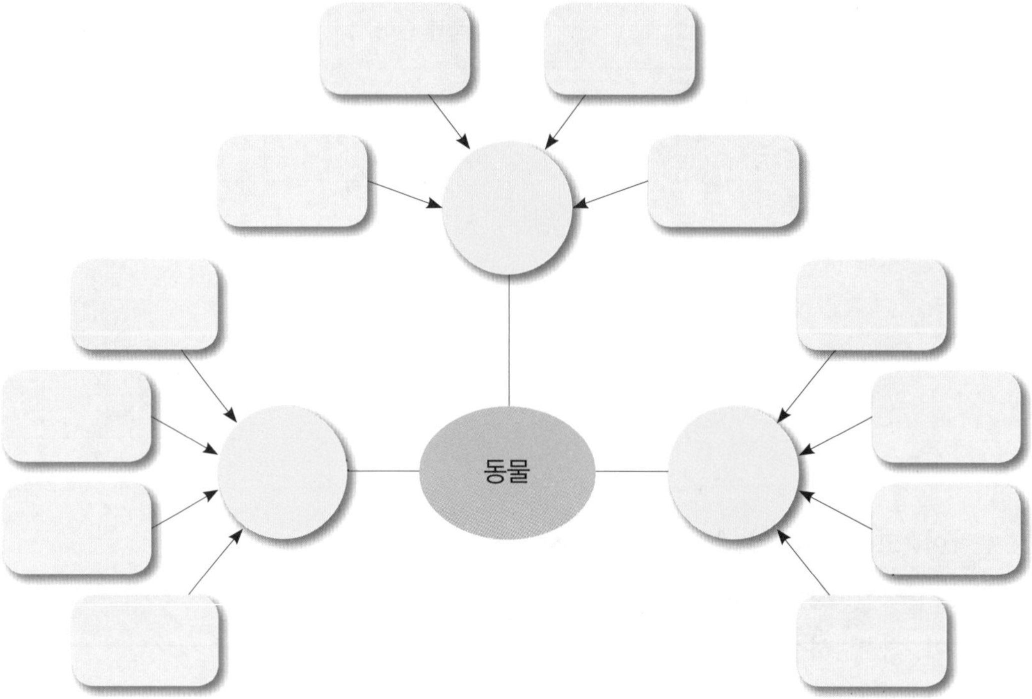

앞의 어휘망을 보고 낱말카드를 연결하여 문장을 만들어 보세요.

카드 1	카드 2	문장

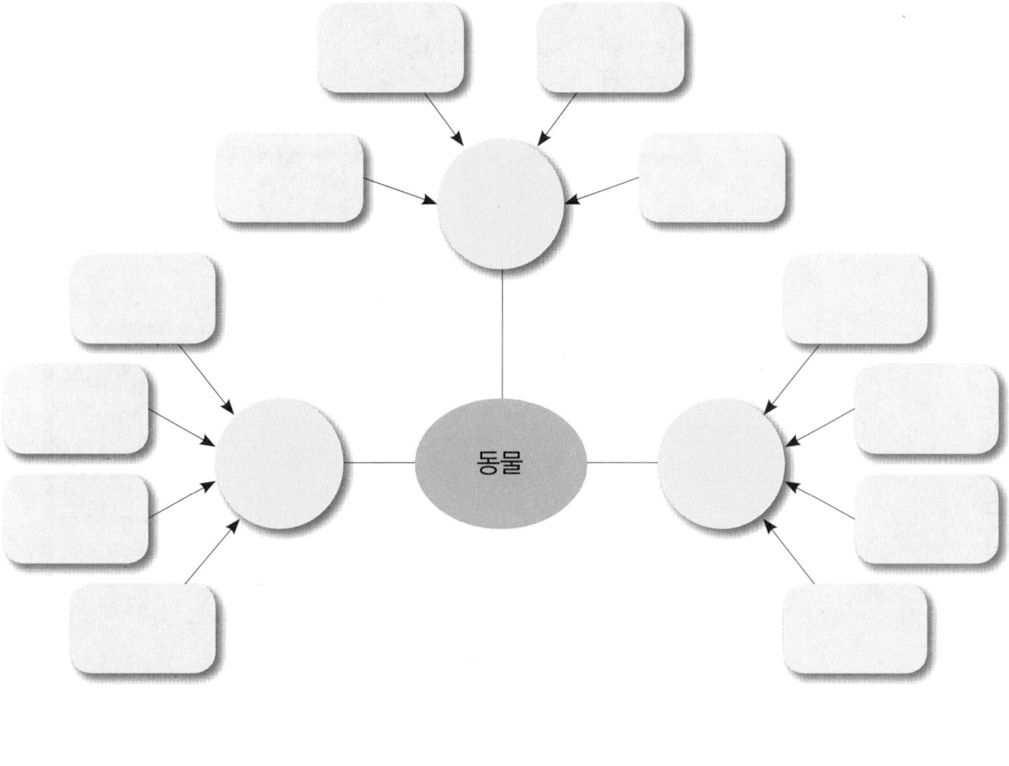

핵심형	**동물의 종류**	읽기 후– 중심내용 · 세부내용 찾기, 설명 도식판				워크북 2-4-1-4
		날짜		이름		

글을 읽고 다음의 도식을 완성해 보세요.

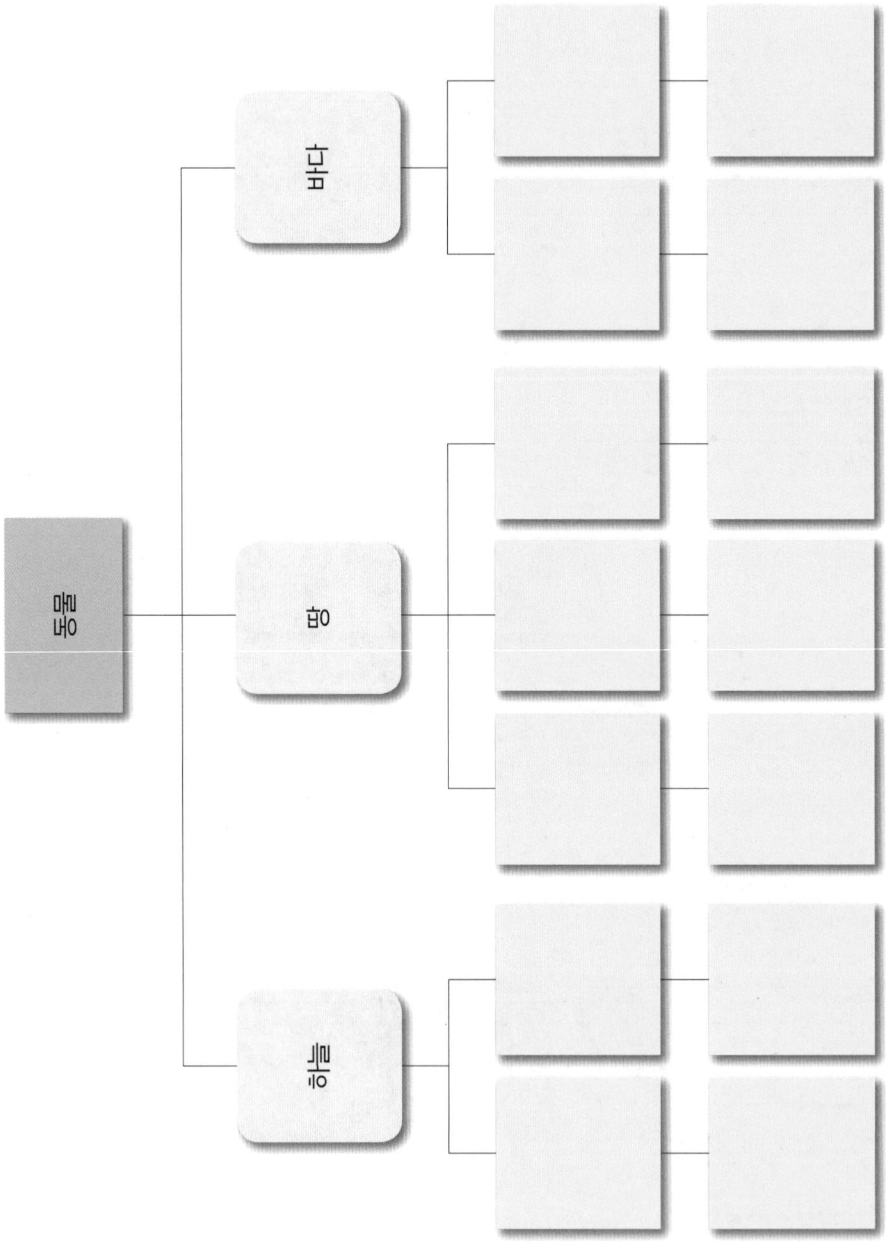

글을 읽고 다음의 표를 완성해 보세요.

사는 곳	동물	특징
하늘		
육지		
바다		

글을 읽고 다음의 표를 완성해 보세요.

사는 곳	동물의 종류: (　　)에는 (　　)이 있다.	특징: (　　)은 (　　)하다(또는 있다).
하늘		
육지		
바다		

다음 글에 들어갈 알맞은 이어 주는 말을 보기에서 골라 넣어 보세요.

이 세상에는 많은 동물들이 있다. __________ 동물들은 사는 곳이 다르다.

새들은 하늘에서 산다. 독수리, 부엉이는 큰 새이다. 참새나 제비는 작은 새이다.

땅에 사는 동물도 있다. 호랑이, 사슴은 산에 산다. 사자, 얼룩말, 기린은 들판에서 산다. __________ 원숭이나 코알라는 나무에서 산다.

바다에서 사는 동물들도 많다. 상어, 고등어, 오징어는 물고기 종류이다. 딱딱한 껍질을 가진 소라, 조개도 바다에 산다.

__________ 사는 곳에 따라 동물을 여러 가지로 나눌 수 있다.

보기	이렇게, 그런데, 또

글을 읽고 보기에서 문장을 골라 다음의 표를 완성해 보세요.

보기	• 새들은 하늘에 산다. • 사는 곳에 따라 동물을 여러 가지로 나눌 수 있다. • 호랑이 사슴은 산에 산다. • 상어 고등어, 오징어는 물고기 종류이다. • 바다에 사는 동물도 있다. • 딱딱한 껍질을 가진 소라, 조개도 바다에 산다. • 사자, 얼룩말, 기린은 들판에서 산다. • 독수리 부엉이는 큰 새이다. • 땅에 사는 동물도 있다. • 새들은 하늘에 산다. • 참새나 제비는 작은 새이다. • 원숭이나 코알라는 나무에서 산다. • 이 세상에는 많은 동물들이 있다.

소개하는 말	

사는 곳	종류	특징
하늘		
육지		
바다		

정리하는 말	

글을 읽고 다음의 도식에 동물의 종류를 분류해 보세요.

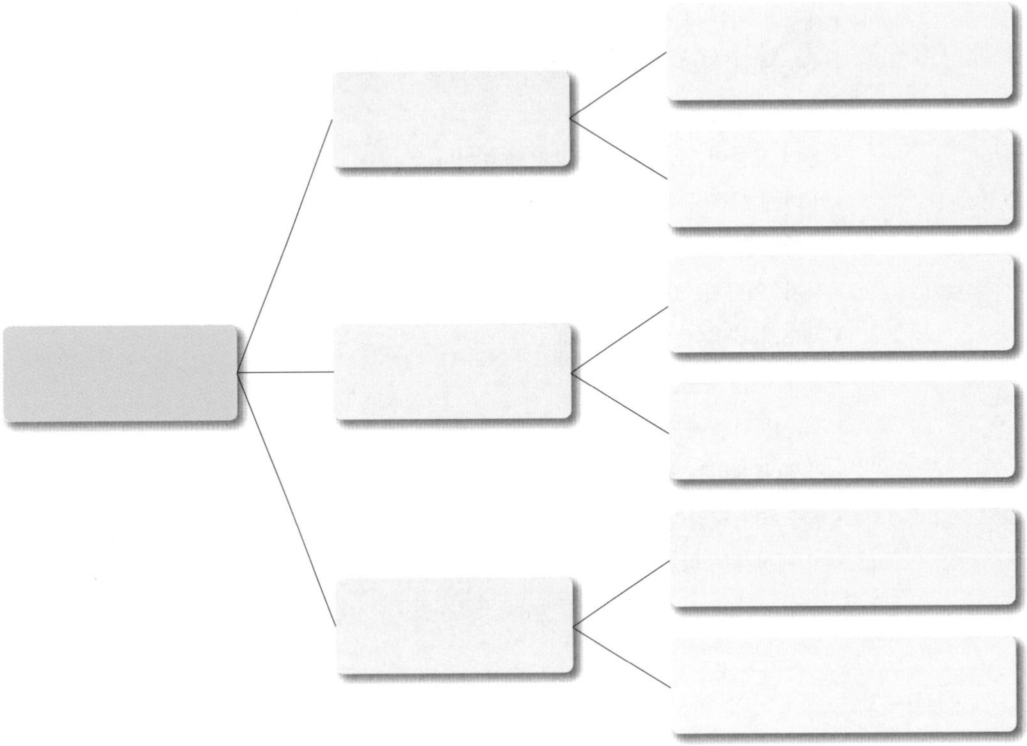

앞의 표를 참고하여 동물의 종류에 대한 글을 요약해 보세요.

다음의 질문을 듣고 답에 밑줄을 그어 보세요.

질문 내용	예문
1. 이 글은 무엇에 대해 설명하고 있나요?	사는 곳에 따라 동물을 여러 가지로 나눌 수 있다.
2. 이 글에서 동물을 무엇에 따라 나누었나요?	
3. 땅에 사는 동물에는 어떤 종류가 있나요?	땅에 사는 동물도 있다. 호랑이, 사슴은 산에 산다. 사자, 얼룩말, 기린은 들판에서 산다. 또 원숭이나 코알라는 나무에서 산다.
4. 독수리, 부엉이, 참새, 제비는 모두 어떤 종류인가요?	새들은 하늘에서 산다. 독수리, 부엉이는 큰 새이다. 참새나 제비는 작은 새이다.
5. 바다에 사는 동물을 두 가지 종류로 나누면 어떤 종류가 있나요?	바다에서 사는 동물들도 많다. 상어, 고등어, 오징어는 물고기 종류다. 딱딱한 껍질을 가진 소라, 조개도 바다에 산다.

확장형	동물의 종류	읽기 전- 배경지식 나누기, 내용 예측하기				워크북 2-4-2-1
		날짜		이름		

1분 동안 알고 있는 동물 이름을 말하고, 제일 좋아하는 동물 이름 5개를 써 보세요.

동물의 먹이를 기준으로 위에서 말한 동물을 나눠 보세요.

기준	초식동물	육식동물	잡식동물
먹이			

아는 동물의 이름을 말하고 그 특징에 대해 알아보세요.

알고 있는 동물 이름	생김새	사는 곳	먹이

다음의 단어카드를 선택하여 문장으로 말해 보세요.

보기	사자, 상어, 원숭이, 땅, 바다, 나무, 하늘

카드 1	카드 2	문장

확장형	동물의 종류	읽기 중- 소리 내어 읽기			워크북 2-4-2-2
		날짜		이름	

글을 보고 알맞은 속도로 정확하게 읽어 보세요.

동물은 서식지에 따라 생김새나 생활방식이 다르다. 주변 환경에 적응하여 살기 알맞은 모습으로 진화해 왔기 때문이다.

하늘에서 주로 활동하는 동물은 조류인데, 날개와 부리가 있고 몸이 깃털로 덮여 있는 게 특징이다. 새들은 크기나 생김새의 특징 등에 따라 다시 나눌 수 있다. 독수리, 부엉이, 매 등은 몸집이 크고 사나운 육식성 조류이다. 이 새들은 날카로운 부리와 발톱을 갖고 있고, 눈과 귀가 예민하며 성질이 용맹한 게 특징이다. 반면에 참새나 제비는 몸집이 작고 날렵하며, 곤충이나 곡식을 주로 먹는다.

산이나 들판 등에서 서식하는 동물은 육지동물이라고 한다. 육지동물은 걷거나 뛰는데 유리하게 다리가 잘 발달되어 있는 게 특징이다. 청각, 후각, 시각이 골고루 잘 발달되어 있으며 몸이 털로 덮여있는 경우가 많다. 육지동물들도 주로 활동하는 장소에 따라 다시 나눌 수 있다. 호랑이나 곰 등은 산속 동굴에서 주로 활동하고, 사슴 등도 낙엽이 많은 산속에 산다. 사자나 기린, 얼룩말은 넓게 초원이 펼쳐져 있는 들판에서 주로 활동한다. 기린이나 얼룩말 등은 풀이나 나무 열매 등을 먹지만, 사자는 초원을 누비며 다니다 약한 동물을 사냥해서 생활한다. 원숭이나 코알라와 같이 주로 나무에서 생활하면서 나뭇잎이나 나무 열매를 먹고 사는 동물들도 있다.

바다에서 사는 해양동물은 종류가 매우 다양한데 대표적인 것이 어류이다. 어류는 등뼈가 있고, 몸이 유선형이며 지느러미가 있고, 아가미가 있다. 이러한 생김새의 특징은 물속에서 살아가기에 알맞게 발달된 것으로 상어와 고등어 등이 대표적이다. 등뼈가 없이 딱딱한 껍질을 갖고 있는 소라나 조개 종류도 바다에 사는 생물이다.

이처럼 서식지에 따라 여러 가지 유형의 동물들이 있으며 그 특징도 다양하다.

확장형	동물의 종류	읽기 중- 소리 내어 읽기				워크북 2-4-2-3
		날짜		이름		

다음의 예시 단어들을 같은 종류에 따라 분류하고 해당하는 범주어를 써 보세요.

예시 단어	같은 종류의 동물	범주어
호랑이, 고등어, 사자, 독수리, 얼룩말, 상어, 새우, 부엉이, 참새, 사슴, 기린, 원숭이, 소라, 제비		

글의 핵심 어휘를 사용하여 다음의 어휘망을 완성해 보세요.

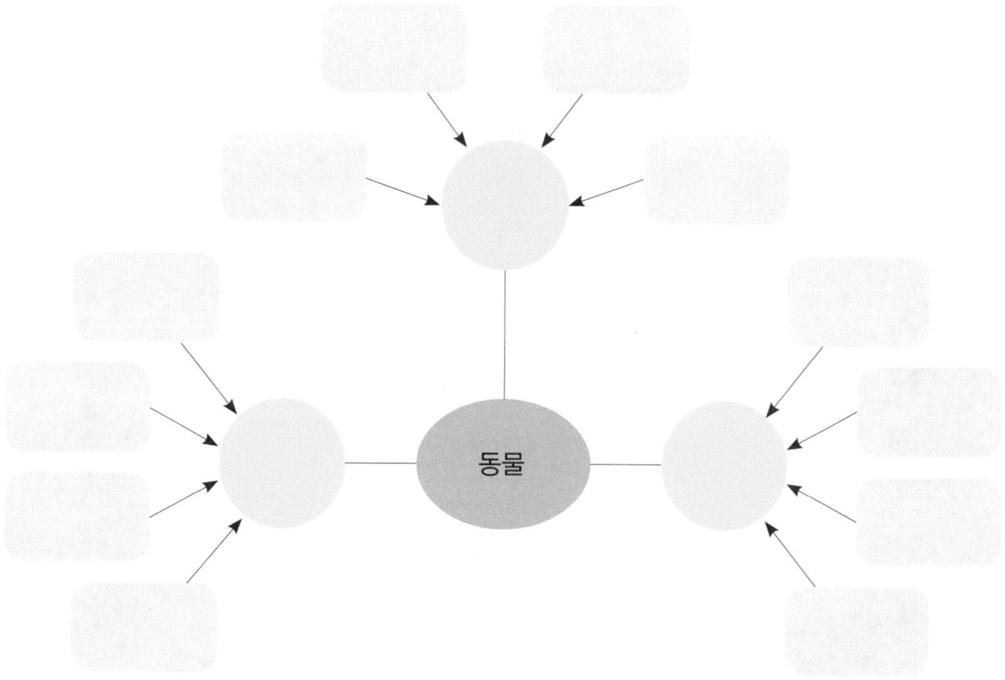

앞의 어휘망을 보고 단어카드를 연결하여 문장을 만들어 보세요.

사는 곳	종류: (　　　)에는 (　　　)이 있다.	특징: (　　　)은 (　　　)하다(또는 있다).
하늘		
육지		
바다		

확장형	동물의 종류	읽기 후- 중심내용 · 세부내용 찾기, 설명 도식판				워크북 2-4-2-4
		날짜		이름		

글을 읽고 다음의 도식을 완성해 보세요.

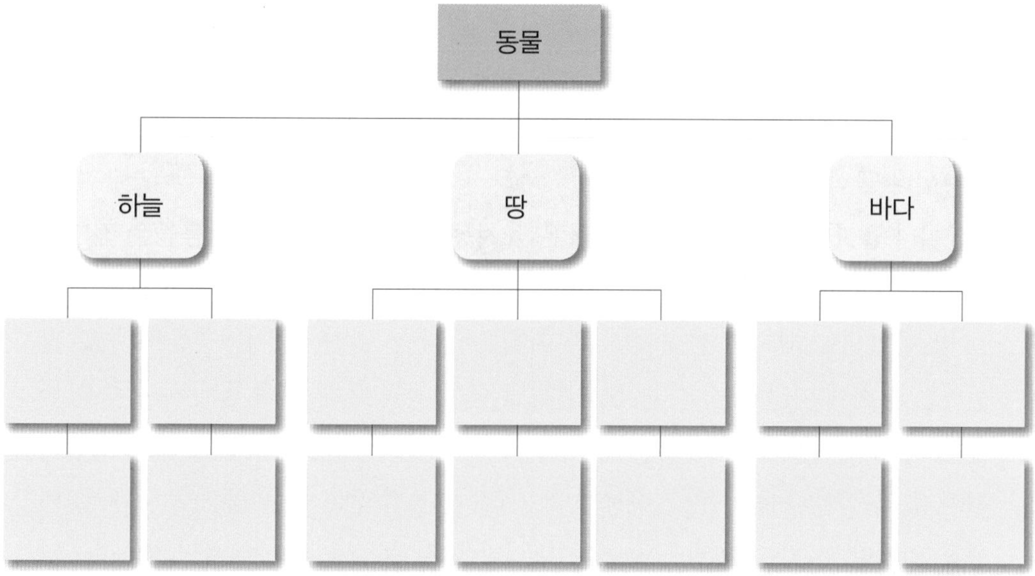

글을 읽고 다음의 표를 완성해 보세요.

사는 곳	종류	특징
하늘		
육지		
바다		

다음 글에 들어갈 알맞은 이어 주는 말을 보기에서 골라 넣어 보세요.

동물은 서식지에 따라 생김새나 생활방식이 다르다. 주변 환경에 적응하여 살기 알맞은 모습으로 진화해 왔기 ___________.

하늘에서 주로 활동하는 동물은 조류인데, 날개와 부리가 있고 몸이 깃털로 덮여 있는 게 특징이다. 새들은 크기나 생김새의 특징 등에 따라 다시 나눌 수 있다. 독수리, 부엉이, 매 등은 몸집이 크고 사나운 육식성 조류이다. ___________ 새들은 날카로운 부리와 발톱을 갖고 있고, 눈과 귀가 예민하며 성질이 용맹한 게 특징이다. 반면에, 참새나 제비는 몸집이 작고 날렵하며, 곤충이나 곡식을 주로 먹는다.

산이나 들판 등에서 서식하는 동물은 육지동물이라고 한다. 육지동물은 걷거나 뛰는 데 유리하게 다리가 잘 발달되어 있는 게 특징이다. 청각, 후각, 시각이 골고루 잘 발달되어 있으며 몸이 털로 덮여있는 경우가 많다. 육지동물들도 주로 활동하는 장소에 따라 다시 나눌 수 있다. 호랑이나 곰 등은 산속 동굴에서 주로 활동하고, 사슴 등도 낙엽이 많은 산속에 산다. 사자나 기린, 얼룩말은 넓게 초원이 펼쳐져 있는 들판에서 주로 활동한다. 기린이나 얼룩말 등은 풀이나 나무 열매 등을 먹지만, 사자는 초원을 누비며 다니다 약한 동물을 사냥해서 생활한다. 원숭이나 코알라와 같이 주로 나무에서 생활하면서 나뭇잎이나 나무 열매를 먹고 사는 동물들도 있다.

바다에서 사는 해양동물은 종류가 매우 다양한데 대표적인 것이 어류이다. 어류는 등뼈가 있고, 몸이 유선형이며 지느러미가 있고, 아가미가 있다. ___________ 생김새의 특징은 물속에서 살아가기에 알맞게 발달된 것으로 상어와 고등어 등이 대표적이다. 등뼈가 없이 딱딱한 껍질을 갖고 있는 소라나 조개 종류도 바다에 사는 생물이다.

___________ 서식지에 따라 여러 가지 유형의 동물들이 있으며 그 특징도 다양하다.

보기	이러한, 때문이다, 이처럼, 이

글을 읽고 중심내용과 세부내용을 생각하면서 다음의 표를 완성해 보세요.

소개하는 말	

사는곳	중심내용	세부내용	
		특징	하위 분류
하늘			
육지			
바다			

정리하는 말	

글을 읽고 다음의 도식에 동물의 종류를 분류해 보세요.

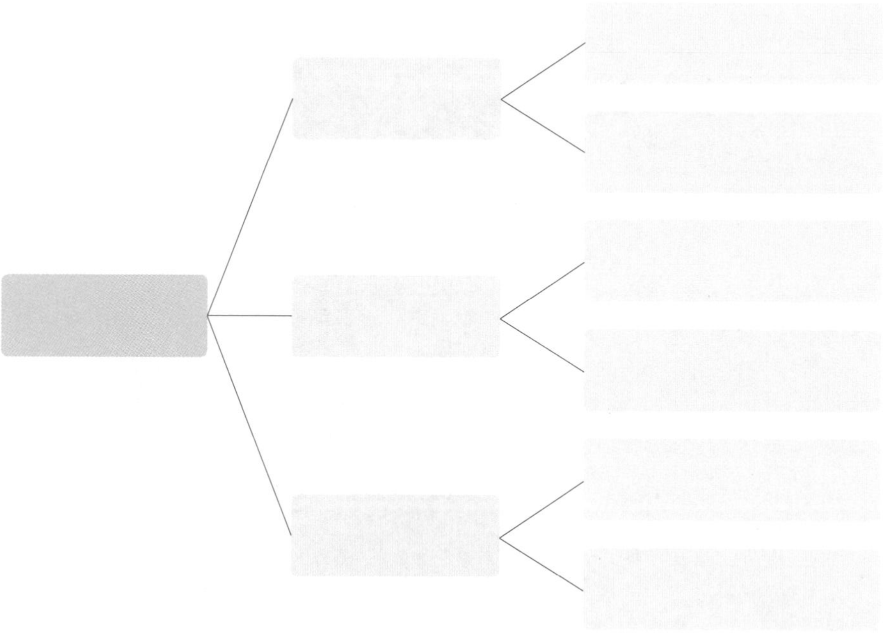

앞의 도식을 참고하여 동물의 종류에 대한 글을 요약해 보세요.

다음의 질문에 대해 적절한 답을 작성해 보세요.

질문 내용	답
1. 이 글은 무엇을 설명하고 있나요?	
2. 이 글에서 동물을 무엇에 따라 나누었나요?	
3. 육지동물에는 어떤 종류가 있나요?	
4. 독수리, 부엉이, 참새, 제비는 모두 어떤 종류인가요?	
5. 해양동물을 두 가지 종류로 나누면 어떤 종류가 있나요?	
6. 독수리, 부엉이, 참새, 제비는 모두 어떤 특징이 있나요?	
7. 육지동물의 특징은 어떤 것이 있나요?	
8. 어류의 특징은 무엇인가요?	
9. 사는 곳에 따라 동물이 다른 특징이 있는 이유는 무엇인가요?	
10. 동물의 종류를 나누는 기준은 또 무엇이 있을까요?	

한국어 해독해 ⑤ 이야기와 설명 담화 독해 워크북

중재목표 5

우리 집 소개하기: 설명글(분석)

핵심형	우리 집 소개하기	읽기 전- 배경지식 나누기, 내용 예측하기				워크북 2-5-1-1
		날짜		이름		

우리 집에 어떤 장소가 있는지 적어 보세요.

다음의 표에 카드를 적고 문장으로 써 보세요.

카드 1	카드 2	문장
거실		
부엌		
방		
화장실		

다음에 우리 집의 모양을 그리고 꾸미기 활동을 해 보세요.

핵심형	우리 집 소개하기	읽기 중- 소리 내어 읽기				워크북 2-5-1-2
		날짜		이름		

글을 보고 알맞은 속도로 정확하게 읽어 보세요.

우리 집은 아파트이다. 우리 집에는 거실, 부엌, 화장실, 방이 있다.

거실에는 소파와 텔레비전이 있다. 우리 식구들은 거실에서 텔레비전을 함께 본다.

부엌에는 식탁과 냉장고, 싱크대가 있다. 엄마는 여기서 음식을 만든다.

화장실에는 세면대와 욕조가 있다. 여기에서 우리는 칫솔로 이를 닦는다. 세수도 하고 목욕도 한다.

우리 집에는 방이 세 개이다. 엄마와 아빠 방, 오빠 방 그리고 내방이다. 방에는 침대와 옷장, 책상 등이 있다.

우리 가족은 모두 우리 집을 좋아한다.

핵심형 **우리 집 소개하기** 읽기 후- 관련 어휘

날짜 이름

워크북 2-5-1-3

다음의 예시 단어를 비슷한 종류별로 적어보고 해당하는 범주어를 써 보세요.

예시 단어	가스레인지, 침대, 텔레비전, 소파, 냉장고, 옷장, 책상

범주어		

단어		

다음의 단어카드를 활용하여 어휘망을 만들어 보세요.

보기	거실, 방, 책꽂이, 변기, 부엌, 화장실, 세면대, 욕조, 전자레인지, 싱크대, 식탁, 가스레인지, 침대, 텔레비전, 소파, 냉장고, 옷장, 책상

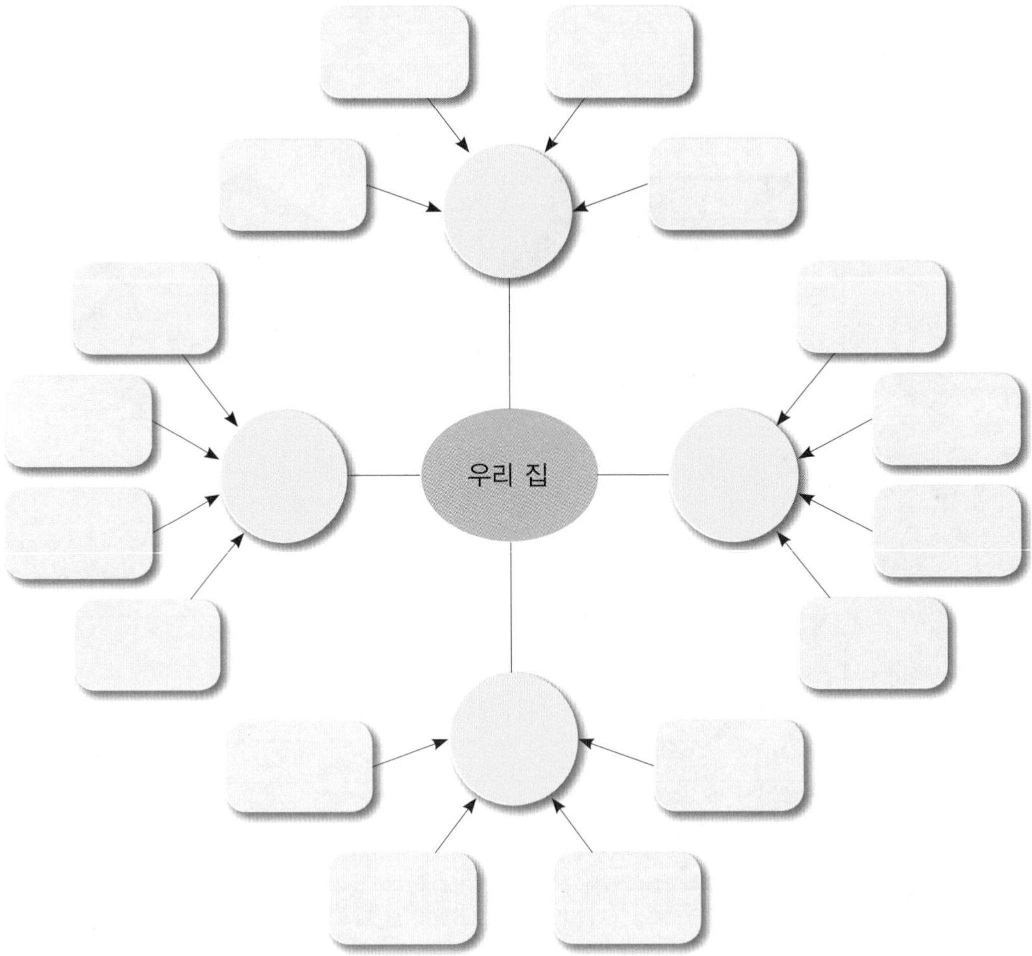

앞의 어휘망을 보고 단어카드를 연결하여 문장을 만들어 보세요.

장소	물건	문장
예) 거실	소파, 텔레비전	
부엌		
화장실		
방		

다음 빙고 판에 가구(또는 가전제품) 이름을 쓰고 빙고게임을 해 보세요.

핵심형	우리 집 소개하기	읽기 후– 중심내용 · 세부내용 찾기, 설명 도식판				워크북 2–5–1–4
		날짜		이름		

글을 읽고 다음 빈칸에 단어를 넣어 도식을 완성해 보세요.

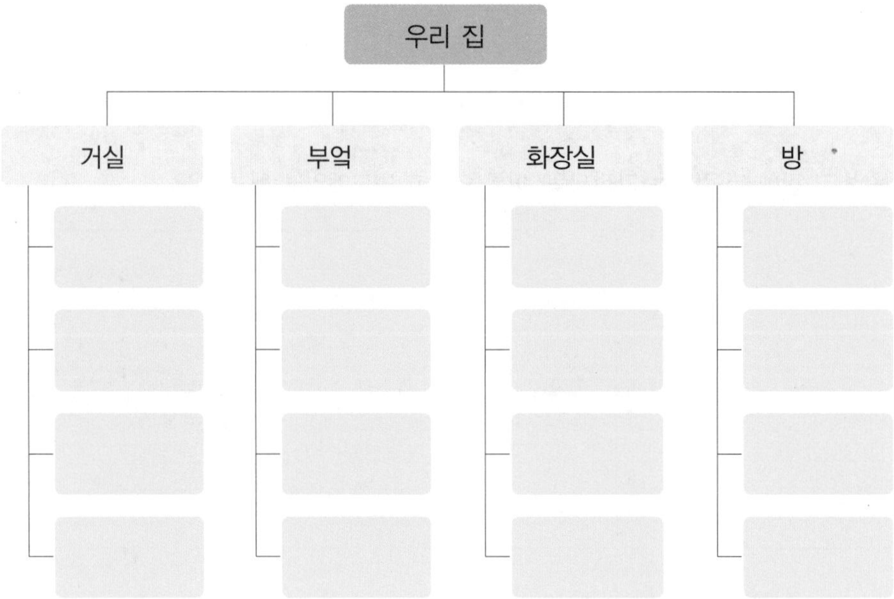

글을 읽고 다음의 표를 완성해 보세요.

장소	속해 있는 물건	하는 일
거실		
부엌		
화장실		
방		

글을 읽고 다음의 표의 문장을 완성해 보세요.

장소	(　　　)에는 (　　　)이 있다.	우리 식구는 (　　　)에서 (　　　)을 한다.
거실		
부엌		
화장실		
방		

다음 글에 들어갈 알맞은 이어 주는 말을 보기에서 골라 넣어 보세요.

우리 집은 아파트이다. 우리 집에는 거실, 부엌, 화장실, 방이 있다.

거실에는 소파와 텔레비전이 있다. 우리 식구들은 거실에서 텔레비전을 함께 본다.

부엌에는 식탁과 냉장고, 싱크대가 있다. 엄마는 ________ 음식을 만든다.

화장실에는 세면대와 욕조가 있다. 여기에서 우리는 칫솔로 이를 닦는다. 세수도 하고 목욕도 한다.

우리 집에는 방이 세 개이다. 엄마와 아빠 방, 오빠 방 ________ 내방이다. 방에는 침대와 옷장, 책상 등이 있다.

우리 가족은 모두 우리 집을 좋아한다.

보기	여기에서, 그리고

글을 읽고 보기에서 문장을 골라 다음의 표를 완성해 보세요.

보기	• 소파와 텔레비전이 있다. • 우리 집은 아파트이다. • 음식을 만든다. • 세수도 하고 목욕도 한다. • 식탁과 냉장고가 있다. • 우리 모두 우리 집을 좋아한다. • 세면대와 욕조가 있다. • 텔레비전을 본다. • 방이 세 개이다. • 침대와 옷장, 책상 등이 있다.

소개하는 말	

장소	속한 물건	특징
거실		
부엌		
화장실		
방		

정리하는 말	

앞의 표를 참고하여 우리 집 소개에 대한 글을 요약해 보세요.

다음의 질문을 듣고 답에 밑줄을 그어 보세요.

질문 내용	예문
1. 이 글은 무엇을 설명하고 있나요?	우리 집은 아파트이다. 우리 집에는 거실, 부엌, 화장실, 방이 있다.
2. 우리 집에는 어떤 장소들이 있나요?	
3. 거실은 무엇을 하는 곳인가요?	거실에는 소파와 텔레비전이 있다. 우리 식구들은 거실에서 텔레비전을 함께 본다.
4. 부엌에는 어떤 물건들이 있나요?	부엌에는 식탁과 냉장고, 싱크대가 있다. 엄마는 여기서 음식을 만든다.
5. 화장실에서는 무엇을 하나요?	화장실에는 세면대와 욕조가 있다. 여기에서 우리는 칫솔로 이를 닦는다. 세수도 하고 목욕도 한다.
6. 우리 집에 방은 몇 개인가요?	우리 집에는 방이 세 개이다. 엄마와 아빠 방, 오빠 방 그리고 내방이다. 방에는 침대와 옷장, 책상 등이 있다.

확장형	우리 집 소개하기	읽기 전– 배경지식 나누기, 내용 예측하기				워크북 2-5-2-1
		날짜		이름		

우리 집에 어떤 장소가 있는지 말해 보세요.

우리 집에서 사용하는 물건들을 말해 보세요.

다음의 표에 해당 단어를 적고, 이를 조합하여 문장으로 만들어 보세요.

장소	물건	문장
예) 거실	텔레비전, 소파	
부엌		
방		
화장실		

다음에 우리 집의 모양을 그리고 꾸미기 활동을 해 보세요.

확장형	우리 집 소개하기	읽기 중– 소리 내어 읽기				워크북 2-5-2-2
		날짜		이름		

글을 보고 알맞은 속도로 정확하게 읽어 보세요.

우리 가족이 살고 있는 집을 소개하겠습니다.

우리는 여러 세대가 함께 거주하는 아파트에 살고 있습니다. 집 안의 구조는 거실, 부엌, 화장실, 방으로 구성되어 있습니다.

우선, 현관문에 들어서서 가장 먼저 보이는 넓은 장소가 거실입니다. 거실에는 소파와 탁자와 같은 가구와 텔레비전이 놓여 있습니다. 우리 가족은 거실에 있는 소파에 앉아서 함께 텔레비전을 시청하거나 즐거운 대화를 나눕니다.

다음으로, 엄마가 맛있는 음식을 만들어 주는 곳은 부엌입니다. 부엌에는 싱크대와 식탁, 의자 등이 있고, 가스레인지, 냉장고와 같은 다양한 가전제품이 있습니다. 우리는 식탁에 둘러앉아 여러 가지 대화를 나누면서 함께 식사를 합니다. 가끔씩 아빠와 우리 남매는 엄마 일을 돕기 위해 싱크대에서 설거지를 하기도 합니다.

가족 모두가 이용하는 또 다른 장소는 화장실입니다. 화장실 문을 열고 들어가면 오른쪽에 큰 욕조가 있고, 문 맞은편에 세면대와 변기가 놓여 있습니다. 우리 가족은 아침, 저녁으로 세면대에서 세수를 하고, 치약과 칫솔로 양치질을 하거나 욕조에서 목욕을 하기도 합니다.

마지막으로, 우리 집에는 잠을 자거나 휴식을 취할 수 있는 방이 세 개 있습니다. 엄마와 아빠가 함께 쓰시는 방에는 침대와 옷장, 화장대와 같은 가구가 있습니다. 오빠 방과 내 방에도 엄마 방처럼 침대와 옷장이 있고, 공부를 할 때 사용하는 책상과 의자도 있습니다. 우리 방 책상에는 각종 학용품이 정리되어 있고, 책꽂이에 책도 많습니다.

우리 가족은 주말을 이용하여 함께 대청소를 하면서 집을 깨끗하게 가꾸려고 모두가 함께 노력을 하고 있습니다. 우리 모두 생활하기 편리하고 행복이 넘치는 우리 집을 매우 좋아합니다.

확장형	우리 집 소개하기	읽기 후- 관련 어휘				워크북 2-5-2-3
		날짜		이름		

글과 관련된 단어를 확인하고 보기의 단어를 넣어서 알맞은 문장을 만들어 보세요.

예문	보기	문장
우리는 여러 세대가 함께 거주하는 아파트에 살고 있습니다.	세대	
가스레인지, 냉장고와 같은 다양한 가전제품이 있습니다.	가전제품	
화장실에 있는 다양한 세면도구를 이용해서 우리는 항상 몸을 깨끗이 씻습니다.	세면도구	
몸을 청결하게 하면 병에 걸리는 것을 미리 예방할 수 있습니다.	청결	
침대와 옷장, 화장대와 같은 가구가 있습니다.	가구	

다음의 예시 단어를 비슷한 종류별로 적어보고 해당하는 범주어를 써 보세요.

예시 단어	가스레인지, 침대, 텔레비전, 소파, 냉장고, 옷장, 책상

범주어		

단어		

다음의 단어카드를 활용하여 어휘망을 만들어 보세요.

보기	거실, 방, 책꽂이, 변기, 부엌, 화장실, 세면대, 욕조, 전자레인지, 싱크대, 식탁, 가스레인지, 침대, 텔레비전, 소파, 냉장고, 옷장, 책상

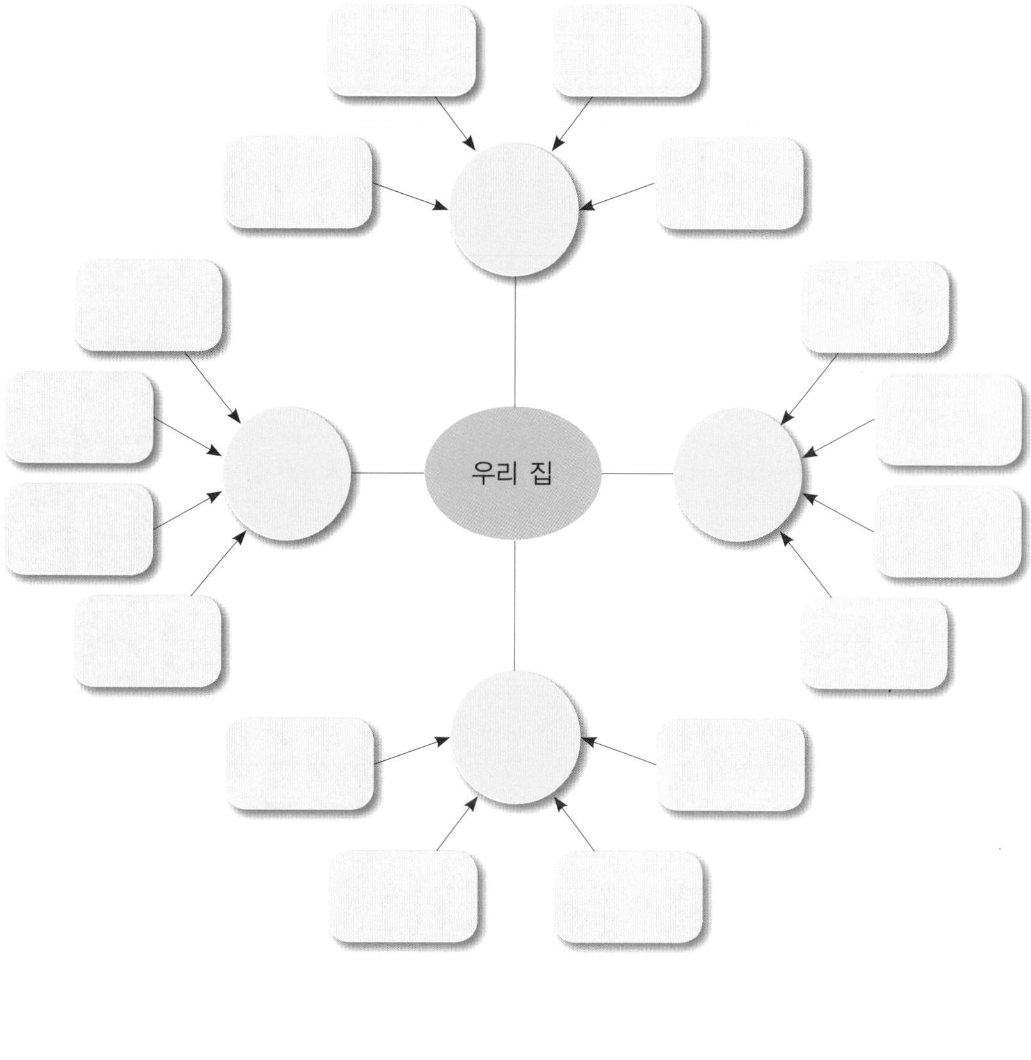

앞의 어휘망을 보고 단어카드를 연결하여 문장을 만들어 보세요.

장소	물건	문장
예) 거실	소파, 텔레비전	거실에는 소파와 텔레비전이 있다.
부엌		
화장실		
방		

다음 빙고 판에 가구(또는 가전제품) 이름을 쓰고 빙고게임을 해 보세요.

확장형	우리 집 소개하기	읽기 후– 중심내용 · 세부내용 찾기, 설명 도식판				워크북 2-5-2-4
		날짜		이름		

글을 읽고 다음 빈칸에 단어를 넣어 도식을 완성해 보세요.

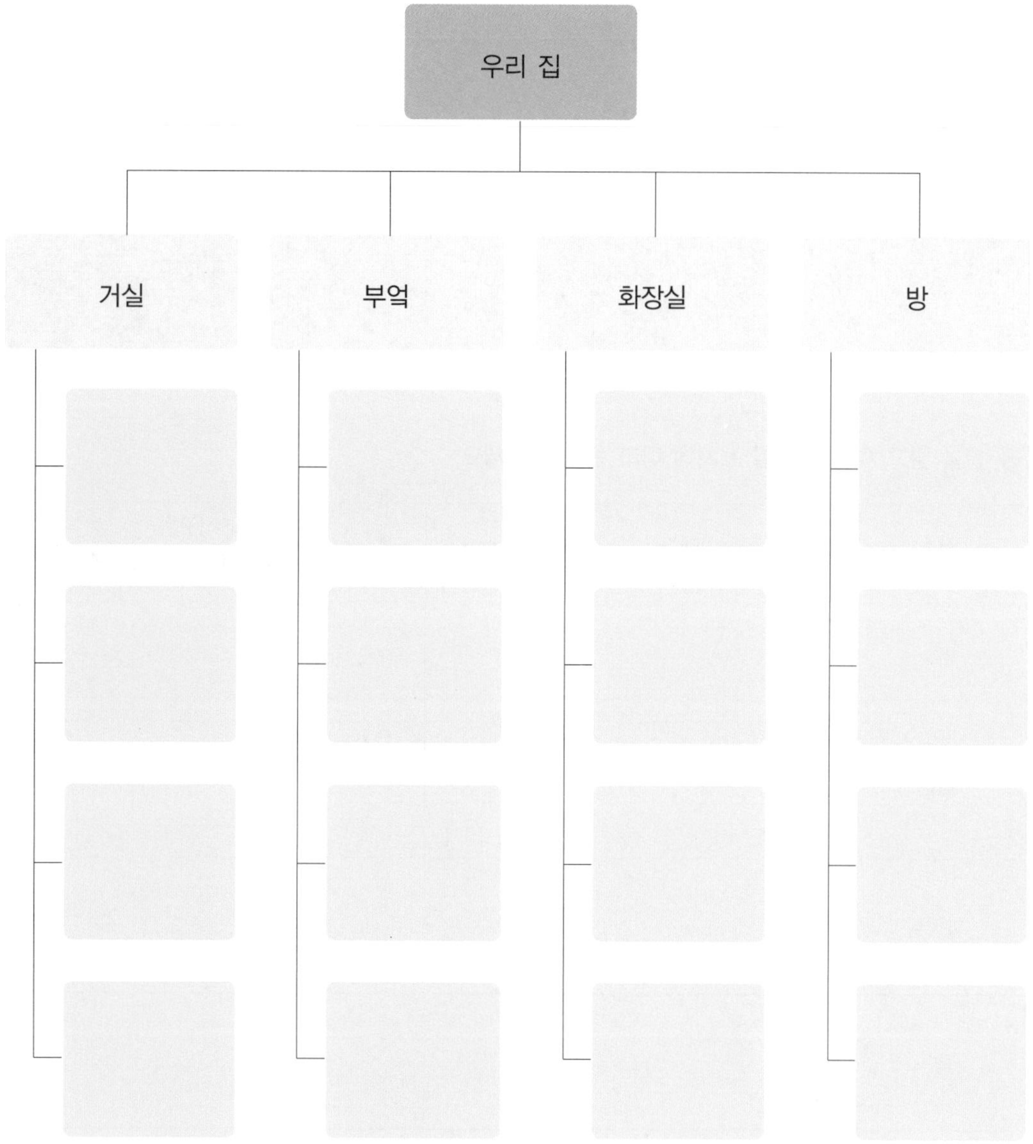

글을 읽고 다음의 표를 완성해 보세요.

장소	속해 있는 물건	하는 일
거실		
부엌		
화장실		
방		

글을 읽고 다음의 표를 지시에 따라 완성해 보세요.

장소	(　　　)에는 (　　　)이 있다.	우리 식구는 (　　　)에서 (　　　)을 한다.
거실		
부엌		
화장실		
방		

다음 글에 들어갈 알맞은 이어 주는 말을 보기에서 골라 넣어 보세요.

우리 가족이 살고 있는 집을 소개하겠습니다.

우리는 여러 세대가 함께 거주하는 아파트에 살고 있습니다. 집 안의 구조는 거실, 부엌, 화장실, 방으로 구성되어 있습니다.

______________, 현관문에 들어서서 ______________ 보이는 넓은 장소가 거실입니다. 거실에는 소파와 탁자와 같은 가구와 텔레비전이 놓여 있습니다. 우리 가족은 거실에 있는 소파에 앉아서 함께 텔레비전을 시청하거나 즐거운 대화를 나눕니다.

______________, 엄마가 맛있는 음식을 만들어 주는 곳은 부엌입니다. 부엌에는 싱크대와 식탁, 의자 등이 있고, 가스레인지, 냉장고와 같은 다양한 가전제품이 있습니다. 우리는 식탁에 둘러앉아 여러 가지 대화를 나누면서 함께 식사를 합니다. 가끔씩 아빠와 우리 남매는 엄마 일을 돕기 위해 싱크대에서 설거지를 하기도 합니다.

가족 모두가 이용하는 또 다른 장소는 화장실입니다. 화장실 문을 열고 들어가면 오른쪽에 큰 욕조가 있고, 문 맞은편에 세면대와 변기가 놓여 있습니다. 우리 가족은 아침저녁으로 세면대에서 세수를 하고, 치약과 칫솔로 양치질을 하거나 욕조에서 목욕을 하기도 합니다. 화장실에 있는 다양한 세면도구를 이용해서 우리는 항상 몸을 깨끗이 씻는데, 몸을 청결하게 하면 병에 걸리는 것을 미리 예방할 수 있다고 합니다.

______________, 우리 집에는 잠을 자거나 휴식을 취할 수 있는 방이 세 개 있습니다. 엄마와 아빠가 함께 쓰시는 방에는 침대와 옷장, 화장대와 같은 가구가 있습니다. 오빠 방과 내 방에도 엄마 방처럼 침대와 옷장이 있고, 공부를 할 때 사용하는 책상과 의자도 있습니다. 우리 방 책상에는 각종 학용품이 정리되어 있고, 책꽂이에 책도 많습니다.

우리 가족은 주말을 이용하여 함께 대청소를 하면서 집을 깨끗하게 가꾸려고 모두가 함께 노력을 하고 있습니다. 우리 모두 생활하기 편리하고 행복이 넘치는 우리 집을 매우 좋아합니다.

보기	다음으로, 마지막으로, 우선, 가장 먼저

글을 읽고 알맞은 문장을 써서 다음의 표를 완성해 보세요.

소개하는 말	

장소	속한 물건	특성
거실		
부엌		
화장실		
방		

정리하는 말	

앞의 표를 참고하여 우리 집 소개에 대한 글을 요약해 보세요.

다음의 질문을 듣고 알맞은 답을 써 보세요.

질문 내용	답
1. 이 글은 무엇을 설명하고 있나요?	
2. 우리 집에는 어떤 장소들이 있나요?	
3. 거실은 무엇을 하는 곳인가요?	
4. 부엌에는 어떤 물건들이 있나요?	
5. 화장실에서는 무엇을 하나요?	
6. 우리 집에 방은 몇 개인가요?	
7. 오빠와 내 방에만 있는 것은 무엇일까요?	
8. 식구들이 대청소를 하는 이유는 무엇일까요?	
9. 거실에 있는 가전제품에는 어떤 것이 있나요?	
10. 우리 집에서 내가 가장 좋아하는 곳은 어디이고, 왜 좋아하나요?	

한국어 해독해 ⑤ 이야기와 설명 담화 독해 워크북

중재목표 6

어린이 비만: 설명글(인과)

핵심형	어린이 비만	읽기 전- 배경지식 나누기, 내용 예측하기				워크북 2-6-1-1
		날짜		이름		

살이 찌는 이유와 문제점에 대해서 생각해 보세요.

살이 찌는 이유	문제점

살이 찌기 쉬운 음식을 아는 대로 말해 보세요.

다음 빈칸에 핵심 단어카드를 선택하여 붙인 후, 이를 연결하여 문장으로 말해 보세요.

보기	뚱뚱하다, 건강, 늘다, 적다, 피곤하다, 병, 어린이, 운동, 공부

카드 1	카드 2	문장

핵심형	어린이 비만	읽기 중– 소리 내어 읽기				워크북 2-6-1-2
		날짜		이름		

글을 보고 알맞은 속도로 정확하게 읽어 보세요.

친구들보다 살이 많이 찐 어린이가 늘고 있다. 친구에 비해 체중이 많이 나가면 어린이 비만이라고 한다.

그러면 왜 살이 찌게 되는지 알아보자. 우선, 짜장면, 탕수육, 치킨 같은 음식을 사 먹는 걸 좋아하기 때문이다. 이렇게 기름진 음식을 많이 먹으면 살이 찌게 된다. 또 아침을 못 먹고, 한꺼번에 많이 먹어서 살이 찐 어린이도 많다. 다음으로, 휴대폰이나 컴퓨터 게임을 주로 하고, 잘 안 움직이기 때문이다. 먹는 것에 비해 운동을 적게 해서 살이 찌게 되는 것이다.

그런데 살이 찌면 여러 문제가 생긴다. 첫째, 어른이 되어서도 살이 찔 가능성이 크다. 살이 찌면 여러 가지 병에 걸리기 쉽다. 둘째, 키가 크는 데 나쁜 영향을 준다. 셋째, 살찐 모습 때문에 자신감이 떨어질 수 있다. 넷째, 쉽게 피곤해져서 공부에 집중하지 못하게 된다.

지금까지 어린이 비만의 원인과 그 문제점을 살펴보았다. 우리 모두 어린이 비만을 예방해서, 건강한 어른이 되어야 한다.

핵심형	어린이 비만	읽기 후- 관련 어휘				워크북 2-6-1-3
		날짜		이름		

글과 관련된 단어를 확인하고 예시 단어를 사용하여 문장을 만들어 보세요.

보기	예시 단어	문장
체중	체중이, 많이, 친구에, 나간다, 비해	
기름진	음식을, 찌게 된다, 많이, 기름진, 살이, 먹으면	
영향	나쁜, 준다, 키가, 영향을, 크는 데	
자신감	때문에, 떨어진다, 살찐, 자신감이, 모습	
예방	어린이, 건강한, 되자, 예방해서, 비만을, 어른이	

다음의 단어를 연결하여 새로운 단어를 만들고, 그 뜻을 설명해 보세요.

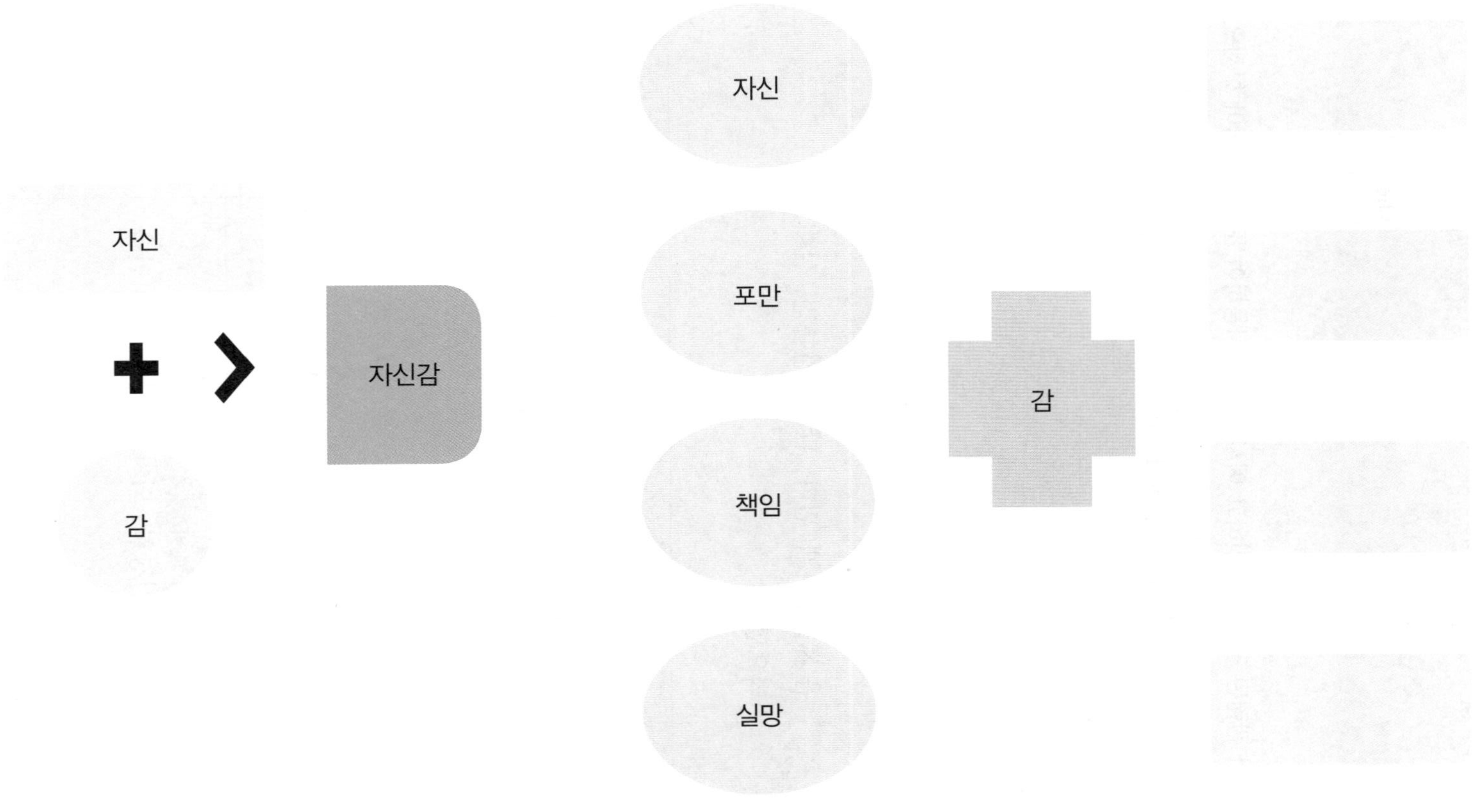

다음의 낱말카드를 활용하여 어휘망을 만들어 보세요.

보기	운동, 공부, 자신감, 한꺼번에 먹음, 기름진 음식, 병, 많이 먹음

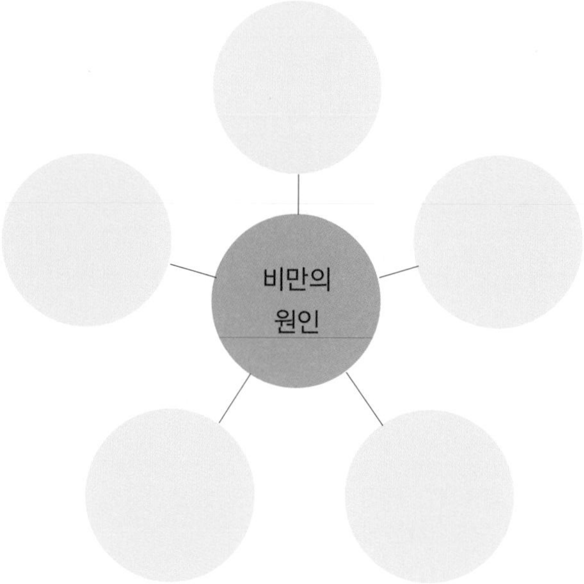

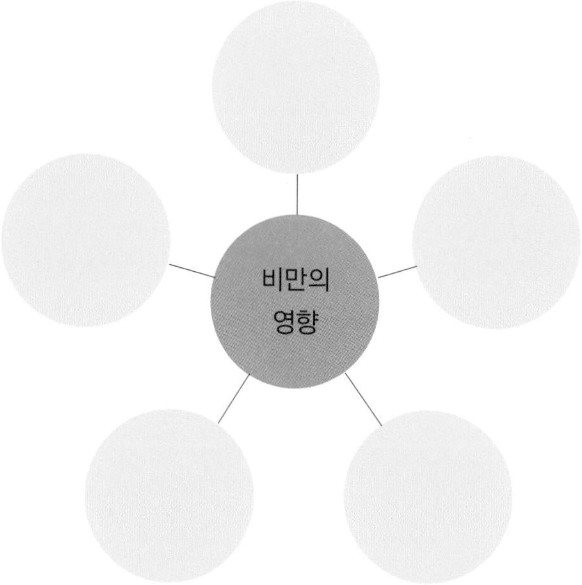

다음의 질문의 질문은 잘 듣고 답하세요. 처음에는 보기 단어를 보고 하고, 그다음에는 보기 단어 없이 말해 보세요.

보기		질문 내용	답
연습문항	사과	빨간색 사과는 빨간 사과라고 하지요. 그러면 파란색 사과는 뭐라고 할까요?	파란사과
나무		나무에 사과가 열리면 사과나무라고 하지요. 그러면 나무에 돈이 열리면 뭐라고 할까요?	
튀김		감자를 튀겨서 만든 음식을 감자튀김이라고 하지요. 그러면 수박을 튀겨서 만든 음식은 뭐라고 할까요?	
연필을 꽂으면 연필꽂이라고 하지요. 그러면 신발을 꽂으면 뭐라고 할까요?			
거미가 줄을 만들면 거미줄이라고 하지요. 그러면 파리가 줄을 만들면 뭐라고 할까요?			

다음 단어의 뜻을 생각해 보고, 사전에서 찾아보세요.

〈예시〉

사과	종류	특징		뜻
		모양	맛	
	과일	동그랗다	맛이 좋다	사과는 동그란 모양이고 맛이 좋은 과일이다.

	종류	특징
짜장면		
축구		
어린이		

→

뜻

핵심형	어린이 비만	읽기 후– 중심내용 · 세부내용 찾기, 설명 도식판				워크북 2–6–1–4
		날짜		이름		

예시 단어를 이용하여 글의 내용에 맞게 도식을 완성해 보세요.

예시 단어	기름진 음식, 병, 키, 운동, 자신감, 많이 먹음, 공부, 한꺼번에 먹음

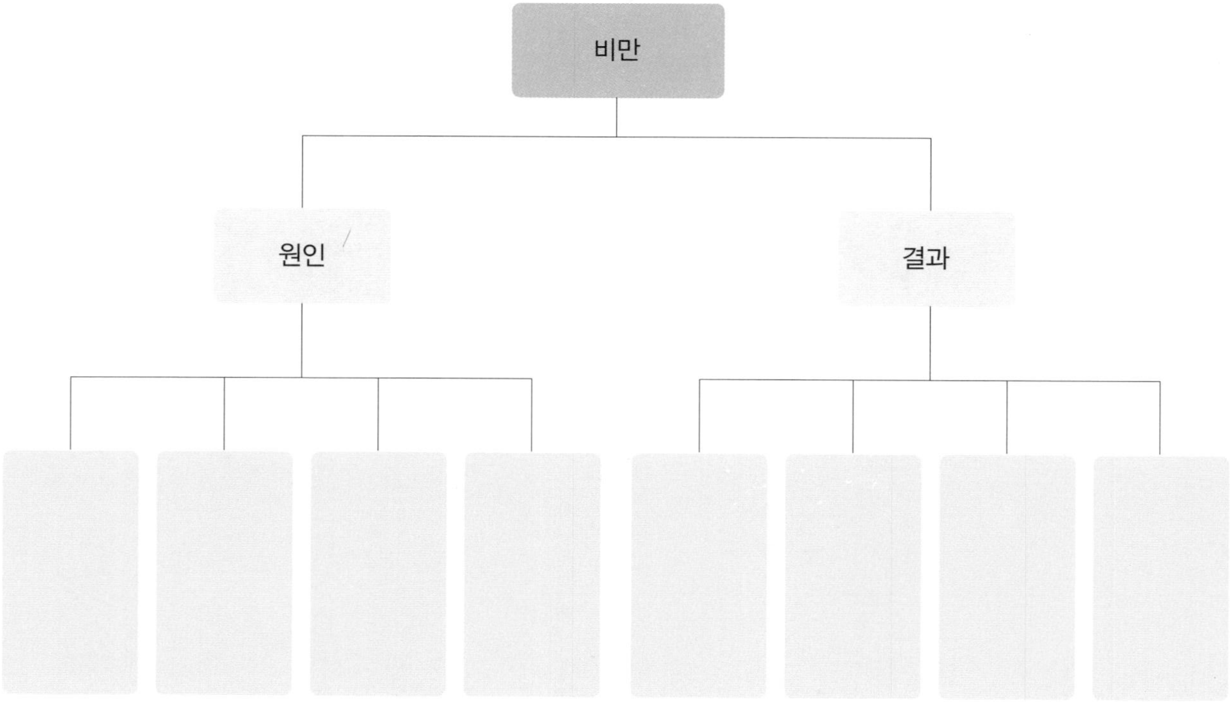

글을 읽고 다음 표에 들어갈 중심 문장을 적어 보세요.

원인	
문제점	
비만을 예방하여 건강한 어른이 되자.	

다음 글에 들어갈 알맞은 이어 주는 말을 넣어 보세요.

친구들보다 살이 많이 찐 어린이가 늘고 있다. 친구에 비해 체중이 많이 나가면 어린이 비만이라고 한다.

_________ 왜 살이 찌게 되는지 알아보자. 우선, 짜장면, 탕수육, 치킨 같은 음식을 사 먹는 걸 좋아하기 때문이다. 이렇게 기름진 음식을 많이 먹으면 살이 찌게 된다. _________ 아침을 못 먹고, 한꺼번에 많이 먹어서 살이 찐 어린이도 많다. 다음으로, 휴대폰이나 컴퓨터 게임을 주로 하고, 잘 안 움직이기 때문이다. 먹는 것에 비해 운동을 적게 해서 살이 찌게 되는 것이다.

_________ 살이 찌면 여러 문제가 생긴다. 첫째, 어른이 되어서도 살이 찔 가능성이 크다. 살이 찌면 여러 가지 병에 걸리기 쉽다. _________ 키가 크는 데 나쁜 영향을 준다. 셋째, 살찐 모습 때문에 자신감이 떨어질 수 있다. 넷째, 쉽게 피곤해져서 공부에 집중하지 못하게 된다.

지금까지 어린이 비만의 원인과 그 문제점을 살펴보았다. 우리 모두 어린이 비만을 예방해서 건강한 어른이 되어야 한다.

보기	그런데, 또, 둘째, 그러면

글의 세부내용을 파악하여 다음의 빈칸에 들어갈 알맞은 문장을 작성해 보세요.

시작하는 말	

		중심내용	세부내용
원인	1		
	2		
	3		
	4		
문제	1		
	2		
	3		
	4		

정리하는 말	

앞의 표를 참고하여 어린이 비만에 대한 글을 요약하여 써 보세요.

다음의 질문을 듣고 답에 밑줄을 그어 보세요.

<table>
<tr><th>질문 내용</th><th>예문</th></tr>
<tr><td>1. 이 글은 무엇에 대해 설명하고 있는 글인가요?</td><td rowspan="2">친구들보다 살이 많이 찐 어린이가 늘고 있다. 친구에 비해 체중이 많이 나가면 어린이 비만이라고 한다.</td></tr>
<tr><td>2. 어린이 비만은 무엇인가요?</td></tr>
<tr><td>3. 어린이들이 살이 찌는 이유는 무엇인가요?</td><td rowspan="2">그러면 왜 살이 찌게 되는지 알아보자. 우선, 짜장면, 탕수육, 치킨 같은 음식을 사 먹는 걸 좋아하기 때문이다. 이렇게 기름진 음식을 많이 먹으면 살이 찌게 된다. 또 아침을 못 먹고, 한꺼번에 많이 먹어서 살이 찐 어린이도 많다. 다음으로, 휴대폰이나 컴퓨터 게임을 주로 하고, 잘 안 움직이기 때문이다. 먹는 것에 비해 운동을 적게 해서 살이 찌게 되는 것이다.</td></tr>
<tr><td>4. 기름진 음식에는 어떤 것들이 있나요?</td></tr>
<tr><td>5. 살이 찌면 어떤 문제가 생기나요?</td><td>그런데 살이 찌면 여러 문제가 생긴다. 첫째, 어른이 되어서도 살이 찔 가능성이 크다. 살이 찌면 여러 가지 병에 걸리기 쉽다. 둘째, 키가 크는데 나쁜 영향을 준다. 셋째, 살찐 모습 때문에 자신감이 떨어질 수 있다. 넷째, 쉽게 피곤해져서 공부에 집중하지 못하게 된다.</td></tr>
</table>

확장형	어린이 비만	읽기 전- 배경지식 나누기, 내용 예측하기				워크북 2-6-2-1
		날짜		이름		

비만이 발생하는 이유와 문제점에 대해서 생각해 보세요.

살이 찌는 이유	문제점

비만을 일으키는 음식과 비만 해결에 도움이 되는 음식을 아는 대로 말해 보세요.

비만을 일으키는 음식	비만 해결에 도움이 되는 음식

다음의 단어카드를 선택하여 문장으로 말해 보세요.

보기	운동, 비만, 병, 키, 자신감, 기름진 음식, 공부, 많이 먹는다

카드 1	카드 2	문장

확장형	어린이 비만	읽기 중– 소리 내어 읽기				워크북 2–6–2–2
		날짜		이름		

글을 보고 알맞은 속도로 정확하게 읽어 보세요.

최근 경제성장과 식생활의 변화 등으로 인해 소아비만이 빠른 속도로 증가하고 있다. 성인 비만의 경우 고혈압이나 당뇨병과 같은 병의 원인이라는 점은 많은 사람이 알고 있다. 하지만 아직 소아비만에 대해서는 그 심각성에 대한 인식이 부족하다. 소아비만이란 편식, 과식 등과 같은 잘못된 식습관으로 인해 또래에 비해 체중이 20% 이상 더 많이 나가는 경우를 말한다.

이와 같은 소아비만이 발생하는 원인은 무엇일까? 최근 국민 소득이 높아지고, 맞벌이 부부가 증가함에 따라 외식을 하는 경우가 많아지고 있다. 이때 짜장면, 탕수육, 치킨 등과 같이 기름기가 많은 음식을 자주 먹게 됨으로써 과도한 열량을 섭취하게 된다. 또한 등교 준비로 바빠서 아침 식사를 거르는 경우가 많다. 그러면 배고픔을 이기지 못하고 나트륨과 당분이 많은 과자나 음료수로 배를 채우거나 점심 식사 때, 과식을 하게 된다. 또 다른 이유로는 누워서 TV를 보거나 가만히 앉아서 휴대폰이나 컴퓨터 게임하는 것을 좋아하고, 밖에 나가서 운동을 하거나 뛰어 노는 것은 싫어하기 때문이다. 이렇게 활동량이 적은 생활 습관으로 인해 섭취하는 에너지보다 소비하는 양이 적어 비만이 발생하게 된다.

소아비만은 성인비만으로 이어질 확률이 매우 높으며 성인과 마찬가지로 다양한 문제가 발생할 수 있다. 첫 번째로 아동기에 살이 찌면 지방 세포 수가 늘어나게 되는데, 이로 인해 성인이 되어서도 비만이 될 확률이 높다. 이는 고혈압, 당뇨 등과 같은 성인병에 걸릴 확률이 더 높을 뿐 아니라 이런 질병이 조기에 생길 수도 있다. 두 번째는 호르몬 이상으로 인해 성장호르몬의 분비가 감소되어 성장을 방해한다. 비만 아동의 경우 성 호르몬이 일찍 분비되거나 성장판이 일찍 닫혀 키가 자라는 기간이 짧아지게 된다. 세 번째, 비만 아동의 경우 주변 사람들로부터 스트레스를 받는 경우가 많다. 또한 살이 찐 자신의 외모 때문에 다른 사람 앞에 나서기 싫어하게 되거나 친구 관계를 맺는 데 악영향을 줄 수도 있다. 이로 인해 자신감이 떨어지고, 내성적인 성격이 되기 쉬우며, 심리적인 문제가 발생할 수도 있다. 넷째, 살이 찌면서 호흡기능에 이상이 생겨 무호흡증이나 코골이가 심각해져 수면장애가 발생하게 된다. 이로 인해 쉽게 피로해지고, 집중력이 떨어져 학업에 방해가 될 수 있다.

이처럼 소아비만의 심각성에 대해 깨닫고, 이를 예방하고 치료함으로써 건강한 성인이 될 수 있도록 노력해야 할 것이다.

확장형	어린이 비만	읽기 후- 관련 어휘				워크북 2-6-2-3
		날짜		이름		

글과 관련된 단어를 확인하고 보기의 단어를 넣어서 새로운 문장을 만들어 보세요.

예문	보기	문장
소아비만이란 편식, 과식 등과 같은 잘못된 식습관으로 인해 또래에 비해 체중이 20% 이상 더 많이 나가는 경우를 말한다.	체중	
치킨 등과 같이 기름기가 많은 음식을 자주 먹게 됨으로써 과도한 열량을 섭취하게 된다.	섭취	
그러면 배고픔을 이기지 못하고 나트륨과 당분이 많은 과자나 음료수로 배를 채우거나 점심 식사 때, 과식을 하게 된다.	과식	
살이 찐 자신의 외모 때문에 다른 사람 앞에 나서기 싫어하게 되거나 친구관계를 맺는 데 악영향을 줄 수도 있다.	악영향	
자신감이 떨어지고, 내성적인 성격이 되기 쉬우며, 심리적인 문제가 발생할 수도 있다.	자신감	
이를 예방하고 치료함으로써 건강한 성인이 될 수 있도록 노력해야 할 것이다.	예방	

다음의 접미어가 포함된 낱말을 아는 대로 적어 보세요.

접미어 종류	○○감	○○성	○○기	○○째	○○적
	(○○에 대한 느낌)	(○○한 성질)	(○○성분, 기운)	(순서)	(○○에 관계 된, ○○의 성격이 있는)
단어					

글의 핵심 어휘를 활용하여 어휘망을 완성해 보세요.

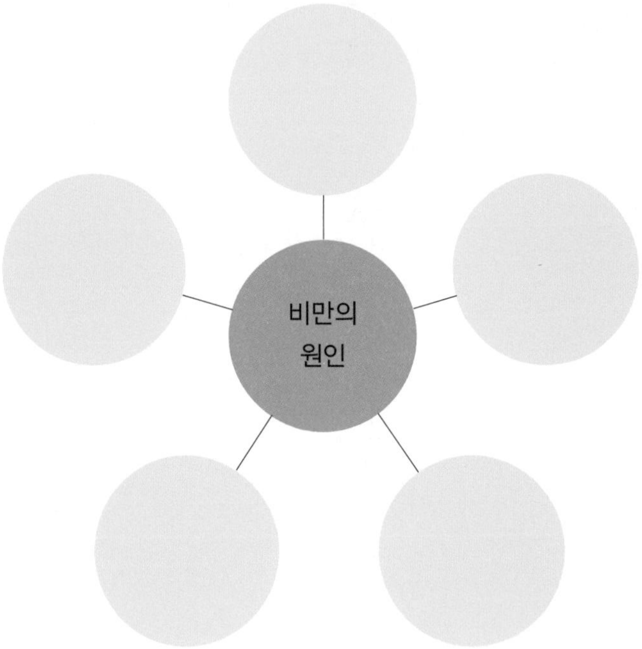

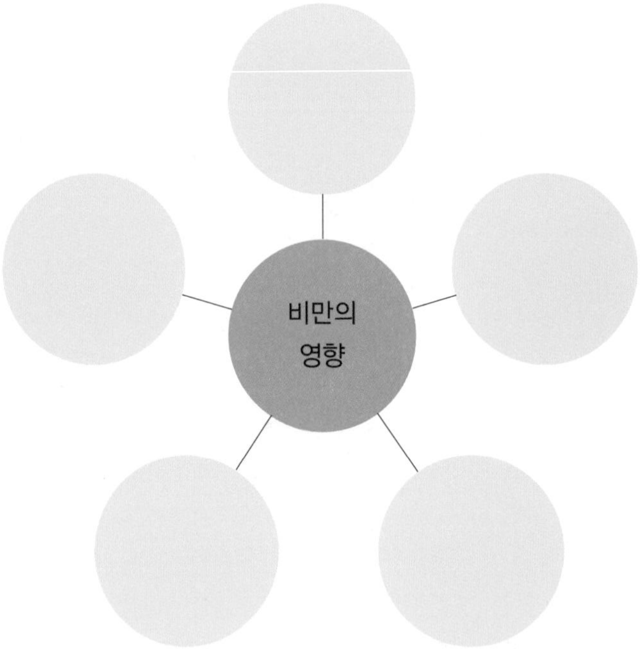

다음 보기의 단어를 이용해서 빈칸에 알맞은 말을 만들어서 채워 보세요.

보기	질문 내용	답
자신	선생님은 내게 잘할 수 있다는 ( )을 심어 줬다.	자신감
기름	튀긴 음식은 ( )가 많아 살이 찌기 쉽다.	
둘	우리 형제는 삼형제인데 나는 그중 ( )이다.	
과학	아인슈타인은 훌륭한 ( )이다.	
인간	내 친구 영철이는 공부도 잘하고 ( )도 좋다.	

다음 보기를 참조하여 각 단어의 뜻을 생각해 본 후, 사전에서 찾아보세요.

〈보기〉

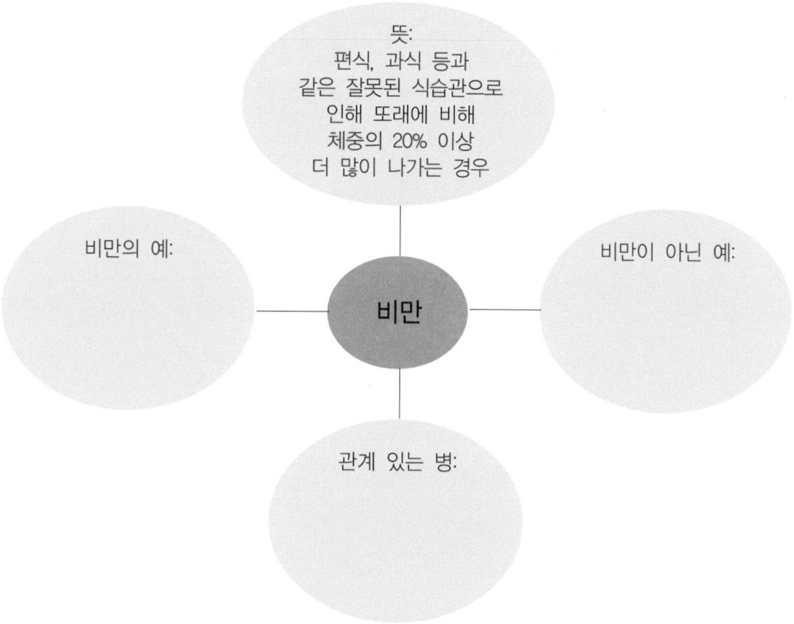

다음 단어의 뜻을 생각해 본 후, 사전에서 찾아보세요.

	내가 생각한 뜻	사전에서 찾아 본 뜻
비만		
자신감		
예방		

확장형	어린이 비만	읽기 후- 중심내용 · 세부내용 찾기, 설명 도식판				워크북 2-6-2-4
		날짜		이름		

글을 읽고 다음의 도식에 단어카드를 붙여 보세요.

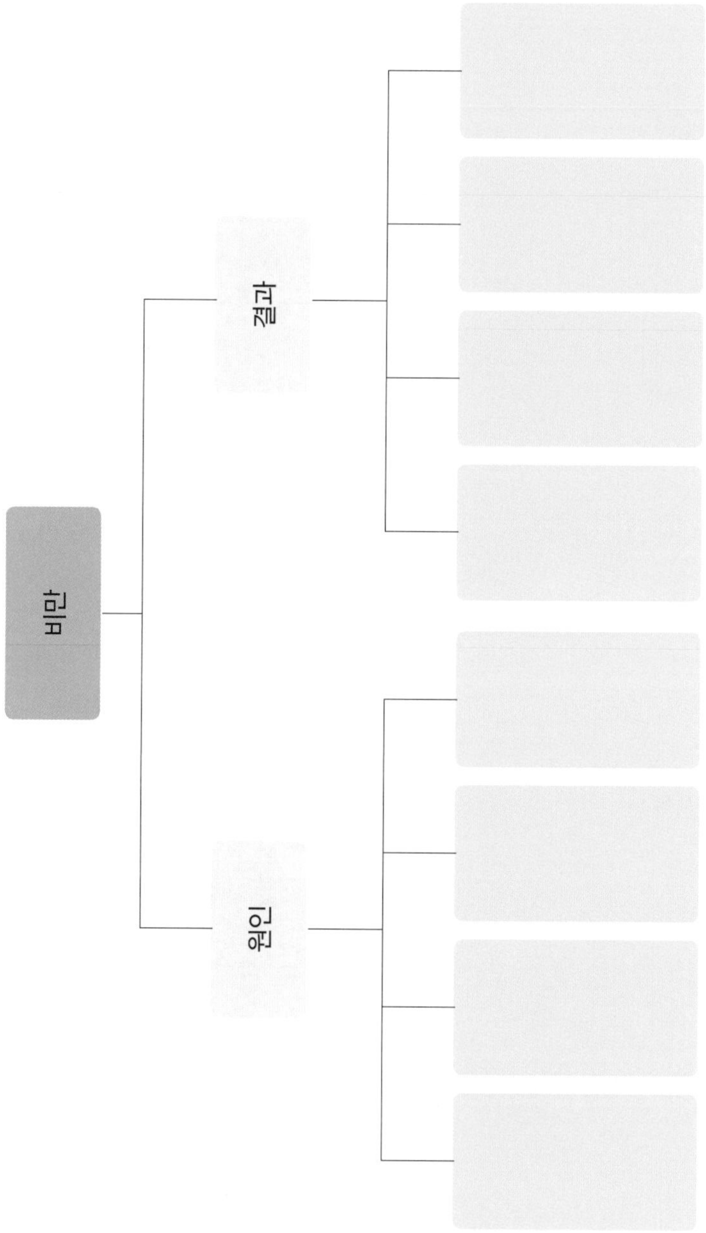

글의 중심내용을 파악하여 다음 표에 들어갈 중심문장을 적어 보세요.

<table>
<tr><td rowspan="4">원인</td><td></td></tr>
<tr><td></td></tr>
<tr><td></td></tr>
<tr><td></td></tr>
<tr><td rowspan="4">문제점</td><td></td></tr>
<tr><td></td></tr>
<tr><td></td></tr>
<tr><td></td></tr>
<tr><td colspan="2">비만을 예방하여 건강한 어른이 되자.</td></tr>
</table>

다음 글에 들어갈 알맞은 이어 주는 말을 넣어 보세요.

친구들보다 살이 많이 찐 어린이가 늘고 있다. 친구에 비해 체중이 많이 나가면 어린이 비만이라고 한다.

_________ 왜 살이 찌게 되는지 알아보자. 우선, 짜장면, 탕수육, 치킨 같은 음식을 사 먹는 걸 좋아하기 때문이다. _________ 기름진 음식을 많이 먹으면 살이 찌게 된다. _________ 아침을 못 먹고, 한꺼번에 많이 먹어서 살이 찐 어린이도 많다. 다른 이유로 휴대폰이나 컴퓨터 게임을 주로 하고, 잘 안 움직이기 때문이다. 먹는 거에 비해 운동을 적게 해서 살이 찐다는 것이다.

_________ 살이 찌면 여러 문제가 생긴다. 첫째, 어른이 되어서도 살이 찔 가능성이 크다. 살이 찌면 여러 가지 병에 걸리기 쉽다. _________ 키가 크는 데 나쁜 영향을 준다. 셋째, 살찐 모습 _________ 자신감이 떨어질 수 있다. 넷째, 쉽게 피곤해져서 공부에 집중하지 못하게 된다.

_________ 어린이 비만의 원인과 그 문제점을 살펴보았다. 우리 모두 어린이 비만을 예방해서, 건강한 어른이 되어야 한다.

보기	그런데, 때문에, 또, 지금까지, 둘째, 이렇게, 그러면

글의 세부내용을 파악하여 다음의 빈칸에 들어갈 알맞은 문장을 작성해 보세요.

시작하는 말	

		중심내용	세부내용
원인	1		
	2		
	3		
	4		
문제	1		
	2		
	3		
	4		

정리하는 말	

앞의 표를 참고하여 어린이 비만에 대한 글을 요약하여 써 보세요.

다음의 질문에 대해 적절한 답을 작성해 보세요.

질문 내용	답
1. 이 글은 무엇에 대해 설명하고 있는 글인가요?	
2. 어린이 비만은 무엇인가요?	
3. 어린이들이 살이 찌는 이유는 무엇인가요?	
4. 살이 찌면 어떤 문제가 생기나요?	
5. 살이 찌면 왜 키가 안 클까요?	
6. 살이 찌면 왜 스트레스를 받을까요?	
7. 살이 찌지 않으려면 어떻게 해야 하나요?	
8. 음식을 먹는 바른 습관은 왜 중요한가요?	
9. 자주 누워서 TV를 보면 왜 살이 찔까요?	
10. 인스턴트식품은 왜 건강에 안 좋을까요?	

중재목표 7

황사: 설명글(문제해결)

핵심형	황사	읽기 전- 배경지식 나누기, 내용 예측하기				워크북 2-7-1-1
		날짜		이름		

황사를 겪었던 경험을 생각하면서 어떤 일이 일어났는지 이야기해 보세요.

황사의 문제점과 해결 방법에 대해서 생각해 보세요.

황사의 문제점	해결 방법

다음 빈칸에 핵심 단어카드를 붙인 후, 이를 연결하여 문장으로 말해 보세요.

보기	모래, 숨쉬기, 황사, 나뭇잎, 햇빛, 먼지, 나무, 사막

카드 1	카드 2	문장

핵심형	황사	읽기 중– 소리 내어 읽기				워크북 2-7-1-2
		날짜		이름		

글을 보고 알맞은 속도로 정확하게 읽어 보세요.

봄에는 따뜻하고 부드러운 바람이 분다. 그런데 요즘에 나쁜 봄바람이 불 때가 많다. 모래 바람 때문에 하늘이 노랗다. 하늘이 노랗게 먼지로 덮이는 것을 황사라고 한다. 이것은 중국 사막의 모래와 먼지가 날아 온 것이다. 이때 나쁜 먼지도 함께 날아온다.

이런 황사 때문에 어떤 문제가 생길까? 무엇보다 모래 먼지는 우리 몸에 나쁘다. 숨쉬기가 힘들다. 또, 눈병이나 피부병이 생긴다. 그리고 먼지가 햇빛을 가려서 먼 곳을 볼 수가 없다. 그래서 비행기가 뜨고, 내리기가 어렵다. 풀이나 나뭇잎에 먼지가 껴서 자라기가 어렵다. 또, 기계 사이에 먼지가 끼면 고장이 잘 난다.

그러면, 이런 문제를 어떻게 해결할 수 있을까? 우선, 황사 먼지가 들어오지 않도록 창문을 닫고 집안의 공기를 깨끗이 해야 한다. 둘째, 될 수 있는 대로 외출을 줄이고, 나가게 되면 꼭 마스크를 해야 한다. 셋째, 집에 돌아오면 손발을 깨끗이 씻어야 한다. 그런데 더 중요한 해결 방법은 중국 사막지대에 나무를 심어 황사를 줄이는 것이다.

이처럼 많은 피해를 주는 황사문제를 잘 해결해서 건강한 삶을 누리자.

핵심형	황사	읽기 후– 관련 어휘				워크북 2-7-1-3
		날짜		이름		

글과 관련된 단어를 확인하고 예시 단어를 사용하여 문장을 만들어 보세요.

보기	예시 단어	문장
황사	노랗게, 덮이는, 먼지로, 것을, 하늘이, 한다, 황사라고	
사막	나무를, 사막에, 중국, 심자	
고장	고장이, 먼지가, 기계에, 난다, 끼면	
외출	마스크를, 외출할, 쓴다, 때는	
피해	많은, 황사는, 준다, 피해를	

다음의 단어카드를 활용하여 어휘망을 만들어 보세요.

보기	병, 집안공기, 외출, 씻기, 나무 심기, 안 보임, 기계 고장, 나무 방해

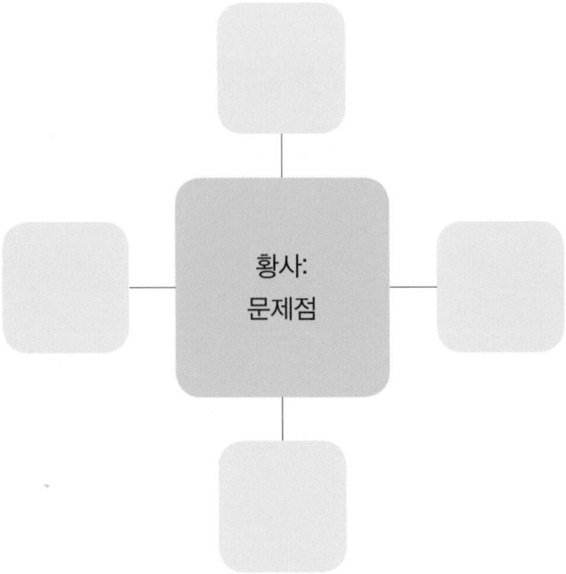

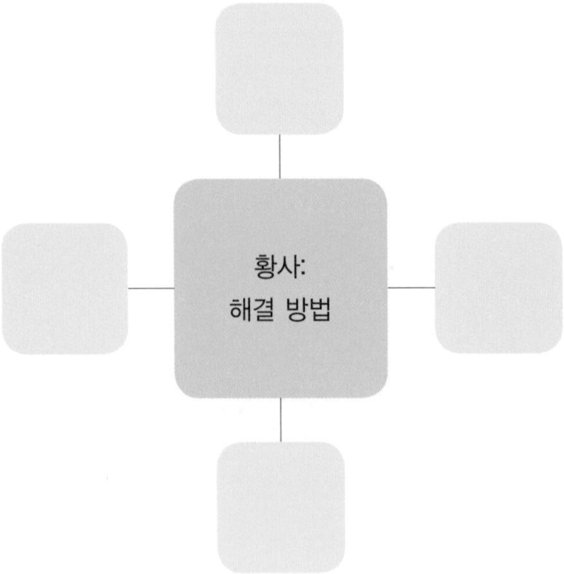

다음 그림을 참조하여 '결혼 잔치'와 '새싹들의 잔치'의 뜻을 적어 보세요.

잔치의 사전 뜻: 기쁜 일이 있을 때 음식을 차려놓고 여러 사람들이 모여 노는 행위

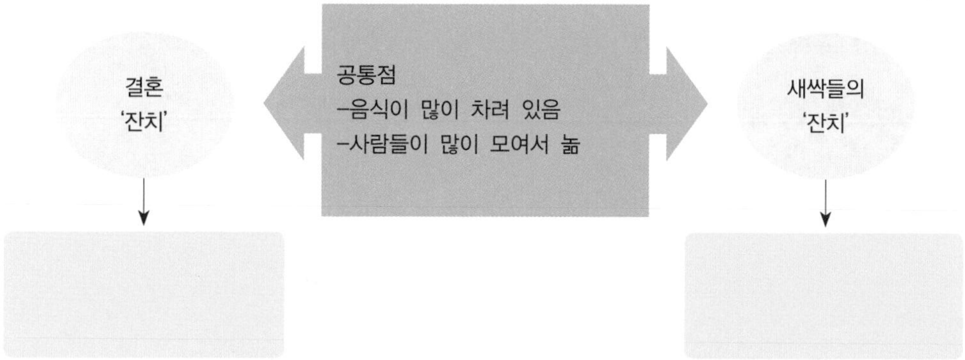

다음 두 단어의 같은 점을 말하고, 비유를 나타내는 말을 만들어 보세요.

비유한 말	공통점	비유된 말		표현 방법
예) 쟁반	둥글다	달	같은	'쟁반 같은 달'
고사리		손		
앵두		입술		
사과		얼굴		

다음 보기의 단어를 보고, (　　　) 안에 알맞은 말을 넣어 보세요.

보기	사막, 고장, 햇빛, 외출, 황사, 바람, 나뭇잎, 공기, 먼지

- 하늘이 노랗게 먼지로 덮이는 것을 (　　　　)라고 한다.
- 먼지가 (　　　　)을 가려 먼 곳을 볼 수가 없다.
- 기계 사이에 먼지가 끼면 (　　　　)이 잘 난다.
- 창문을 닫고 집안의 (　　　　)를 깨끗이 해야 한다.
- 될 수 있는 대로 (　　　　)을 줄인다.
- 중국 (　　　　)에 나무를 심어 황사를 줄이자.

핵심형	황사	읽기 후- 중심내용 · 세부내용 찾기, 설명 도식판		워크북
		날짜	이름	2-7-1-4

글을 읽고 보기의 단어를 선택하여 다음의 도식에 알맞게 써 넣어 봅시다.

보기	안 보임, 집안 공기, 씻기, 나무 심기, 기계 고장, 나무 방해, 병, 외출

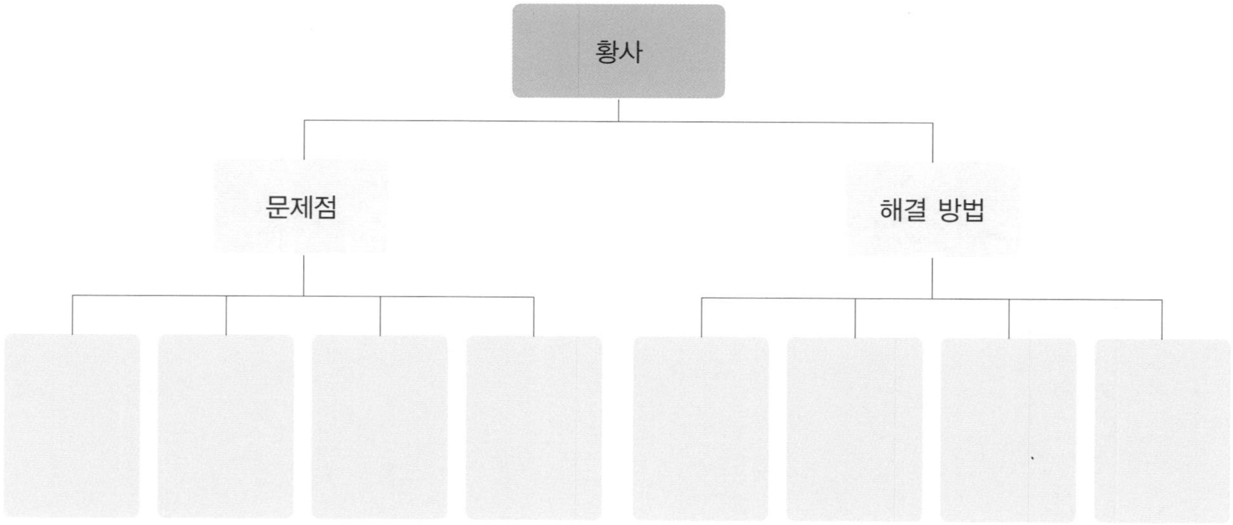

글을 읽고 보기의 문장을 선택하여 다음 표에 알맞게 써 보세요.

보기	• 외출을 줄인다. • 햇빛을 가린다. • 집안 공기를 깨끗이 한다. • 손발을 씻는다. • 나뭇잎이 자라기 어렵다. • 기계 고장이 잘 난다. • 중국 사막에 나무를 심는다. • 우리 몸에 나쁘다.

문제점	
해결 방법	
황사 문제를 해결하여 건강한 삶을 누리자.	

다음 글에 들어갈 알맞은 이어 주는 말을 보기에서 찾아 넣어 보세요.

봄에는 따뜻하고 부드러운 바람이 분다. __________ 요즘에 나쁜 봄바람인 모래 바람이 불 때가 많다. 모래 바람 때문에 하늘이 노랗다. 하늘이 노랗게 먼지로 덮이는 것을 황사라고 한다. 이것은 중국 사막의 모래와 먼지가 날아 온 것이다. 이때 나쁜 먼지도 함께 날아온다.

이런 황사 때문에 어떤 문제가 생길까? 무엇보다 모래 먼지는 우리 몸에 나쁘다. 숨쉬기가 힘들다. 또 눈병이나 피부병이 생긴다. 그리고 먼지가 햇빛을 가려서 먼 곳을 볼 수가 없다. __________ 비행기가 뜨고 내리기가 어렵다. 풀이나 나뭇잎에 먼지가 껴서 자라기가 어렵다. 또 기계 사이에 먼지가 끼면 고장이 잘 난다.

__________ 이런 문제를 어떻게 해결할 수 있을까? 우선, 황사 먼지가 들어오지 않도록 창문을 닫고 집안의 공기를 깨끗이 해야 한다. 둘째, 될 수 있는 대로 외출을 줄이고, 나가게 되면 꼭 마스크를 해야 한다. 셋째, 집에 돌아오면 손발을 깨끗이 씻어야 한다. 그런데 더 중요한 해결 방법은 중국 사막지대에 나무를 심어 황사를 줄이는 것이다.

__________ 많은 피해를 주는 황사 문제를 잘 해결해서 건강한 삶을 누리자.

보기	그래서, 그런데, 이처럼, 그러면

글의 세부내용을 파악하여 다음의 빈칸에 들어갈 알맞은 문장을 작성해 보세요.

시작하는 말	

		중심내용
문제점	1	
	2	
	3	
	4	
해결 방법	1	
	2	
	3	
	4	

정리하는 말	

앞의 표를 활용하여 황사에 대한 글을 요약하여 써 보세요.

다음의 질문을 듣고 답에 밑줄을 그어 보세요.

<table>
<tr><th>질문 내용</th><th>예문</th></tr>
<tr><td>1. 이 글은 무엇에 대해 설명하고 있는 글인가요?</td><td rowspan="2">하늘이 노랗게 먼지로 덮이는 것을 황사라고 한다.</td></tr>
<tr><td>2. 황사는 무엇인가요?</td></tr>
<tr><td>3. 황사 먼지는 어디에서 왔나요?</td><td>이것은 중국 사막의 모래와 먼지가 날아 온 것이다.</td></tr>
<tr><td>4. 황사 현상으로 인해 어떤 문제가 발생하나요?</td><td rowspan="2">무엇보다 모래 먼지는 우리 몸에 나쁘다. 숨쉬기가 힘들다. 또 눈병이나 피부병이 생긴다. 그리고 먼지가 햇빛을 가려서 먼 곳을 볼 수가 없다. 그래서 비행기가 뜨고 내리기가 어렵다. 풀이나 나뭇잎에 먼지가 껴서 자라기가 어렵다. 또 기계 사이에 먼지가 끼면 고장이 잘 난다.</td></tr>
<tr><td>5. 황사로 인해 생기는 병은 어떤 것이 있나요?</td></tr>
<tr><td>6. 황사의 피해를 해결하기 위한 방법은 어떤 것이 있나요?</td><td>우선 황사 먼지가 들어오지 않도록 창문을 닫고 집안의 공기를 깨끗이 해야 한다. 둘째, 될 수 있는 대로 외출을 줄이고, 나가게 되면 꼭 마스크를 해야 한다. 셋째, 집에 돌아오면 손발을 깨끗이 씻어야 한다. 그런데 더 중요한 해결 방법은 중국 사막지대에 나무를 심어 황사를 줄이는 것이다.</td></tr>
</table>

확장형	황사	읽기 전- 배경지식 나누기, 내용 예측하기				워크북 2-7-2-1
		날짜		이름		

황사가 발생하는 이유와 문제점에 대해서 생각해 보세요.

황사의 문제점	해결 방법

육하원칙에 따라 황사를 겪었던 일을 기사로 써 보세요.

	문장 쓰기	전체 기사 쓰기
언제		
어디서		
누가		
무엇을		
어떻게		
왜		

확장형	황사	읽기 중- 소리 내어 읽기				워크북 2-7-2-2
		날짜		이름		

글을 보고 알맞은 속도로 정확하게 읽어 보세요.

따뜻한 봄날이 되면 화창한 하늘, 화려한 꽃과 파릇파릇한 새싹들의 잔치가 열린다. 하지만 요즘에는 뿌옇게 찌푸린 하늘을 보는 날이 더 많아지고 있다. 바로 봄의 불청객 황사 때문이다. 하늘이 누런 먼지로 덮이는 것을 황사라고 한다. 몽골이나 중국의 황토지대에서 발생한 모래 먼지가 하늘로 올라가서 떠다니다가 강한 바람에 의해 먼 곳까지 날아오는 것이다. 최근에는 이러한 황사 현상이 자주 발생하고 있다. 더욱이 우리 몸에 해로운 중금속과 발암 물질이 모래 먼지와 함께 날아오기 때문에 피해가 심각하다.

이러한 황사현상으로 인해 어떤 문제가 발생하는지 살펴보자. 첫째, 미세먼지 때문에 숨쉬기가 어려워 호흡기 질환이 생기거나 눈이나 피부 질환도 발생하기 쉽다. 특히 발암 물질을 포함한 오염된 공기 때문에 각종 질병이 발생할 가능성이 크다. 둘째, 황사가 심해지면 미세먼지가 시야를 가려 외부 활동을 하기 어렵고, 비행기의 경우 이륙과 착륙할 때 위험하다고 한다. 셋째, 황사 현상은 농작물이나 활엽수의 성장에 방해가 되기도 한다. 미세먼지가 햇빛을 가리고 나뭇잎의 공기구멍을 막아 식물의 성장을 방해하기 때문이다. 넷째, 작은 모래나 먼지가 각종 정밀 기계류의 틈새로 들어가 고장을 일으키는 원인이 되기도 한다.

그러면 이와 같은 황사의 피해에 대처하는 방법은 무엇이 있는지 알아보자. 우선, 실내 공기 오염을 줄이기 위해 노력해야 한다. 황사가 발생하게 되면 실내에 공기가 들어오지 않도록 창문을 닫고, 공기청정기 등으로 실내 공기를 깨끗하게 유지해야 한다. 다음으로, 호흡기가 약한 사람이나 어린이, 노약자는 가능하면 외출을 자제하고, 부득이하게 외부 활동을 해야 하는 경우라면 반드시 마스크를 써야 한다. 그리고 귀가한 후에는 손발을 깨끗이 씻어야 하며, 황사에 노출된 채소나 과일 등도 깨끗이 씻어서 먹어야 한다.

그런데 황사의 피해를 막기 위한 근본적인 해결 방법은 무엇보다 중국의 황토지대에 나무를 심어 사막화를 막고, 방풍림을 조성하는 것이다. 나무를 심으면 황사의 발생량을 줄일 뿐 아니라 모래 먼지가 날아올 때 방풍림이 이를 걸러 줄 수 있다. 또한 공기를 오염시키는 각종 유해 물질이 발생하지 않도록 힘써야 한다.

지금까지 살펴본 것처럼 여러 가지 피해를 주는 황사 현상에 잘 대처하여 건강한 삶을 누릴 수 있도록 해야 할 것이다.

확장형	황사	읽기 중- 소리 내어 읽기				워크북 2-7-2-3
		날짜		이름		

예문과 관련된 단어를 확인하고 보기의 단어를 넣어서 알맞은 문장을 만들어 보세요.

예문	보기	문장
봄의 불청객 황사 때문이다.	불청객	
하늘이 누런 먼지로 덮이는 것을 황사라고 한다.	황사	
미세먼지 때문에 숨쉬기가 어렵다.	미세먼지	
실내 공기 오염을 줄여야 한다.	오염	
나무를 심어 사막화를 막아야 한다.	사막화	

다음의 단어카드를 활용하여 어휘망을 만들어 보세요.

보기	병, 집안공기, 외출, 씻기, 나무 심기, 안 보임, 기계 고장, 나무 방해

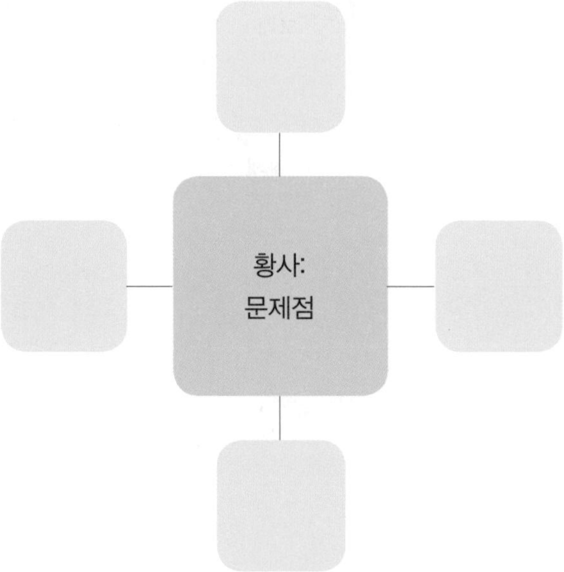

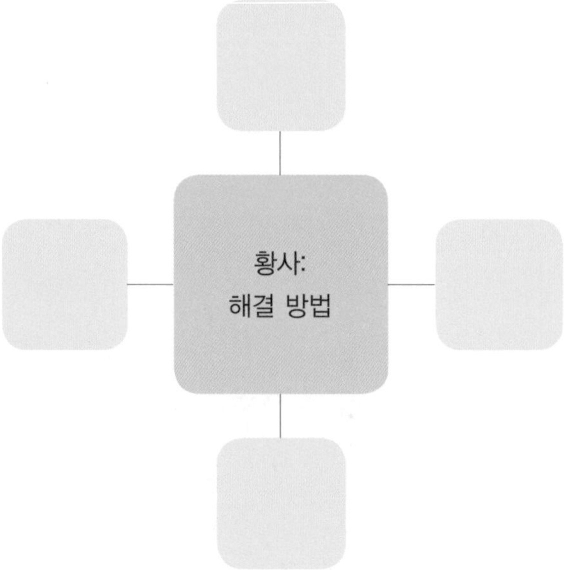

다음을 참조하여 '황사는 봄의 불청객'의 뜻을 적어 보세요.

불청객의 사전 뜻: 오라고 하지 않았는데 스스로 찾아온 손님

'불청객'

공통점:
-반갑지 않은 손님
-오라고 초대하지 않은 손님

황사는 봄의 '불청객'

다음 두 단어의 같은 점을 말하고, 비유를 나타내는 말을 만들어 보세요.

비유한 말	공통점	비유된 말		표현 방법
예) 쟁반	둥글다	달	같은	'쟁반 같은 달'
사과		얼굴		
잔치		봄들판		
불청객		황사		

다음의 단어의 뜻을 생각해 본 후, 사전에서 찾아보세요.

	내가 생각한 뜻	사전에서 찾아 본 뜻
불청객		
황사		
발암 물질		
미세먼지		
방품림		

확장형	황사	읽기 후– 중심내용 · 세부내용 찾기, 설명 도식판				워크북 2-7-2-4
		날짜		이름		

글을 읽고 다음 도식의 빈칸에 주요 단어를 적어 보세요.

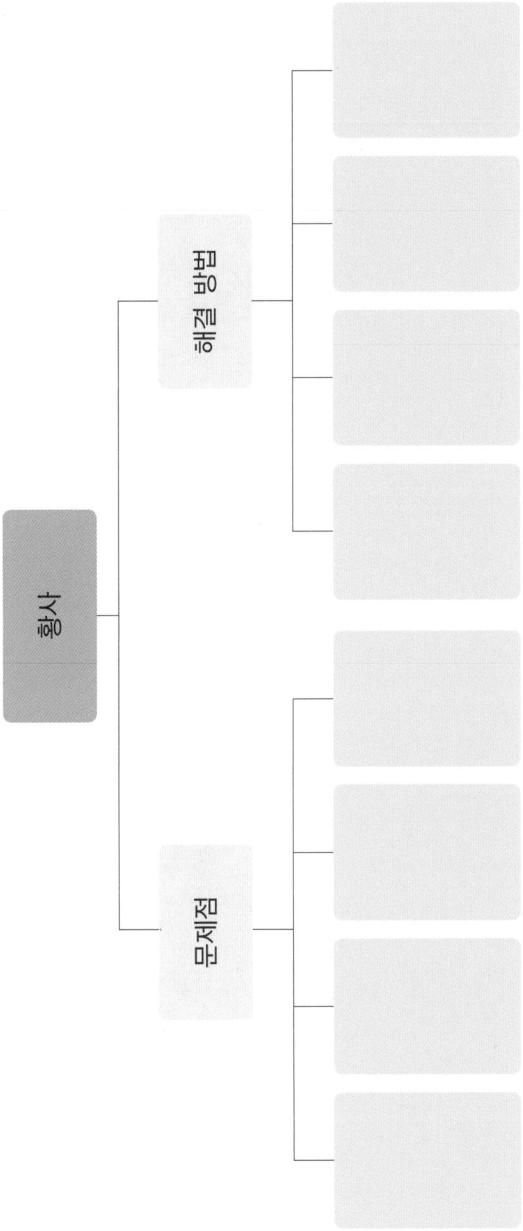

글의 중심내용을 파악하여 다음의 빈칸에 들어갈 알맞은 문장을 써 보세요.

<table>
<tr><td rowspan="4">문제점</td><td></td></tr>
<tr><td></td></tr>
<tr><td></td></tr>
<tr><td></td></tr>
<tr><td rowspan="4">해결 방법</td><td></td></tr>
<tr><td></td></tr>
<tr><td></td></tr>
<tr><td></td></tr>
<tr><td colspan="2">황사 문제를 해결하여 건강한 삶을 누리자.</td></tr>
</table>

다음 글에 들어갈 알맞은 이어 주는 말을 넣어 보세요.

따뜻한 봄날이 되면 화창한 하늘, 화려한 꽃과 파릇파릇한 새싹들의 잔치가 열린다. _________ 요즘에는 뿌옇게 찌푸린 하늘을 보는 날이 더 많아지고 있다. 바로 봄의 불청객 황사 때문이다. 하늘이 누런 먼지로 덮이는 것을 황사라고 한다. 몽골이나 중국의 황토지대에서 발생한 모래 먼지가 하늘로 올라가서 떠다니다가 강한 바람에 의해 먼 곳까지 날아오는 것이다. 최근에는 이러한 황사 현상이 자주 발생하고 있다. 더욱이 우리 몸에 해로운 중금속과 발암 물질이 모래 먼지와 함께 날아오기 때문에 피해가 심각하다.

_________ 황사 현상으로 인해 어떤 문제가 발생하는지 살펴보자. 첫째, 미세먼지 때문에 숨쉬기가 어려워 호흡기 질환이 생기거나 눈이나 피부 질환도 발생하기 쉽다. 특히 발암 물질을 포함한 오염된 공기 때문에 각종 질병이 발생할 가능성이 크다. 둘째, 황사가 심해지면 미세먼지가 시야를 가려 외부 활동을 하기가 어렵고, 비행기의 경우 이륙과 착륙할 때 위험하다고 한다. _________, 황사 현상은 농작물이나 활엽수의 성장에 방해가 되기도 한다. 미세먼지가 햇빛을 가리고 나뭇잎의 공기구멍을 막아 식물의 성장을 방해하기 때문이다. 넷째, 작은 모래나 먼지가 각종 정밀 기계류의 틈새로 들어가 고장을 일으키는 원인이 되기도 한다.

_________ 이와 같은 황사의 피해에 대처하는 방법은 무엇이 있는지 알아보자. 우선 실내 공기 오염을 줄이기 위해 노력해야 한다. 황사가 발생하게 되면 실내에 공기가 들어오지 않도록 창문을 닫고, 공기청정기 등으로 실내 공기를 깨끗하게 유지해야 한다. _________, 호흡기가 약한 사람이나 어린이, 노약자는 가능하면 외출을 자제하고, 부득이하게 외부활동을 해야 하는 경우라면 반드시 마스크를 써야 한다. 그리고 귀가한 후에는 손발을 깨끗이 씻어야 하며, 황사에 노출된 채소나 과일 등도 깨끗이 씻어서 먹어야 한다.

그런데 황사의 피해를 막기 위한 근본적인 해결 방법은 무엇보다 중국의 황토지대에 나무를 심어 사막화를 막고, 방풍림을 조성하는 것이다. 나무를 심으면 황사의 발생량을 줄일 뿐 아니라 모래 먼지가 날아올 때 방풍림이 이를 걸러 줄 수 있다. 또한 공기를 오염시키는 각종 유해 물질이 발생하지 않도록 힘써야 한다.

_________ 살펴본 것처럼 여러 가지 피해를 주는 황사 현상에 잘 대처하여 건강한 삶을 누릴 수 있도록 해야 할 것이다.

보기	이러한, 셋째, 지금까지, 하지만, 다음으로, 그러면

글의 세부내용을 파악하여 다음의 빈칸에 들어갈 알맞은 문장을 작성해 보세요.

시작하는 말	

		중심내용	세부내용
문제점	1		
	2		
	3		
	4		
해결 방법	1		
	2		
	3		
	4		

정리하는 말	

앞의 표를 참고하여 황사에 대한 글을 요약하여 써 보세요.

다음의 질문에 알맞은 답을 작성해 보세요.

질문 내용	답
1. 이 글은 무엇에 대해 설명하고 있는 글인가요?	
2. 황사가 무엇인가요?	
3. 황사가 생기는 이유는 무엇인가요?	
4. 황사 먼지는 어디에서 왔나요?	
5. 황사에 포함되는 몸에 해로운 물질은 어떤 것이 있나요?	
6. 황사 현상으로 인해 어떤 문제가 발생하나요?	
7. 황사가 생기면 왜 농작물을 기르는 데 방해가 되나요?	
8. 황사로 인해 생기는 병은 어떤 것이 있나요?	
9. 황사의 피해를 해결하기 위한 방법은 어떤 것이 있나요?	
10. 중국 황토지대에 나무를 심으면 왜 황사 피해가 줄어드나요?	

중재목표 8

용돈을 올려 주세요: 설득글

핵심형	용돈을 올려 주세요	읽기 전- 배경지식 나누기, 내용 예측하기				워크북 2-8-1-1
		날짜		이름		

용돈을 받은 경험에 관해 이야기를 나누고, 용돈을 주로 어디에 쓰는지 말해 보세요.

다음 빈칸에 핵심 단어카드를 붙인 후, 이를 연결하여 문장으로 말해 보세요.

보기	용돈, 새 학년, 생일, 선물, 준비물

카드 1	카드 2	문장

핵심형	용돈을 올려 주세요	읽기 중- 소리 내어 읽기				워크북 2-8-1-2
		날짜		이름		

글을 보고 알맞은 속도로 정확하게 읽어 보세요.

엄마, 아빠!

이제 저도 초등학교 2학년이 되었어요. 그래서 제 용돈을 올려 주시면 좋겠어요.

새 학년이 되니 용돈이 좀 더 필요해요. 학교에서 필요한 준비물도 늘었어요. 공책이나 연필도 더 사야 해요. 새 친구들도 많아져서 용돈이 모자라요. 학교 마치고 친구들이랑 간식을 사 먹고 싶어요. 또 생일 잔치에 초대하는 친구들도 늘고 있어요. 그러면 생일 선물을 사야 할 일도 많아질 거예요. 엄마, 아빠의 생신 선물이나 어버이날 선물을 해 드리고 싶어요. 그런데 지금의 용돈으로는 많이 부족할 거 같아요.

용돈을 올려 주시면 공부도 더 열심히 할게요. 또 용돈을 아껴서 쓰고, 어디에 썼는지 꼭 적을게요. 물론 남은 건 저금도 할 거예요.

그러니까 다음 달부터 용돈을 좀 더 올려 주세요!

핵심형	용돈을 올려 주세요	읽기 후- 관련 어휘				워크북 2-8-1-3
		날짜		이름		

글을 읽기 전과 후 다음의 단어에 대해서 얼마나 알고 있는지 점수를 매겨 보세요.

단어	읽기 전	읽고 난 후
용돈		
새학년		
준비물		
학용품		
간식		
초대		

채점 내용	점수
전혀 들어 본 적이 없음	1점
잘 모르지만 들어 본 적 있음	2점
단어가 들어간 문장 뜻은 알지만 단어 뜻은 말하기 어려움	3점
단어가 쓰이는 예는 알고 있으나 뜻만 말하기 어려움	4점
단어 뜻도 설명할 수 있음	5점

다음의 단어가 포함된 문장을 써 보세요.

단어	문장
용돈	
새학년	
준비물	
학용품	
간식	
초대	

단어카드를 활용하여 어휘망을 만들어 보세요.

보기	준비물, 공부, 간식, 열심히, 어버이날, 절약, 용돈 부족, 선물, 새학년, 생일잔치, 용돈 증가

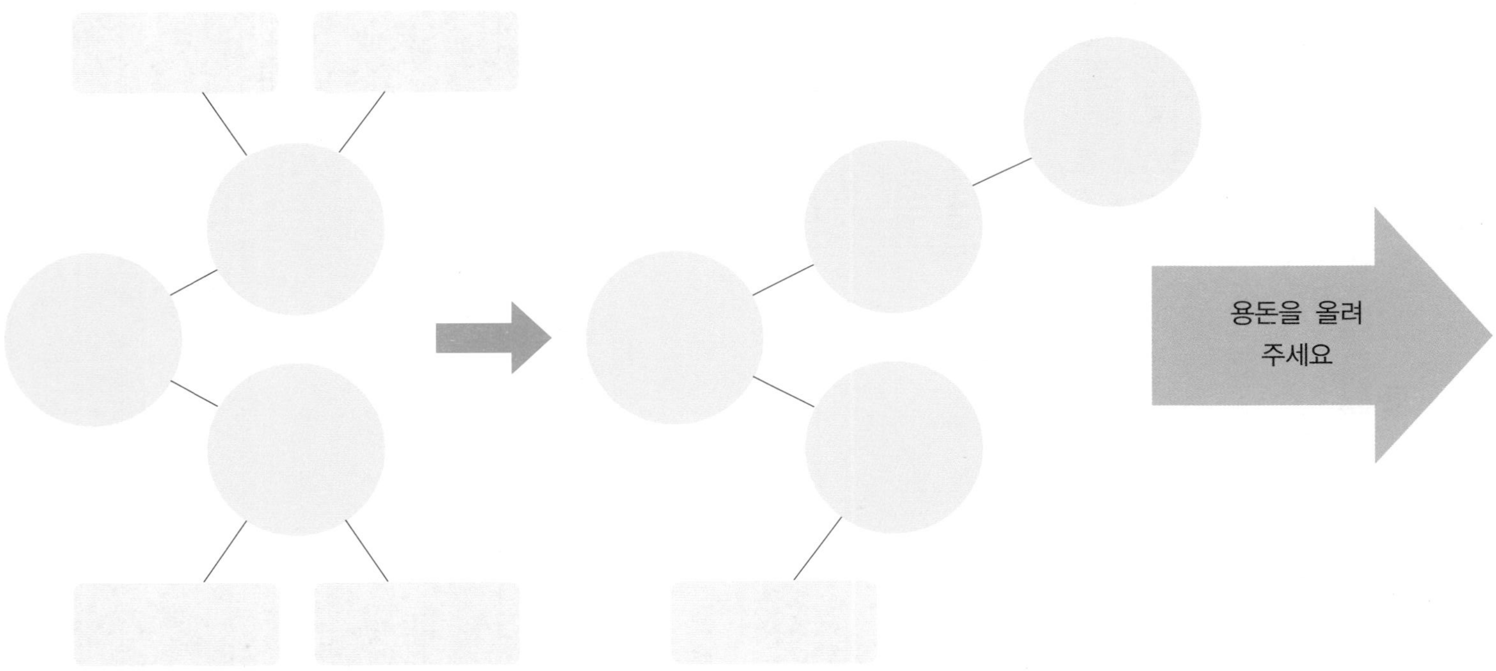

다음 보기의 단어를 보고, (　　)안에 알맞은 말을 넣어 보세요.

보기	용돈, 준비물, 생일, 초대, 새 학년, 간식

- (　　　　)이 되니 새로운 친구가 많아졌다.
- 학교 끝나고 친구들과 (　　　　)을 사 먹고 싶다.
- 공부 시간에 필요한 (　　　　)을 사야 한다.
- 친구 (　　　　) 선물을 사러 문방구에 갔다.
- 파티에 (　　　　)를 받아 기분이 좋다.
- 부모님이 주신 (　　　　)을 아껴서 쓰자.

핵심형	용돈을 올려 주세요	읽기 후– 중심내용 · 세부내용 찾기, 설명 도식판				워크북 2-8-1-4
		날짜		이름		

글을 읽고 보기의 단어를 선택하여 다음 도식에 알맞게 써 넣어 보세요.

보기	학용품, 생일잔치, 열심히, 저축, 절약, 용돈기입장, 새 학년, 간식, 용돈, 공부, 선물

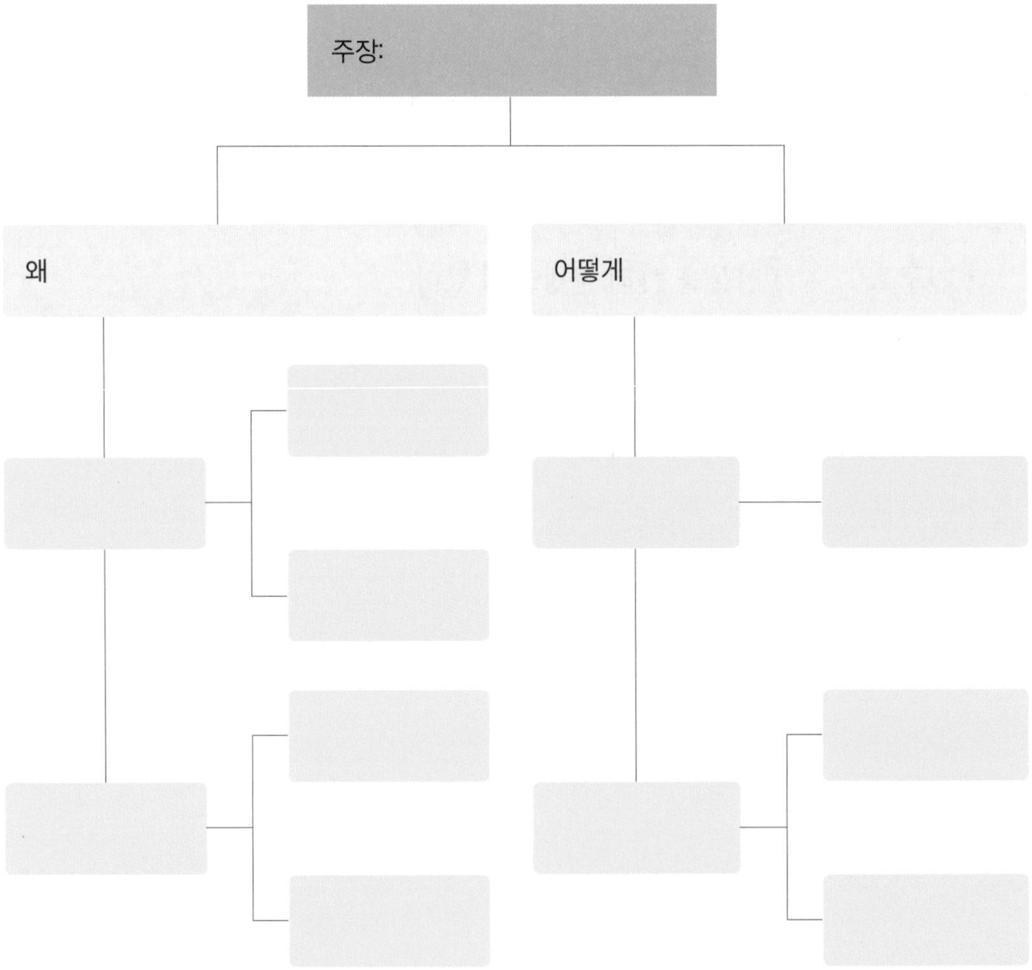

글쓴이의 주장과 중심 근거를 다음 보기에서 찾아 써 보세요.

보기	• 용돈을 절약해서 쓰겠어요. • 선물을 사야할 일이 많아졌어요. • 새 학년이 되어 준비물이 많아졌어요. • 공부를 더 열심히 할 거예요. • 용돈을 올려 주세요.

주장(의견)		
왜?	1	
	2	
어떻게?	1	
	2	

다음 글에 들어갈 알맞은 이어 주는 말을 넣어 보세요.

엄마, 아빠!

이제 저도 초등학교 2학년이 되었어요. 그래서 제 용돈을 올려 주시면 좋겠어요.

새 학년이 되니 용돈이 좀 더 필요해요. 학교에서 필요한 준비물도 늘었어요. 공책이나 연필도 더 사야 해요. 새 친구들도 많아져서 용돈이 모자라요. 학교 마치고 친구들이랑 간식을 사 먹고 싶어요. ________ 생일 잔치에 초대하는 친구들도 늘고 있어요. ________ 생일 선물을 사야 할 일도 많아질 거예요. 엄마, 아빠의 생신 선물이나 어버이날 선물을 해 드리고 싶어요. ________ 지금의 용돈으로는 많이 부족할 거 같아요.

용돈을 올려 주시면 공부도 더 열심히 할게요. 또 용돈을 아껴서 쓰고, 어디에 썼는지 꼭 적을게요. 물론 남은 건 저금도 할 거예요.

________ 다음 달부터 용돈을 좀 더 올려 주세요!

보기	그러면, 그러니까, 그런데, 또

글의 세부내용을 파악하여 다음의 빈칸에 들어갈 글쓴이의 주장과 근거를 적어 보세요.

주장하는 말	

<table>
<tr><th colspan="2">주장하는 말</th><th>중심 근거</th><th>세부 근거</th></tr>
<tr><td rowspan="4">왜</td><td rowspan="2">1</td><td></td><td></td></tr>
<tr><td></td><td></td></tr>
<tr><td rowspan="2">2</td><td></td><td></td></tr>
<tr><td></td><td></td></tr>
<tr><td rowspan="4">어떻게?</td><td rowspan="2">1</td><td></td><td></td></tr>
<tr><td></td><td></td></tr>
<tr><td rowspan="2">2</td><td></td><td></td></tr>
<tr><td></td><td></td></tr>
</table>

정리하는 말	

앞의 표를 참고하여 용돈을 올려 달라는 것에 대한 글을 요약하여 써 보세요.

다음의 질문을 듣고 답에 밑줄을 그어 보세요.

<table>
<tr><th>질문 내용</th><th>예문</th></tr>
<tr><td>1. 글쓴이가 주장하는 내용은 무엇인가?</td><td rowspan="2">엄마, 아빠!
이제 저도 초등학교 2학년이 되었어요. 그래서 제 용돈을 올려 주시면 좋겠어요.</td></tr>
<tr><td>2. 이 글은 누구를 설득하기 위해 쓴 글인가?</td></tr>
<tr><td>3. 용돈이 부족한 이유는 무엇인가?</td><td rowspan="2">새 학년이 되니 용돈이 좀 더 필요해요. 학교에서 필요한 준비물도 늘었어요. 공책이나 연필도 더 사야 해요. 새 친구들도 많아져서 용돈이 모자라요. 학교 마치고 친구들이랑 간식을 사 먹고 싶어요. 또 생일 잔치에 초대하는 친구들도 늘고 있어요. 그러면 생일 선물을 사야 할 일도 많아질 거예요. 엄마, 아빠의 생신 선물이나 어버이날 선물을 해드리고 싶어요. 그런데 지금의 용돈으로는 많이 부족할 거 같아요.</td></tr>
<tr><td>4. 새 학년이 되니 달라지는 것은 무엇인가?</td></tr>
<tr><td>5. 용돈을 올려 주면 어떻게 한다고 약속하였는가?</td><td rowspan="2">용돈을 올려 주시면 공부도 더 열심히 할게요. 또 용돈을 아껴서 쓰고, 어디에 썼는지 꼭 적을게요. 물론 남은 건 저금도 할 거예요.
그러니까 다음 달부터 용돈을 좀 더 올려 주세요!</td></tr>
<tr><td>6. 용돈을 언제부터 올려달라고 하였나?</td></tr>
</table>

부모님께 갖고 싶은 걸 사 달라고 부탁하는 편지글을 써 보세요.

받을 사람:

첫인사:

갖고 싶은 것:

왜 필요한가:

사 주면 어떻게 할 것인가:

끝인사:

쓴 날짜: . .

_____________ 올림

확장형	용돈을 올려 주세요	읽기 전- 배경지식 나누기, 내용 예측하기				워크북 2-8-2-1
		날짜		이름		

용돈을 받은 경험에 관해 이야기를 나누고, 용돈이 인상되면 가장 하고 싶은 일을 순서대로 정리해 보세요.

순위	하고 싶은 일
1	
2	
3	
4	
5	

다음 빈칸에 핵심 단어카드를 붙인 후, 이를 연결하여 문장으로 써 보세요.

보기	용돈, 새 학년, 생일, 선물, 준비물

카드 1	카드 2	문장

확장형	용돈을 올려 주세요	읽기 전- 배경지식 나누기, 내용 예측하기				워크북 2-8-2-2
		날짜		이름		

글을 보고 알맞은 속도로 정확하게 읽어 보세요.

부모님께 한 가지 부탁드릴 말씀이 있습니다. 새 학기가 시작되는 다음 달부터 제 용돈을 좀 더 인상해 주시면 좋겠습니다.

지금까지는 용돈이 부족할 때가 많아도 아껴서 썼는데, 꼭 써야 할 때 쓰지 못해 아쉬운 적이 많았습니다. 그런데 새 학년이 되면 용돈이 필요한 곳이 많아질 거 같습니다.

무엇보다 새 학기가 되면 준비물을 살 일이 많아집니다. 특히 고학년이 되면 준비물의 양도 많고, 가격이 비싼 것도 종종 있다고 합니다. 학용품을 새로 구입해야 하는 것도 많습니다. 그리고 새 학년이 되면 새로 사귀는 친구들도 많아질 것입니다. 친구들과의 관계가 나빠지면 학교생활이 힘들고, 학업에까지 영향을 미치는 것 같습니다. 하굣길에 친구들과 함께 간식도 사 먹고, 문방구에 들러 필요한 것을 사기도 하면서 친해지는 경우가 많습니다. 이때 용돈이 없으면 친구들한테 민망할 때가 많습니다. 또 친구들과 친해지는 기회 중 하나가 생일 잔치 때 어울리는 것입니다. 생일 잔치에 초대하는 친구들이 점점 늘어나고 있어서 생일 선물을 준비해야 하는 경우가 늘어났습니다. 그런데 현재의 용돈으로는 턱없이 부족할 때가 많습니다. 더불어 이제 저도 부모님 생신이나 어버이날 등에 부모님께 감사의 마음을 전하고 싶습니다. 물론 사랑한다는 말이나 편지를 써서 전할 수도 있지만 제 용돈을 조금씩 모아 부모님께 필요한 선물을 해 드리고 싶습니다.

부모님께서는 제가 아직 초등학생이라 용돈을 너무 넉넉하게 받으면 절약을 모르고 낭비하는 습관이 들까 봐 걱정하시는 거 같습니다. 하지만 저도 이제 몸과 마음이 많이 성숙해졌고, 제 행동에 대해 판단하고 책임지는 것을 배워야 할 때라고 생각합니다.

용돈을 올려 주신다면 더욱더 열심히 공부해서 부모님께서 만족스러워 하시도록 노력하겠습니다. 무엇보다 부모님께서 힘들게 일하셔서 주신 용돈을 소중히 여기고, 꼭 필요한 곳에 아껴서 쓸 것을 약속드립니다. 그리고 용돈 기입장을 작성해서 계획적으로 용돈을 관리하겠습니다. 용돈 기입장을 쓰는 것은 단지 절약하는 습관뿐 아니라 경제관념을 기르는 데도 도움이 된다고 생각합니다. 물론 최대한 절약해서 생활하고 남은 돈은 저축하는 데 쓸 것입니다. 저축하는 습관을 키우고, 조금씩 저축액이 증가하는 데서 오는 성취감을 느끼는 것도 중요하다고 생각합니다.

그러니까 지금까지 제가 약속한 내용을 믿어 주시고, 다음 달부터 용돈을 좀 더 올려 주시길 바랍니다.

확장형	용돈을 올려 주세요	읽기 후– 관련 어휘				워크북 2-8-2-3
		날짜		이름		

글을 읽기 전과 후 다음의 단어에 대해서 얼마나 알고 있는지 점수를 매겨 보세요.

단어	읽기 전	읽고 난 후
인상		
학용품		
구입		
절약		
낭비		
습관		
성취감		

채점 내용	점수
전혀 들어 본 적이 없음	1점
잘 모르지만 들어 본 적 있음	2점
단어가 들어간 문장 뜻은 알지만 단어 뜻은 말하기 어려움	3점
단어가 쓰이는 예는 알고 있으나 뜻만 말하기 어려움	4점
단어 뜻도 설명할 수 있음	5점

다음의 단어가 포함된 문장을 써 보세요.

단어	문장
인상	
학용품	
구입	
절약	
낭비	
습관	
성취감	

단어카드를 활용하여 어휘망을 만들어 보세요.

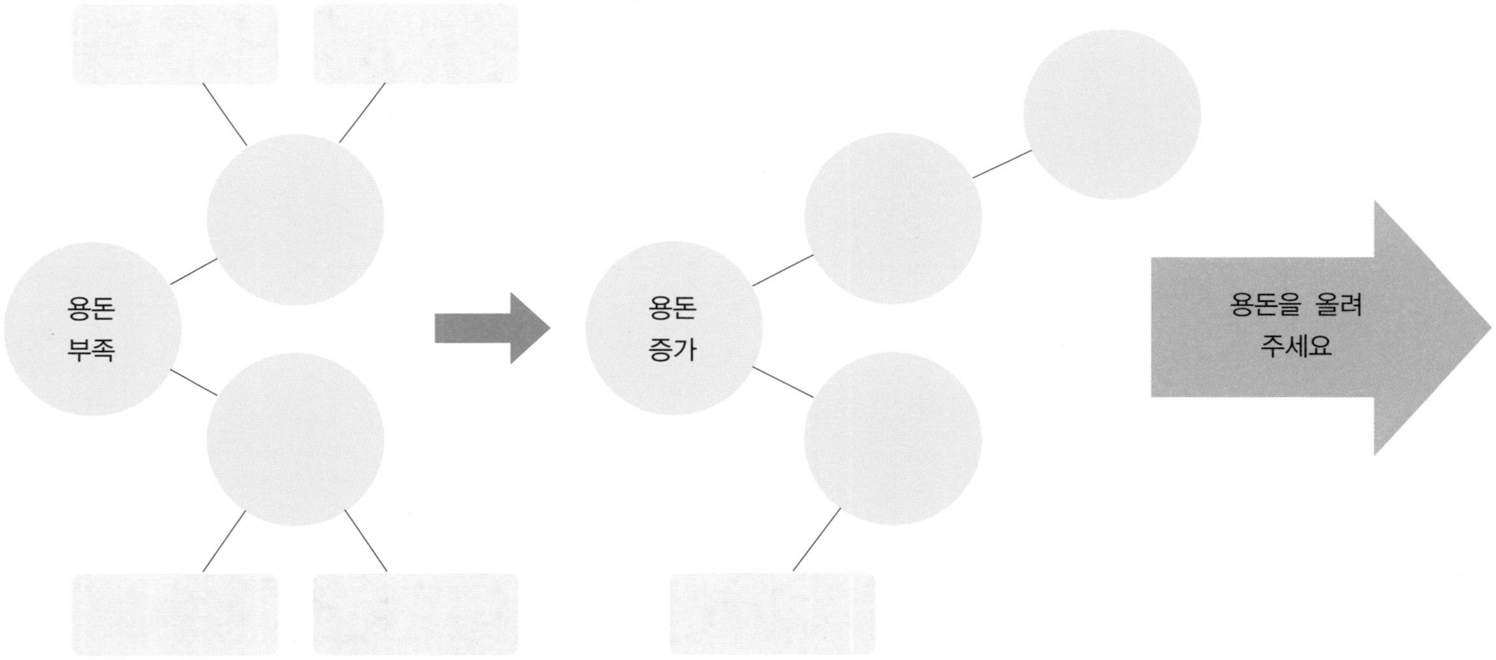

다음 보기의 단어를 보고, (   )안에 알맞은 말을 넣어 봅시다.

보기	용돈, 준비물, 생일, 초대, 새 학년, 간식

- (   )이 되니 새로운 친구가 많아졌다.
- 학교 끝나고 친구들과 (   )을 사 먹고 싶다.
- 공부시간에 필요한 (   )을 사야 한다.
- 친구 (   ) 선물을 사러 문방구에 갔다.
- 파티에 (   )를 받아 기분이 좋다.
- 부모님이 주신 (   )을 아껴서 쓰자.

확장형	용돈을 올려 주세요	읽기 후– 중심내용 · 세부내용 찾기, 설명 도식판				워크북 2-8-2-4
		날짜		이름		

글을 읽고 다음 도식에 핵심어를 적어 보세요.

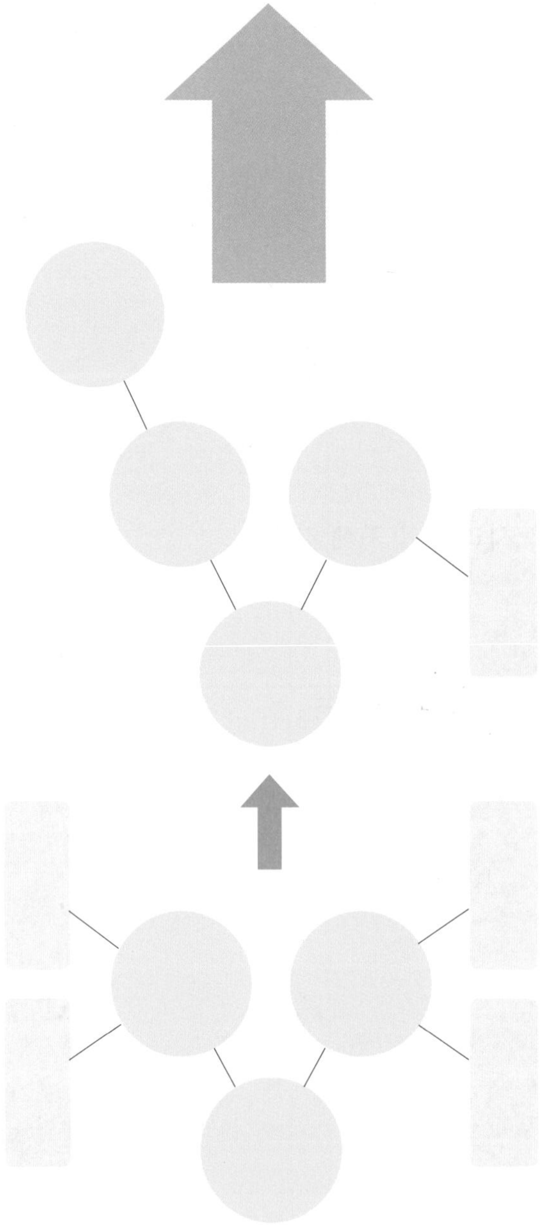

글쓴이의 주장과 중심 근거를 찾아 문장으로 써 보세요.

주장(의견)		
왜?	1	
	2	
어떻게?	1	
	2	

다음 글에 들어갈 알맞은 이어 주는 말을 넣어 보세요.

부모님께 한 가지 부탁드릴 말씀이 있습니다. 새 학기가 시작되는 다음 달부터 제 용돈을 좀 더 인상해 주시면 좋겠습니다.

지금까지는 용돈이 부족할 때가 많아도 아껴서 썼는데, 꼭 써야 할 때 쓰지 못해 아쉬운 적이 많았습니다. _________ 새 학년이 되면 용돈이 필요한 곳이 많아질 거 같습니다.

무엇보다 새 학기가 되면 준비물을 살 일이 많아집니다. 특히 고학년이 되면 준비물의 양도 많고, 가격이 비싼 것도 종종 있다고 합니다. 학용품을 새로 구입해야 하는 것도 많습니다. _________ 새 학년이 되면 새로 사귀는 친구들도 많아질 것입니다. 친구들과의 관계가 나빠지면 학교생활이 힘들고, 학업에까지 영향을 미치는 것 같습니다. 하굣길에 친구들과 함께 간식도 사 먹고, 문방구에 들러 필요한 것을 사기도 하면서 친해지는 경우가 많습니다. _________ 용돈이 없으면 친구들한테 민망할 때가 많습니다. 또 친구들과 친해지는 기회 중 하나가 생일 잔치 때 어울리는 것입니다. 생일 잔치에 초대하는 친구들이 점점 늘어나고 있어서 생일 선물을 준비해야 하는 경우가 늘어났습니다. 그런데 현재의 용돈으로는 턱없이 부족할 때가 많습니다. 더불어 이제 저도 부모님 생신이나 어버이날 등에 부모님께 감사의 마음을 전하고 싶습니다. 물론 사랑한다는 말이나 편지를 써서 전할 수도 있지만 제 용돈을 조금씩 모아 부모님께 필요한 선물을 해 드리고 싶습니다.

부모님께서는 제가 아직 초등학생이라 용돈을 너무 넉넉하게 받으면 절약을 모르고 낭비하는 습관이 들까 봐 걱정하시는 거 같습니다. 하지만 저도 이제 몸과 마음이 많이 성숙해졌고, 제 행동에 대해 판단하고 책임지는 것을 배워야 할 때라고 생각합니다.

용돈을 올려 주신다면 더욱더 열심히 공부해서 부모님께서 만족스러워하시도록 노력하겠습니다. _________ 부모님께서 힘들게 일하셔서 주신 용돈을 소중히 여기고, 꼭 필요한 곳에 아껴서 쓸 것을 약속드립니다. 그리고 용돈 기입장을 작성해서 계획적으로 용돈을 관리하겠습니다. 용돈 기입장을 쓰는 것은 단지 절약하는 습관뿐 아니라 경제관념을 기르는 데도 도움이 된다고 생각합니다. 물론 최대한 절약해서 생활하고 남은 돈은 저축하는 데 쓸 것입니다. 저축하는 습관을 키우고, 조금씩 저축액이 증가하는 데서 오는 성취감을 느끼는 것도 중요하다고 생각합니다.

_________ 지금까지 제가 약속한 내용을 믿어주시고, 다음 달부터 용돈을 좀 더 올려 주시길 바랍니다.

보기	무엇보다, 그러니까, 이때, 그런데, 그리고, 그런데

글을 읽고 부모님의 의견을 제시하고, 이에 대한 반론을 써 보세요.

부모님의 의견	반론 내용

글의 세부내용을 파악하여 다음의 빈칸에 들어갈 글쓴이의 주장과 근거를 적어 보세요.

<table>
<tr><td colspan="2">주장하는 말</td><td colspan="2"></td></tr>
<tr><td rowspan="2">왜</td><td>1</td><td></td><td></td></tr>
<tr><td>2</td><td></td><td></td></tr>
<tr><td rowspan="2">어떻게?</td><td>1</td><td></td><td></td></tr>
<tr><td>2</td><td></td><td></td></tr>
<tr><td colspan="2">정리하는 말</td><td colspan="2"></td></tr>
</table>

앞의 표를 참고하여 용돈을 올려 달라는 것에 대한 글을 요약하여 써 보세요.

글을 읽고 다음의 질문에 알맞은 답을 작성해 보세요.

질문 내용	답
1. 글쓴이가 주장하는 내용은 무엇인가요?	
2. 이 글은 누구를 설득하기 위해 쓴 글인가요?	
3. 용돈이 부족한 이유는 무엇인가요?	
4. 새 학년이 되어 달라지는 것은 무엇인가요?	
5. 글쓴이는 친구들과 친해지기 위해 무엇을 하고자 하나요?	
6. 부모님께서 용돈이 넉넉하면 안 된다고 생각하는 이유는 무엇인가요?	
7. 용돈을 올려 주면 어떻게 한다고 약속했나요?	
8. 용돈 기입장을 쓰면 좋은 점은 무엇인가요?	
9. 저축하면 좋은 점은 무엇인가요?	
10. 용돈을 언제부터 올려 달라고 하였나요?	

부모님께 갖고 싶은 걸 사 달라고 부탁하는 편지글을 써 보세요.

받을 사람:

쓴 날짜: . .

__________ 올림

중재목표 9

음식물 쓰레기를 줄이자: 설득글

핵심형	음식물 쓰레기를 줄이자	읽기 전- 배경지식 나누기, 내용 예측하기				워크북 2-9-1-1
		날짜		이름		

음식을 먹고 남긴 경험에 관해 이야기를 나누고, 어떨 때 음식을 남기게 되는지 말해 보세요.

다음 빈칸에 핵심 단어카드를 붙인 후, 이를 연결하여 문장으로 써 보세요.

보기	음식물 쓰레기, 냄새, 음식 재료, 메모, 쓰레기, 말리다

카드 1	카드 2	문장

핵심형	음식물 쓰레기를 줄이자	읽기 중- 소리 내어 읽기				워크북 2-9-1-2
		날짜		이름		

글을 보고 알맞은 속도로 정확하게 읽어 보세요.

우리가 남기는 음식이 너무 많다. 남은 음식은 모두 쓰레기가 된다. 이것 때문에 여러 문제가 생기고 있다.

음식물 쓰레기에서 나쁜 냄새가 난다. 안 좋은 가스가 나와서 공기가 나빠진다. 처리하는 데 돈과 시간이 많이 든다.

왜 음식물 쓰레기가 생기는지 알아보자. 우선, 한 끼에 너무 많은 음식을 차린다. 음식 재료를 한꺼번에 사서 남기는 경우가 많다. 또 음식점에서 밥 먹는 일이 많아졌다. 거기서는 남은 음식은 다 버린다.

그러면 어떻게 음식물 쓰레기를 줄일 수 있을까? 첫째, 필요한 만큼만 음식 재료를 사야 한다. 장을 보러 가기 전에 메모를 하면 좋다. 또 자주 장을 보러 가서 조금씩 포장된 것을 사도록 한다. 둘째, 먹을 만큼만 음식을 차려야 한다. 가족이 먹을 수 있는 만큼 만들어야 한다. 또 반찬을 작은 그릇에 나누거나 조금씩 담아 먹는다. 셋째, 음식물 쓰레기를 줄이고, 다시 사용해야 한다. 음식점에서 남긴 음식은 싸 가도록 한다. 말려서 버리면 쓰레기양이 줄어든다. 또 남은 음식물로 거름을 만들어 사용한다.

이처럼 우리 모두 음식물 쓰레기를 줄이기 위해 열심히 노력해야 한다.

핵심형	음식물 쓰레기를 줄이자	읽기 후- 관련 어휘				워크북 2-9-1-3
		날짜		이름		

글과 관련된 단어를 확인하고 예시 단어를 사용하여 문장을 만들어 보세요.

보기	예시 단어	문장
음식물 쓰레기	남긴, 우리가, 음식물 쓰레기가, 음식이, 된다	
음식 재료	남기는, 음식 재료를, 많다, 경우가	
메모	메모를, 장 보러, 전에, 한다, 가기	
포장	포장된, 산다, 조금씩, 것을	
거름	만든다, 남은, 거름을, 음식물로	

다음의 보기와 같이 두 낱말을 연결하여 새로운 낱말을 만들어 보세요.

〈보기〉

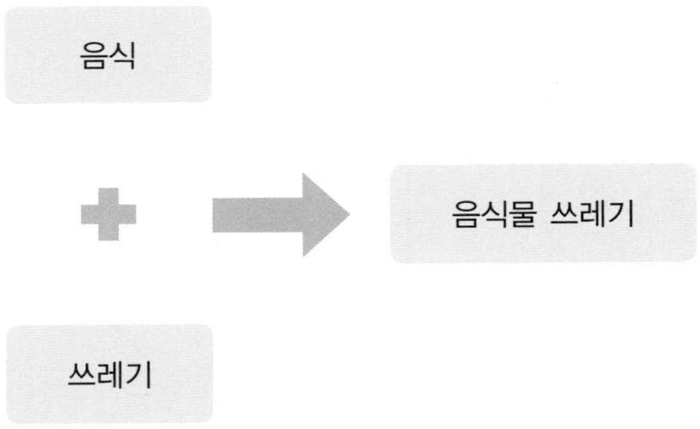

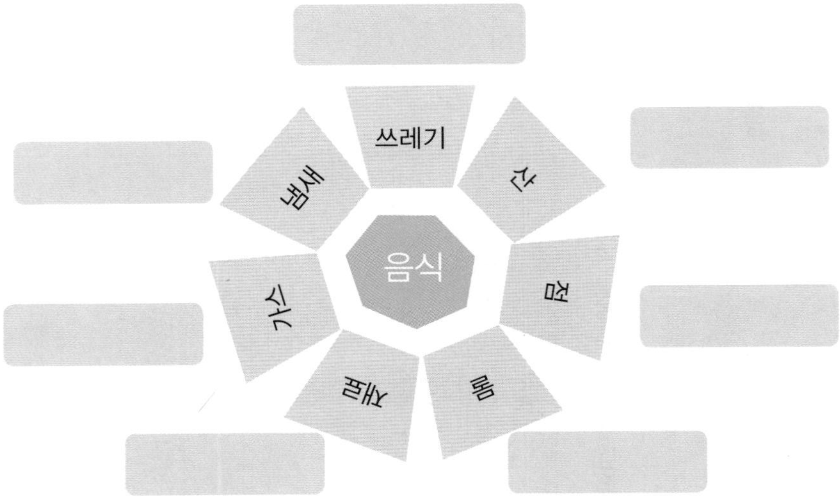

보기의 단어카드를 활용하여 어휘망을 만들어 보세요.

보기	많은 음식 준비, 음식점, 다시 사용, 먹을 만큼 준비, 냄새, 가스, 돈과 시간, 음식 재료, 필요한 만큼 사기

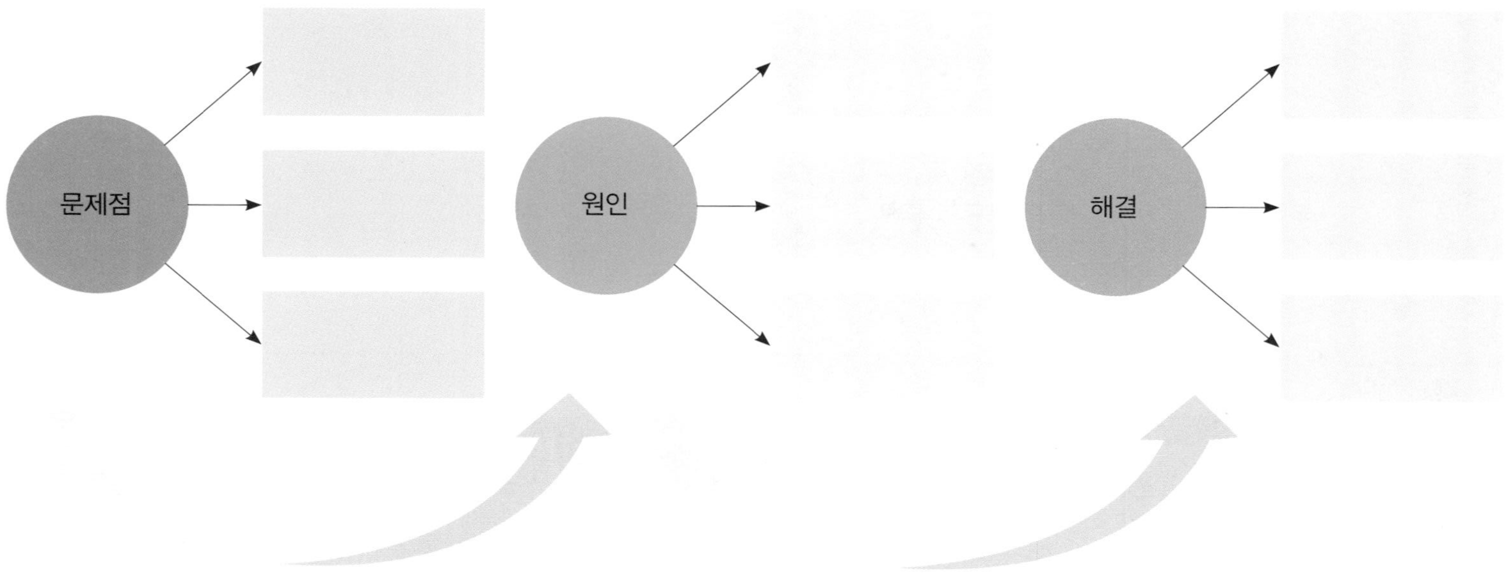

핵심형	**음식물 쓰레기를 줄이자**	읽기 후- 중심내용 · 세부내용 찾기, 설명 도식판			워크북 2-9-1-4
		날짜		이름	

글을 읽고 보기의 단어를 선택하여 다음 도식에 알맞게 써 넣어 보세요.

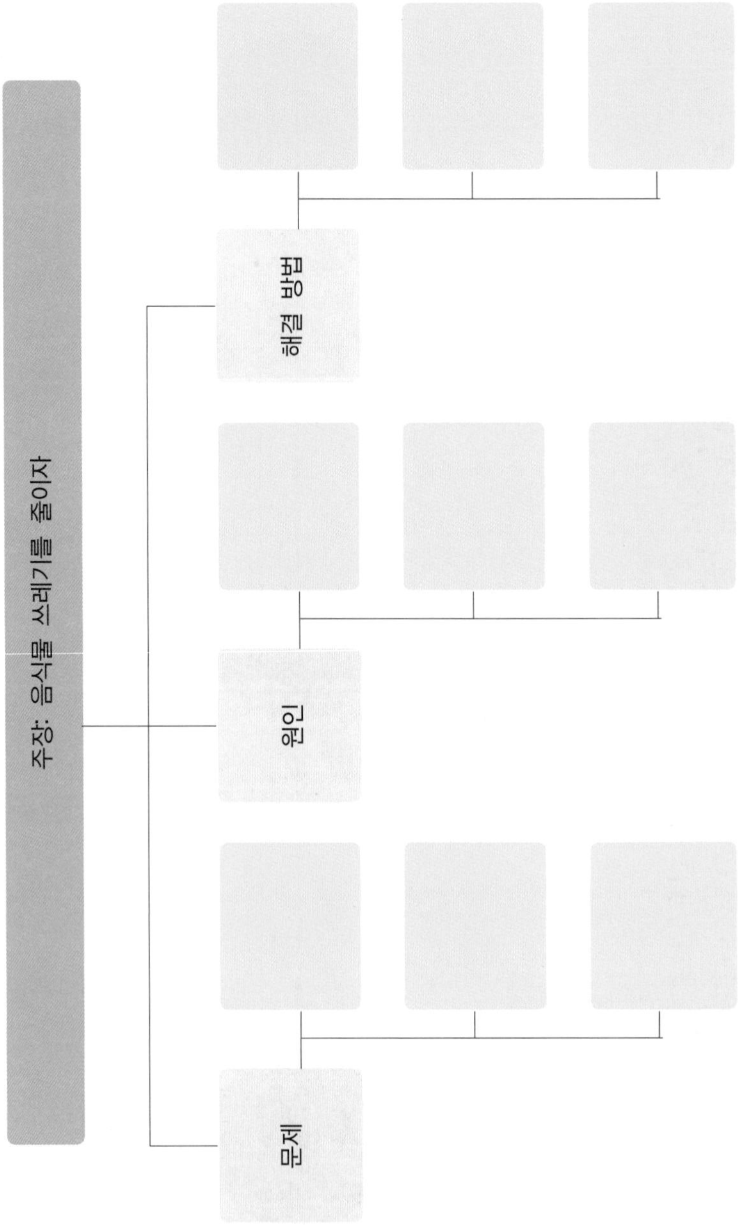

글을 읽고 글쓴이의 주장과 중심 근거를 다음 보기에서 찾아 써 보세요.

보기	• 냄새가 나고, 공기가 나빠진다. • 많은 음식을 준비한다. • 필요한 만큼 산다. • 음식점에서 자주 사 먹는다. • 쓰레기 처리에 돈과 시간이 많이 든다. • 음식재료를 많이 산다. • 줄이고, 다시 사용한다. • 먹을 만큼 준비한다. • 음식물 쓰레기를 줄여야 한다.

주장(의견)		
문제	1	
	2	
원인	1	
	2	
	3	
해결 방법	1	
	2	
	3	

다음 글에 들어갈 알맞은 이어 주는 말을 넣어 보세요.

우리가 남기는 음식이 너무 많다. 남은 음식은 모두 쓰레기가 된다. ________ 여러 문제가 생기고 있다.

음식물 쓰레기에서 나쁜 냄새가 난다. 안 좋은 가스가 나와서 공기가 나빠진다. 처리하는 데 돈과 시간이 많이 든다.

왜 음식물 쓰레기가 생기는지 ________. 우선, 한 끼에 너무 많은 음식을 차린다. 음식재료를 한꺼번에 사서 남기는 경우가 많다. 또 음식점에서 밥 먹는 일이 많아졌다. 거기서는 남은 음식은 다 버린다.

________ 어떻게 음식물 쓰레기를 줄일 수 있을까? 첫째, 필요한 만큼만 음식 재료를 사야 한다. 장을 보러 가기 전에 메모를 하면 좋다. 또 자주 장을 보러 가서 조금씩 포장된 것을 사도록 한다. 둘째, 먹을 만큼만 음식을 차려야 한다. 가족이 먹을 수 있는 만큼 만들어야 한다. 또 반찬을 작은 그릇에 나누거나 조금씩 담아 먹는다. 셋째, 음식물 쓰레기를 줄이고, 다시 사용해야 한다. 음식점에서 남긴 음식은 싸 가도록 한다. 말려서 버리면 쓰레기양이 줄어든다. 또, 남은 음식물로 거름을 만들어 사용한다.

________ 우리 모두 음식물 쓰레기를 줄이기 위해 열심히 노력해야 한다.

보기	이처럼, 알아보자, 이것 때문에, 그러면

앞의 표를 참고하여 음식물 쓰레기를 줄이자는 글쓴이의 주장과 그 근거를 요약해 보세요.

다음의 질문을 듣고 답에 밑줄을 그어 보세요.

<table>
<tr><th>질문 내용</th><th>예문</th></tr>
<tr><td>1. 글쓴이가 주장하는 내용은 무엇인가?</td><td>이처럼 우리 모두 음식물 쓰레기를 줄이기 위해 열심히 노력해야 한다.</td></tr>
<tr><td>2. 음식물 쓰레기가 많아지는 이유는 무엇인가?</td><td>왜 음식물 쓰레기가 생기는 지 알아보자. 우선, 한 끼에 너무 많은 음식을 차린다. 음식 재료를 한꺼번에 사서 남기는 경우가 많다. 또 음식점에서 밥 먹는 일이 많아졌다. 거기서는 남은 음식은 다 버린다.</td></tr>
<tr><td>3. 음식물 쓰레기를 줄이는 방법은 무엇인가?</td><td rowspan="2">그러면 어떻게 음식물 쓰레기를 줄일 수 있을까? 첫째, 필요한 만큼만 음식 재료를 사야 한다. 장을 보러 가기 전에 메모를 하면 좋다. 또 자주 장을 보러 가서 조금씩 포장된 것을 사도록 한다. 둘째, 먹을 만큼만 음식을 차려야 한다. 가족이 먹을 수 있는 만큼 만들어야 한다. 또 반찬을 작은 그릇에 나누거나 조금씩 담아 먹는다. 셋째, 음식물 쓰레기를 줄이고, 다시 사용해야 한다. 음식점에서 남긴 음식은 싸 가도록 한다. 말려서 버리면 쓰레기양이 줄어든다. 또 남은 음식물로 거름을 만들어 사용한다.</td></tr>
<tr><td>4. 내가 할 수 있는 음식물 쓰레기 줄이는 방법은 또 무엇이 있는가?</td></tr>
</table>

확장형	음식물 쓰레기를 줄이자	읽기 전- 배경지식 나누기, 내용 예측하기				워크북 2-9-2-1
		날짜		이름		

음식을 먹고 남긴 경험에 관해 이야기를 나누고, 어떨 때 음식을 남기게 되는지 말해 보세요.

다음 빈칸에 핵심 단어카드를 붙인 후, 이를 연결하여 문장으로 말해 보세요.

보기	음식물 쓰레기, 냄새, 음식 재료, 메모, 쓰레기, 말리다

카드 1	카드 2	문장

확장형	음식물 쓰레기를 줄이자	읽기 중- 소리 내어 읽기				워크북 2-9-2-2
		날짜		이름		

글을 보고 알맞은 속도로 정확하게 읽어 보세요.

음식물 쓰레기는 가정이나 음식점에서 음식을 조리할 때 나오는 식품 쓰레기나 먹고 남은 찌꺼기, 오래 되어 버려야 하는 식품 폐기물 등을 말한다. 우리나라에서 하루 평균 발생하는 음식물 쓰레기의 양은 1만 4천톤이라고 한다. 또 연간 음식물 쓰레기 처리 비용으로 약 4천억여 원이 쓰이고, 처리 시간도 많이 걸린다고 한다. 뿐만 아니라 음식물 쓰레기로 인한 환경문제도 심각하다. 음식물 쓰레기 수거 및 처리 과정에서 심한 악취가 발생하고, 썩는 과정에서 나오는 메탄가스는 공기를 오염시키고 있다. 또한 국물 요리에서 배출되는 폐수는 심각한 수질오염을 일으키는 원인이다.

이렇듯 음식물 쓰레기가 증가하고 있는 이유는 무엇인가?

무엇보다 한 상을 푸짐하게 차려야 한다고 생각하는 우리의 음식 문화를 원인으로 들 수 있다. 인원보다 많은 양의 음식을 차려서 먹고 남은 음식물은 모두 음식물 쓰레기로 버리게 된다. 또한 한 번에 대량의 식품을 구입하는 장 보기 습관도 문제가 있다. 당장 필요하지 않은 식품을 충동구매하는 경우가 많다. 이렇게 사다 놓은 식품은 장기 보관이 어려워 결국 음식물 쓰레기가 되는 것이다. 최근 맞벌이 가정이 늘고 국민소득이 높아지면서 외식을 하는 가정이 점점 증가하고 있다. 대부분 음식점에서는 기본 반찬을 많이 주는 경우가 많은데, 남긴 음식물은 결국 쓰레기로 처분된다.

그렇다면 해마다 늘고 있는 음식물 쓰레기를 줄이기 위해 우리가 실천할 수 있는 방법은 어떤 것이 있는가?

첫째, 계획을 짜서 꼭 필요한 식품을 적절하게 구매해야 한다. 장을 보기 전에 미리 식단을 짜고, 필요한 식품 재료를 메모한 후 사는 습관을 길러야 한다. 또한 물건을 살 때도 필요한 만큼 소량 포장되어 있는 것으로 산다면 조리 후 남는 재료를 줄일 수 있을 것이다.

둘째, 집에서 음식을 조리할 때 식구들의 식사량을 고려해서 알맞은 양으로 조리하는 것이 필요하다. 식사를 할 때도 작은 그릇을 이용해 먹을 만큼 덜어 먹도록 하는 것도 하나의 방법이다.

셋째, 음식물 쓰레기를 줄이거나 재활용하는 방법을 모색해야 한다. 음식물 쓰레기를 말리면 버리는 양도 줄일 수 있고, 수거 과정에서 발생하는 악취도 줄일 수 있다. 또한 음식물 쓰레기를 퇴비나 가축 사료로 재활용하는 방법도 있다. 음식물 쓰레기를 지렁이에게 먹여서 퇴비를 만들거나 가축의 배합 사료와 혼합해서 사료로 사용할 수도 있다.

결론적으로 음식물 쓰레기는 우리의 환경을 해치고, 결국 우리의 삶에 심각한 악영향을 끼치고 있다. 따라서 우리 모두 음식물 쓰레기를 줄이기 위해 작은 일부터 실천해야 할 뿐 아니라, 더 나아가 우리의 음식문화를 개선하기 위해 노력해야 한다.

확장형	음식물 쓰레기를 줄이자	읽기 후- 관련 어휘				워크북 2-9-2-3
		날짜		이름		

글과 관련된 단어를 확인하고 보기의 단어를 사용하여 새로운 문장을 만들어 보세요.

예문	보기	문장
음식물 쓰레기는 먹고 남은 찌꺼기, 오래 되어 버려야 하는 식품 폐기물 등을 말한다.	식품 폐기물	
상을 푸짐하게 차려야 한다고 생각하는 우리의 음식문화를 원인으로 들 수 있다.	음식문화	
필요하지 않은 식품을 충동구매하는 경우가 많다.	충동구매	
음식물 쓰레기를 퇴비나 가축 사료로 재활용하는 방법도 있다.	재활용	
남긴 음식물은 쓰레기로 처분된다.	처분	

다음의 보기와 같이 두 낱말을 연결하여 새로운 낱말을 만들어 보세요.

〈보기〉

음식 + 쓰레기 → 음식물 쓰레기

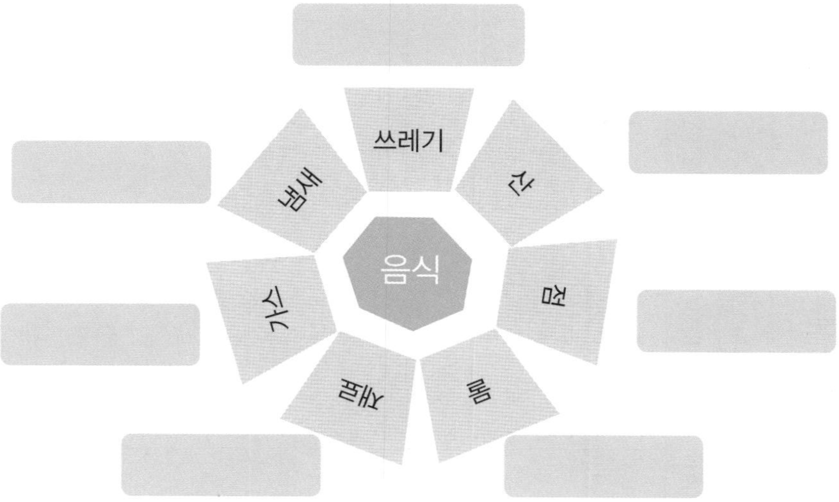

다음의 접두어가 포함된 낱말을 아는 대로 적어 보세요.

접두어 종류	음식○○○ (먹고 마시는 거)	재○○○ (다시)	악○○ (나쁜)	무○○○ (없음)	고○○○ (높다)
단어					

글의 핵심 어휘를 활용하여 어휘망을 만들어 보세요.

보기	많은 음식 준비, 음식점, 다시 사용, 먹을 만큼 준비, 냄새, 가스, 돈과 시간, 음식 재료, 필요한 만큼 사기

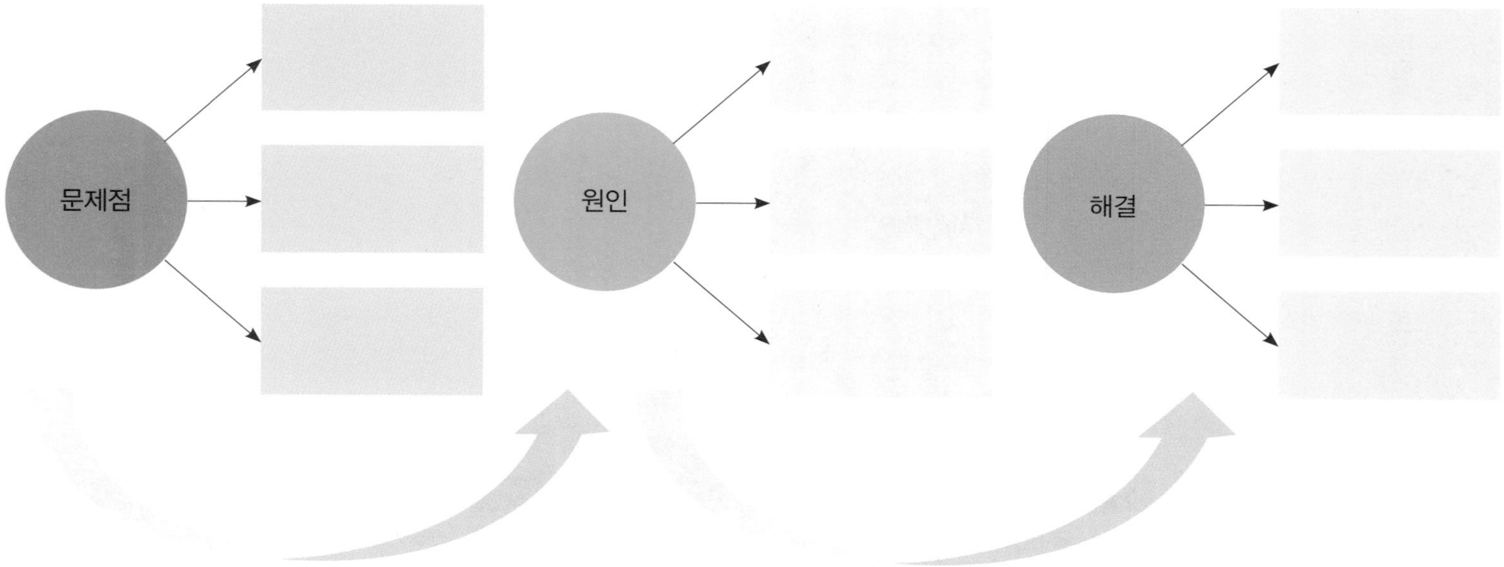

확장형	음식물 쓰레기를 줄이자	읽기 후– 중심내용 · 세부내용 찾기, 설명 도식판				워크북 2-9-2-4
		날짜		이름		

글을 읽고 다음에 도식에 적절한 핵심 단어를 적어 보세요.

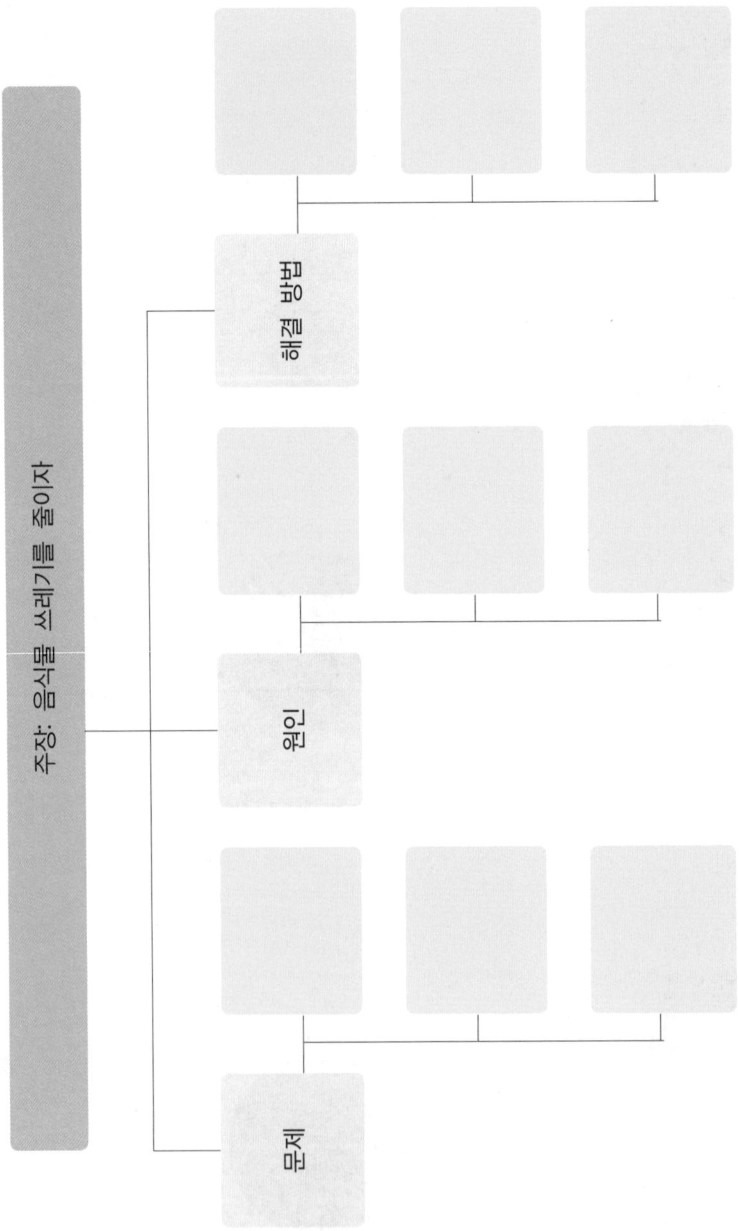

글을 읽고 글쓴이의 주장과 중심 근거를 찾아 문장으로 써 보세요.

주장(의견)		
문제	1	
	2	
원인	1	
	2	
	3	
해결 방법	1	
	2	
	3	

다음 글의 (　　) 안에 들어갈 알맞은 이어 주는 말을 보기에서 찾아 넣어 보세요.

음식물 쓰레기는 가정이나 음식점에서 음식을 조리할 때 나오는 식품 쓰레기나 먹고 남은 찌꺼기, 오래 되어 버려야 하는 식품 폐기물 등을 말한다. 우리나라에서 하루 평균 발생하는 음식물 쓰레기의 양은 1만 4천 톤이라고 한다. 또 연간 음식물 쓰레기 처리 비용으로 약 4천억여 원이 쓰이고, 처리 시간도 많이 걸린다고 한다. ________ 음식물 쓰레기로 인한 환경문제도 심각하다. 음식물 쓰레기 수거 및 처리 과정에서 심한 악취가 발생하고, 썩는 과정에서 나오는 메탄가스는 공기를 오염시키고 있다. 또한 국물 요리에서 배출되는 폐수는 심각한 수질오염을 일으키는 원인이다.

________ 음식물 쓰레기가 증가하고 있는 이유는 무엇인가?

무엇보다 한 상을 푸짐하게 차려야 한다고 생각하는 우리의 음식문화를 원인으로 들 수 있다. 인원보다 많은 양의 음식을 차려서 먹고 남은 음식물은 모두 음식물 쓰레기로 버리게 된다. 또한 한 번에 대량의 식품을 구입하는 장 보기 습관도 문제가 있다. 당장 필요하지 않은 식품을 충동구매하는 경우가 많다. 이렇게 사다 놓은 식품은 장기 보관이 어려워 결국 음식물 쓰레기가 되는 것이다. 최근 맞벌이 가정이 늘고 국민소득이 높아지면서 외식을 하는 가정이 점점 증가하고 있다. 대부분 음식점에서는 기본 반찬을 많이 주는 경우가 많은데, 남긴 음식물은 결국 쓰레기로 처분된다.

________ 해마다 늘고 있는 음식물 쓰레기를 줄이기 위해 우리가 실천할 수 있는 방법은 어떤 것이 있는가?

첫째, 계획을 짜서 꼭 필요한 식품을 적절하게 구매해야 한다. 장을 보기 전에 미리 식단을 짜고, 필요한 식품 재료를 메모한 후 사는 습관을 길러야 한다. 또한 물건을 살 때도 필요한 만큼 소량 포장되어 있는 것으로 산다면 조리 후 남는 재료를 줄일 수 있을 것이다.

둘째, 집에서 음식을 조리할 때 식구들의 식사량을 고려해서 알맞은 양으로 조리하는 것이 필요하다. 식사를 할 때도 작은 그릇을 이용해 먹을 만큼 덜어 먹도록 하는 것도 하나의 방법이다.

셋째, 음식물 쓰레기를 줄이거나 재활용하는 방법을 모색해야 한다. 음식물 쓰레기를 말리면 버리는 양도 줄일 수 있고, 수거 과정에서 발생하는 악취도 줄일 수 있다. 또한 음식물 쓰레기를 퇴비나 가축 사료로 재활용하는 방법도 있다. 음식물 쓰레기를 지렁이에게 먹여서 퇴비를 만들거나 가축의 배합 사료와 혼합해서 사료로 사용할 수도 있다.

________ 음식물 쓰레기는 우리의 환경을 해치고, 결국 우리의 삶에 심각한 악영향을 끼치고 있다. 따라서 우리 모두 음식물 쓰레기를 줄이기 위해 작은 일부터 실천해야 할 뿐 아니라 더 나아가 우리의 음식문화를 개선하기 위해 노력해야 한다.

보기	이렇듯, 결론적으로, 그렇다면, 뿐만 아니라

글을 읽고 글쓴이의 주장과 왜 문제가 생기는지, 어떻게 해결해야 하는지에 대한 근거를 찾아서 표를 완성해 보세요.

주장하는 말	

		중심 근거	세부 근거
문제	1		
	2		
원인	1		
	2		
해결	1		
	2		
	3		

앞의 표를 참고하여 음식물 쓰레기를 줄이자는 글쓴이의 주장과 그 근거를 요약해 보세요.

다음의 질문을 듣고 답을 적어보세요.

질문 내용	답
1. 글쓴이가 주장하는 내용은 무엇인가요?	
2. 음식물 쓰레기의 문제는 무엇인가요?	
3. 음식물 쓰레기를 처리하는 데 왜 돈과 시간이 많이 드나요?	
4. 음식물 쓰레기가 많아지는 이유는 무엇인가요?	
5. 음식점에서 밥을 먹으면 음식물 쓰레기가 왜 많아지나요?	
6. 음식물 쓰레기를 줄이는 방법은 무엇인가요?	
7. 말리면 왜 음식물 쓰레기가 줄어드나요?	
8. 메모가 음식물 쓰레기를 줄이는 데 도움되는 이유는 무엇인가요?	
9. 음식물 쓰레기로 거름을 만드는 방법은 어떤 것이 있나요?	
10. 내가 할 수 있는 음식물 쓰레기 줄이는 방법은 또 무엇이 있나요?	

다음 기사문을 읽고 기사 내용을 육하원칙에 따라 요약해 보세요.

광주시 음식물쓰레기 줄이기 전국 '최우수'

광주광역시는 환경부 주관 2015년 전국 음식물쓰레기 줄이기 경진대회'에서 광역자치단체 부문 최우수상을 수상해 환경부장관 기관 표창(상금 500만원)을 받는다고 30일 밝혔다.

경진 대회는 전국 지자체 단위의 음식물쓰레기 감량·발생억제 정책 등을 평가, 우수 지자체에 인센티브를 제공하고 우수 사례를 공유해 체계적인 시책 추진을 독려하기 위해 2011년부터 환경부가 해마다 개최하고 있다.

광주광역시는 ▲음식물쓰레기 감량홍보 및 환경위생관리 ▲자치구 지원 및 유도 ▲발생원별 맞춤형 대책 추진 ▲종량제 시행 ▲음식물류 폐기물 발생 억제 계획 수립 및 수수료 주민 부담률 등 5개 평가 모든 항목에서 고루 우수한 점수를 받았다.

공동주택음식물쓰레기종량제기반구축(RFID)사업을 지속 추진하고 음식물쓰레기 감량과 분리배출 시민 의식을 제고하기 위한 다양한 홍보와 교육을 추진해 음식물쓰레기 종량제가 정착하는 데 공헌한 점이 높은 평가를 받았다.

광주광역시 관계자는 "시민들의 자율적인 협조와 참여, 자치구의 적극적인 시책 추진으로 최우수상을 수상했다."며 "올해는 시범 운영했고 내년부터 본격적으로 정량 처리가 실시될 계획이므로 음식물쓰레기 줄이기 운동에 적극 동참해주기를 바란다."고 말했다.

출처: 에코저널(http://ecojournal.co.kr/search_list.html)

	내용
누가	
언제	
어디서	
무엇을	
왜	
어떻게	

중재목표 10

휴대폰 사용을 찬성합니다: 설득글

핵심형	휴대폰 사용을 찬성합니다	읽기 전- 배경지식 나누기, 내용 예측하기				워크북 2-10-1-1
		날짜		이름		

휴대폰을 이용해서 할 수 있는 일을 아는 대로 말해 보세요.

학교에 휴대폰을 가지고 다니는 것에 대해 찬성하는지 반대하는지 밝히고, 그 이유를 적어 보세요.

나의 주장	이유

다음 빈칸에 핵심 단어카드를 선택하여 붙인 후, 이를 연결하여 문장으로 써 보세요.

보기	휴대폰, 연락, 공부, 자료, 위험, 필요

카드 1	카드 2	문장

핵심형	휴대폰 사용을 찬성합니다	읽기 중- 소리 내어 읽기				워크북 2-10-1-2
		날짜		이름		

글을 보고 알맞은 속도로 정확하게 읽어 보세요.

요즘 휴대폰을 쓰는 사람이 많다. 어린이의 휴대폰 사용도 늘어나고 있다. 그런데 어른들은 어린이들이 학교에 휴대폰을 가지고 다닌다고 걱정을 한다. 게임을 많이 해서 공부에 방해가 된다고 반대한다.

하지만 학교에 휴대폰을 가지고 다니면 좋다고 생각한다. 첫째, 휴대폰으로 부모님과 빨리 연락할 수 있다. 학교에서 집에 가는 길에 위험한 일을 당할 수 있다. 이때 부모님께 휴대폰으로 빨리 위험을 알려야 한다. 둘째, 휴대폰이 공부에 도움이 된다. 휴대폰의 사전으로 모르는 단어를 찾아볼 수 있다. 또 음악도 들을 수 있다. 공부에 필요한 자료도 빨리 찾아볼 수 있다. 그래서 휴대폰을 학교에 가지고 다니는 것이 필요하다고 생각한다.

핵심형	휴대폰 사용을 찬성합니다	읽기 후- 관련 어휘				워크북 2-10-1-3
		날짜		이름		

글과 관련된 단어를 확인하고 예시 단어를 사용하여 문장을 만들어 보세요.

보기	예시 단어	문장
방해	방해가, 해서, 공부에, 게임을, 많이, 된다	
연락	부모님과, 연락할 수, 휴대폰으로, 있다, 빨리	
위험	당할 수, 위험한 일을, 가는, 집에, 길에, 있다	
사전	단어를, 모르는, 찾아볼 수, 사전으로, 있다	
필요	휴대폰을, 가지고 다니는, 필요하다, 학교에, 것이	

다음 단어의 뜻을 생각해 본 후, 사전에서 찾아본 뜻과 비교해 보세요.

모르는 단어	사용한 문장	예상한 뜻	사전에 나온 순서	사전의 뜻
사전	휴대폰의 사전으로 모르는 단어를 찾아볼 수 있다.			
연락	휴대폰으로 부모님과 빨리 연락할 수 있다.			
위험	학교에서 집에 가는 길에 위험한 일을 당할 수 있다.			
자료	공부에 필요한 자료도 빨리 찾아볼 수 있다.			

다음 보기의 낱말을 활용하여 어휘망을 만들어 보세요.

보기	연락, 위험, 검색, 건강, 학업, 전자파, 집중, 자료

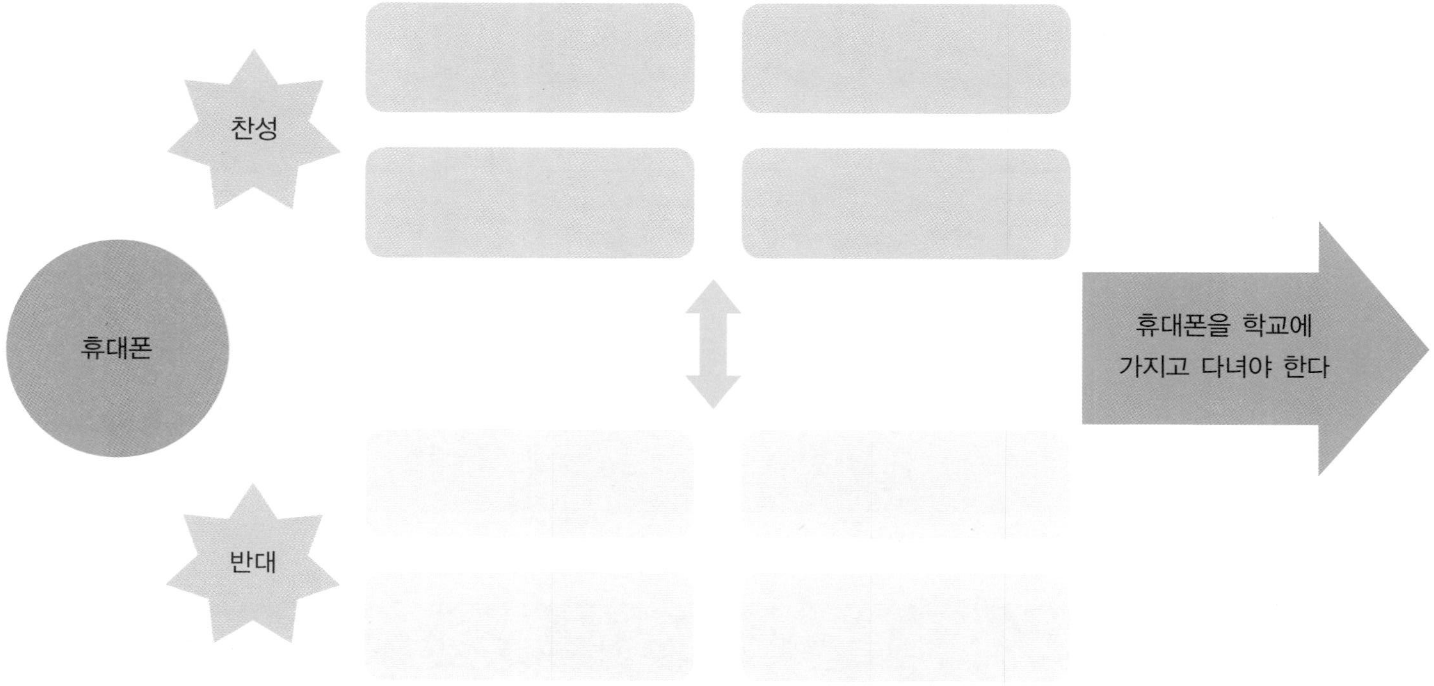

핵심형	휴대폰 사용을 찬성합니다	읽기 후- 중심내용 · 세부내용 찾기, 설명 도식판				워크북 2-10-1-4
		날짜		이름		

글을 읽고 다음 보기의 단어를 선택하여 다음 도식을 완성해 보세요.

보기	연락, 위험, 검색, 건강, 학업, 전자파, 집중, 자료

주장: 휴대폰을 학교에서 사용하는 것을 찬성한다.

부모님 의견(반대)

좋은 점(근거)

해결 방법(반박)

글을 읽고 글쓴이의 주장과 중심 근거를 다음 보기에서 찾아 써 보세요.

보기	• 공부에 도움이 된다. • 건강에 해롭다. • 공부에 방해된다. • 전자파가 위험하다. • 연락이 가능하다. • 게임을 많이 한다. • 선생님께 맡긴다. • 휴대폰을 학교에 가져오는 것이 필요하다고 생각한다. • 위험 알림이 가능하다. • 사전, 음악, 자료 사용 가능하다. • 규칙을 정해서 사용한다.

주장(의견)		
부모님 의견	1	
	2	
좋은 점 (근거)	1	
	2	
	3	
해결 방법 (반박)	1	
	2	
	3	

다음 글에 들어갈 알맞은 이어 주는 말을 보기에서 찾아 넣어 보세요.

요즘 휴대폰을 쓰는 사람이 많다. 어린이의 휴대폰 사용도 늘어나고 있다. _________ 어른들은 어린이들이 학교에서 휴대폰을 쓴다고 걱정을 한다. 게임을 많이 해서 공부에 방해가 된다고 반대한다.

하지만 학교에 휴대폰을 가지고 다니면 좋다고 생각한다. _________, 휴대폰으로 부모님과 빨리 연락할 수 있다. 학교에서 집에 가는 길에 위험한 일을 당할 수 있다. 이때 부모님께 휴대폰으로 빨리 위험을 알려야 한다. 둘째, 휴대폰이 공부에 도움이 된다. 휴대폰의 사전으로 모르는 단어를 찾아볼 수 있다. _________ 음악도 들을 수 있다. 공부에 필요한 자료도 빨리 찾아 볼 수 있다. _________ 휴대폰을 학교에 가지고 다니는 것이 필요하다고 생각한다.

보기	그런데, 그래서, 또, 첫째

글의 세부내용을 파악하여 다음의 빈칸에 들어갈 글쓴이의 주장과 근거를 적어 보세요.

주장하는 말	

		중심 근거	세부 근거
부모님 의견	1		
	2		
좋은 점 (근거)	1		
	2		
해결 방법 (반박)	1		
	2		
	3		

정리하는 말	

앞의 표를 참고하여 휴대폰 사용을 찬성하는 글의 내용을 요약해 보세요.

다음의 질문을 듣고 답에 밑줄을 그어 보세요.

<table>
<tr><th>질문 내용</th><th>예문</th></tr>
<tr><td>1. 글쓴이가 주장하는 내용은 무엇인가요?</td><td rowspan="3">요즘 휴대폰을 쓰는 사람이 많다. 어린이의 휴대폰 사용도 늘어나고 있다. 그런데 어른들은 어린이들이 학교에서 휴대폰을 쓴다고 걱정을 한다. 게임을 많이 해서 공부에 방해가 된다고 반대한다.
하지만 학교에서 휴대폰을 가지고 다니면 좋다고 생각한다.</td></tr>
<tr><td>2. 부모님은 학교에서 휴대폰을 사용하는 데 찬성하나요, 반대하나요?</td></tr>
<tr><td>3. 휴대폰 사용의 문제는 무엇인가요?</td></tr>
<tr><td>4. 휴대폰 사용의 좋은 점은 무엇인가요?</td><td rowspan="2">첫째, 휴대폰으로 부모님과 빨리 연락할 수 있다. 학교에서 집에 가는 길에 위험한 일을 당할 수 있다. 이때 부모님께 휴대폰으로 빨리 위험을 알려야 한다. 둘째, 휴대폰이 공부에 도움이 된다. 휴대폰의 사전으로 모르는 단어를 찾아볼 수 있다. 또 음악도 들을 수 있다. 공부에 필요한 자료도 빨리 찾아볼 수 있다.</td></tr>
<tr><td>5. 휴대폰이 공부하는 데 도움이 되는 이유는 무엇인가요?</td></tr>
</table>

<table>
<tr><td rowspan="2">확장형</td><td rowspan="2">휴대폰 사용을
찬성합니다</td><td colspan="4">읽기 전– 배경지식 나누기, 내용 예측하기</td><td rowspan="2">워크북
2–10–2–1</td></tr>
<tr><td>날짜</td><td></td><td>이름</td><td></td></tr>
</table>

휴대폰을 이용해서 할 수 있는 일을 아는 대로 말해 보세요.

학교에 휴대폰을 가지고 다니는 것에 대해 찬성하는지 반대하는지 밝히고, 그 이유를 적어 보세요.

나의 주장	이유

다음 빈칸에 핵심 단어카드를 선택하여 붙인 후, 이를 연결하여 문장으로 써 보세요.

보기	휴대폰, 연락, 공부, 자료, 위험, 필요

카드 1	카드 2	문장

확장형	휴대폰 사용을 찬성합니다	읽기 중– 소리 내어 읽기				워크북 2-10-2-2
		날짜		이름		

글을 보고 알맞은 속도로 정확하게 읽어 보세요.

최근 통신사의 자료에 의하면 우리나라 인구 대비 휴대폰 가입률은 82.5%에 달한다고 한다. 더욱이 휴대폰을 사용하기 시작하는 시기가 점점 낮아지고 있어, 초등학생들도 이제는 대부분 휴대폰을 가지고 다닌다.

그런데 어른들은 어린이들의 휴대폰 사용에 대해 여러 가지 우려의 목소리가 높다. 특히 학교에서의 휴대폰 사용에 대해서 부정적인 시각으로 보는 어른들이 많다. 무엇보다 휴대폰으로 게임을 하거나 만화 등을 많이 보기 때문에 학업에 집중하지 못한다는 것이다. 또한 휴대폰을 학교에서까지 사용하게 되면 장시간 전자파에 노출되기 때문에 건강에 해롭다고 주장한다. 물론 학교에서의 휴대폰 사용으로 인한 문제점이 없지는 않지만 그보다 유익한 점이 더 많기 때문에 휴대폰을 사용하는 것이 필요하다고 생각한다.

그 이유는 첫째, 어린이가 위험에 처했을 때, 부모님께 신속히 연락할 수 있기 때문이다. 학교에서 집에 가는 길에 여러 가지 위험한 상황에 처할 때가 많다. 불량배들에게 위협을 당할 수도 있고, 학원 차를 놓쳐 급히 연락을 해야 할 때도 있다. 이럴 때 부모님께 연락을 해야 하는데 요즘 대부분 휴대폰을 이용하다보니 거리에서 공중전화를 찾기 힘들기 때문에 휴대폰 없이는 빨리 연락할 방도가 없다. 또한 휴대폰에 자녀 위치 알림 서비스 기능을 설정해 놓으면 부모님이 자녀의 상황을 좀 더 신속하고 정확히 알 수 있다. 이렇게 위험 상황에 처했을 때 더 큰 피해를 줄이기 위해서 휴대폰을 사용하는 것이 필요하다.

둘째, 휴대폰으로 다양한 정보를 신속하게 얻을 수 있다. 최근에는 인터넷을 이용해 다양한 정보에 쉽게 접근할 수 있고, 필요한 자료도 쉽게 다운로드받을 수 있다. 학교에서 요구하는 과제들도 이러한 정보를 검색해서 해결해야 하는 것들이 많다. 휴대폰을 사용하면 인터넷 검색으로 유용한 정보를 빨리 얻을 수 있어 학업 능력을 향상시키는 데 도움이 된다.

이러한 이유로 학교에서 휴대폰을 사용하는 것이 필요하다고 생각한다. 다만, 학업에 집중할 수 있게 하기 위해 선생님께 휴대폰을 맡기고 필요할 때 활용하도록 규칙을 정해서 사용해야 한다. 어른들이 우려하는 학업에 대한 소홀함이나 전자파로 인한 건강의 문제는 이러한 방법으로 해결될 수 있을 것이다.

확장형	휴대폰 사용을 찬성합니다	읽기 중- 소리 내어 읽기				워크북 2-10-2-3
		날짜		이름		

글과 관련된 단어를 확인하고 보기의 단어를 넣어서 새로운 문장을 만들어 보세요.

예문	보기	문장
최근 통신사의 자료에 의하면 우리나라 인구 대비 휴대폰 가입률은 82.5%에 달한다고 한다.	가입률	
어른들은 어린이들의 휴대폰 사용에 대해 여러 가지 우려의 목소리가 높다.	우려	
휴대폰을 학교에서까지 사용하게 되면 장시간 전자파에 노출되기 때문에 건강에 해롭다.	노출	
어린이가 위험에 처했을 때, 부모님께 신속히 연락할 수 있기 때문이다.	신속	
학교에서 요구하는 과제들도 이러한 정보를 검색해서 해결해야 하는 것들이 많다.	검색	
어른들이 우려하는 학업에 대한 소홀함이나 전자파로 인한 건강의 문제는 이러한 방법으로 해결될 수 있을 것이다.	소홀	

다음 단어의 뜻을 생각해 본 후, 사전에서 찾아본 뜻과 비교해 보세요.

모르는 단어	예상한 뜻	사전에 나온 순서	사전의 뜻
가입률			
우려			
노출			
신속			
검색			
소홀			

글을 읽고 다음 보기의 낱말을 이용해 어휘망을 만들어 보세요.

보기	연락, 위험, 검색, 건강, 학업, 전자파, 집중, 자료

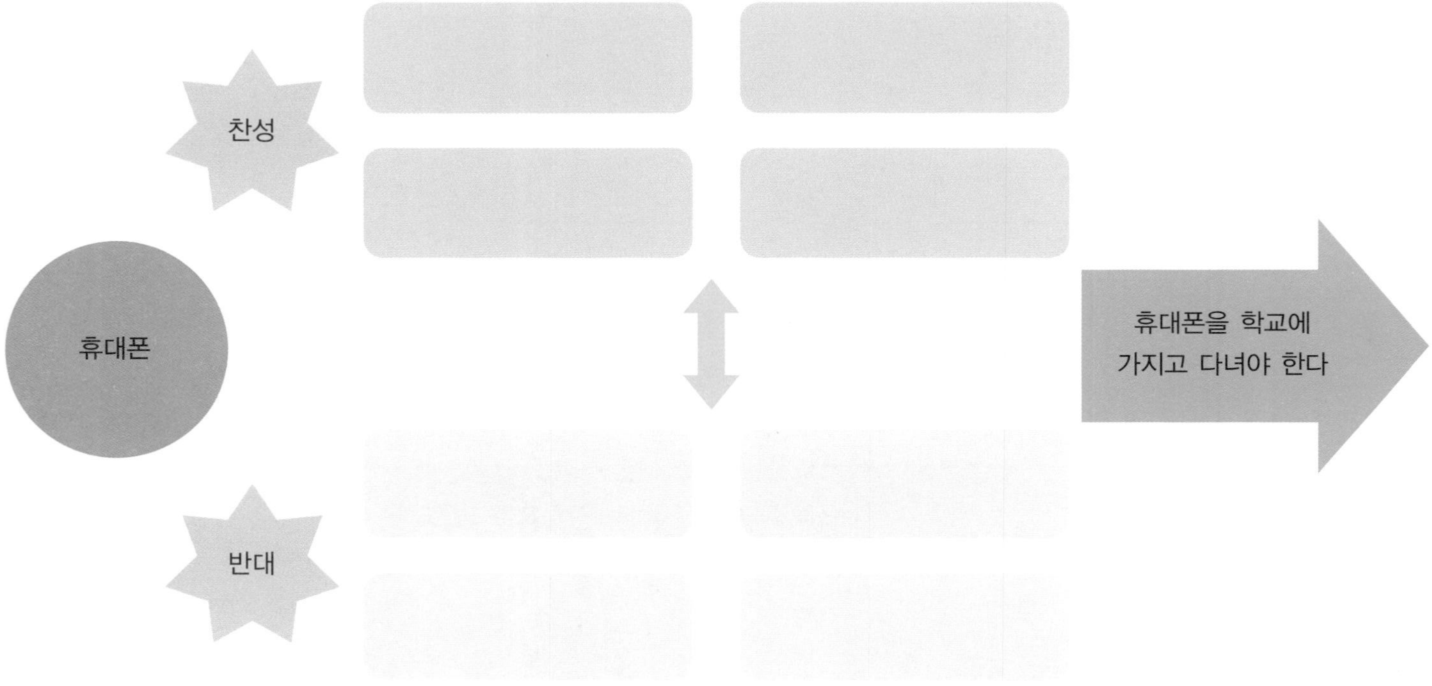

확장형	휴대폰 사용을 찬성합니다	읽기 후– 중심내용 · 세부내용 찾기, 설명 도식판				워크북 2-10-2-4
		날짜		이름		

글을 읽고 다음 도식에 적절한 핵심 단어를 적어 보세요.

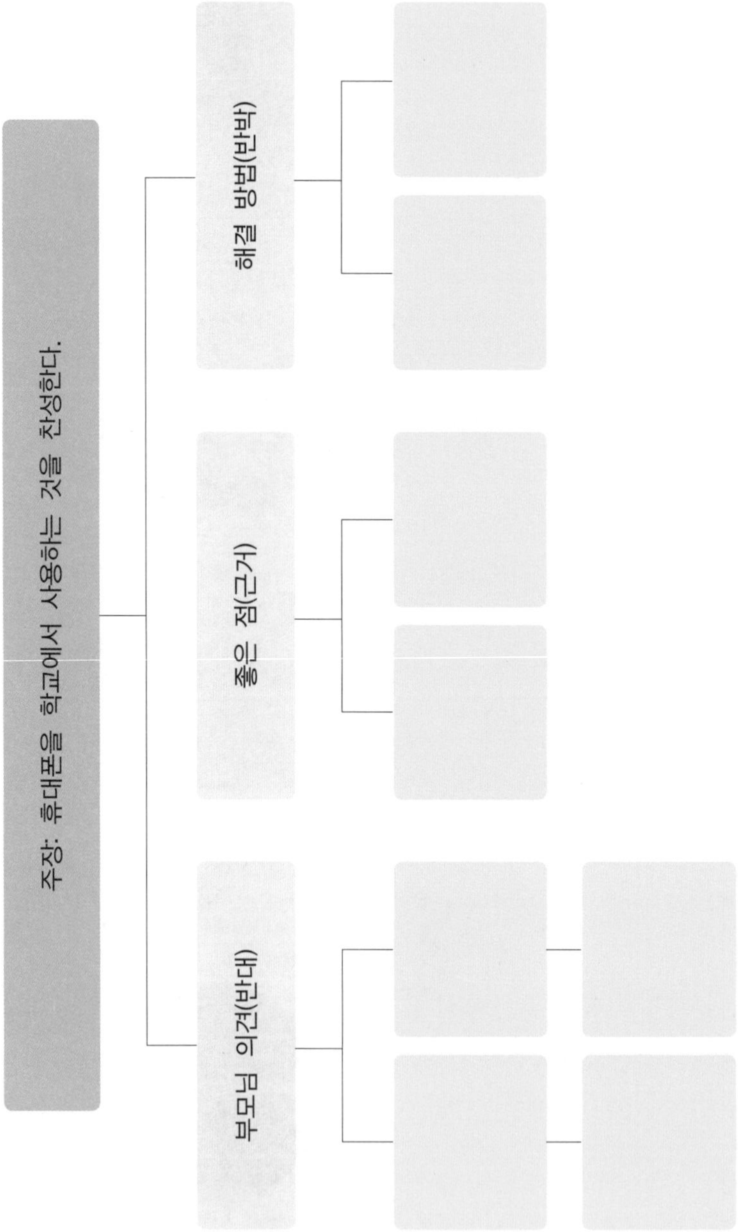

글을 읽고 글쓴이의 주장과 중심 근거를 찾아 문장으로 써 보세요.

주장(의견)		
부모님 의견 (반대)		
좋은 점		
해결 방법 (반박)		

다음 글에 들어갈 알맞은 이어 주는 말을 보기에서 찾아 넣어 보세요.

최근 통신사의 자료에 의하면 우리나라 인구 대비 휴대폰 가입률은 82.5%에 달한다고 한다. ________ 휴대폰을 사용하기 시작하는 시기가 점점 낮아지고 있어, 초등학생들도 이제는 대부분 휴대폰을 가지고 다닌다.

________ 어른들은 어린이들의 휴대폰 사용에 대해 여러 가지 우려의 목소리가 높다. ________ 학교에서의 휴대폰 사용에 대해서 부정적인 시각으로 보는 어른들이 많다. 무엇보다 휴대폰으로 게임을 하거나 만화 등을 많이 보기 때문에 학업에 집중하지 못한다는 것이다. 또한 휴대폰을 학교에서까지 사용하게 되면 장시간 전자파에 노출되기 때문에 건강에 해롭다고 주장한다. 물론 학교에서의 휴대폰 사용으로 인한 문제점이 없지는 않지만 그보다 유익한 점이 더 많기 때문에 휴대폰을 사용하는 것이 필요하다고 생각한다.

________ 첫째, 어린이가 위험에 처했을 때, 부모님께 신속히 연락할 수 있기 때문이다. 학교에서 집에 가는 길에 여러 가지 위험한 상황에 처할 때가 많다. 불량배들에게 위협을 당할 수도 있고, 학원 차를 놓쳐 급히 연락을 해야 할 때도 있다. ________ 부모님께 연락을 해야 하는데 요즘 대부분 휴대폰을 이용하다보니 거리에서 공중전화를 찾기 힘들기 때문에 휴대폰 없이는 빨리 연락할 방도가 없다. 또한 휴대폰에 자녀 위치 알림 서비스 기능을 설정해 놓으면 부모님이 자녀의 상황을 좀 더 신속하고 정확히 알 수 있다. ________ 위험 상황에 처했을 때 더 큰 피해를 줄이기 위해서 휴대폰을 사용하는 것이 필요하다.

둘째, 휴대폰으로 다양한 정보를 신속하게 얻을 수 있다. 최근에는 인터넷을 이용해 다양한 정보에 쉽게 접근할 수 있고, 필요한 자료도 쉽게 다운로드받을 수 있다. 학교에서 요구하는 과제들도 이러한 정보를 검색해서 해결해야 하는 것들이 많다. 휴대폰을 사용하면 인터넷 검색으로 유용한 정보를 빨리 얻을 수 있어 학업 능력을 향상시키는 데 도움이 된다.

________ 학교에서 휴대폰을 사용하는 것이 필요하다고 생각한다. 다만, 학업에 집중할 수 있게 하기 위해 선생님께 휴대폰을 맡기고 필요할 때 활용하도록 규칙을 정해서 사용해야 한다. 어른들이 우려하는 학업에 대한 소홀함이나 전자파로 인한 건강의 문제는 이러한 방법으로 해결될 수 있을 것이다.

보기	특히, 이럴 때, 이러한 이유로, 그런데, 그 이유는, 더욱이, 이렇게

글의 세부내용을 파악하여 다음의 빈칸에 들어갈 글쓴이의 주장과 근거를 적어 보세요.

주장하는 말	

		중심 근거	세부 근거
부모님 의견 (반대)	1		
	2		
좋은 점 (찬성 이유)	1		
	2		
해결 방법 (반박)	1		

정리하는 말	

앞의 표를 참고하여 학교에서 휴대폰 사용을 찬성하는 글의 내용을 요약해 보세요.

휴대폰 사용을 반대하는 입장에서 '학교에서 휴대폰 사용을 금지해야 한다'라는 제목으로 글을 써 보세요.

다음의 질문을 듣고 글의 내용에 알맞은 답을 작성해 보세요.

질문 내용	답
1. 글쓴이가 주장하는 내용은 무엇인가요?	
2. 휴대폰 사용의 문제는 무엇인가요?	
3. 부모님은 학교에서 휴대폰을 사용하는 데 찬성하나요, 반대하나요?	
4. 휴대폰 사용의 좋은 점은 무엇인가요?	
5. 왜 공부에 방해가 된다고 하나요?	
6. 휴대폰이 공부하는 데 도움이 되는 이유는 무엇인가요?	
7. 휴대폰 사용의 다른 문제점은 또 무엇이 있나요?	
8. 휴대폰 사용의 좋은 점은 또 무엇이 있나요?	
9. 휴대폰이 공부에 방해가 되지 않게 하는 방법은 무엇인가요?	
10. 휴대폰이 없다면 어떤 일이 일어날지 말해 보세요.	

저자 소개

정경희(Kyunghee Jung)
한림대학교(Ph.D., 언어청각학)
현 용인대학교 재활복지대학원 언어치료학과 교수
한국언어재활사협회 교육총무이사
여성가족부 다문화가족 언어발달지원사업 슈퍼바이저

진연선(Yeonsun Jin)
한림대학교(Ph.D., 언어청각학)
현 한림대학교 보건과학대학원 언어병리학과 겸임교수
아이들세상의원 언어치료팀장 및 공감형의사소통발달연구소 소장
여성가족부 다문화 언어발달 지원사업 슈퍼바이저

곽경미(Kyoungmi Kwag)
한림대학교(M.S., 언어청각학)
현 을지병원 정신건강의학과 언어학습치료실 언어치료사

김미배(Mibae Kim)
한림대학교(Ph.D., 언어청각학)
현 부산가톨릭대학교 언어청각치료학과 교수
여성가족부 다문화 언어발달 지원사업 슈퍼바이저

배소영(Soyeong Pae)
캔자스 대학교(Ph. D., 아동언어 및 장애 연구)
현 한림대학교 언어청각학부 교수
한국난독증협회 자문위원
LENA Research Foundation, USA, 자문위원
전 한국언어청각 임상학회장, 한국언어치료학회, 한국음성과학회, 한국언어치료전문가협회 이사

한국어 말하기
읽기 성장 프로그램

우리말카드와 함께하는 한국어 해독해

⑤ 이야기와 설명 담화 독해 워크북

Korean Decoding and Reading Comprehension with
Korean cards: K-DRC

⑤ Narrative and Expository Text Comprehension: Workbook

2017년 6월 30일 1판 1쇄 발행
2021년 7월 20일 1판 2쇄 발행

지은이 • 정경희 · 진연선 · 곽경미 · 김미배 · 배소영

펴낸이 • 김 진 환
펴낸곳 • (주) 학지사
04031 서울특별시 마포구 양화로 15길 20 마인드월드빌딩 5층
대표전화 • 02) 330-5114 팩스 • 02) 324-2345
등록번호 • 제313-2006-000265호
홈페이지 • http://www.hakjisa.co.kr
페이스북 • https://www.facebook.com/hakjisabook

ISBN 978-89-997-1295-1 94370
978-89-997-1290-6 94370(set)

정가 20,000원

이 도서의 국립중앙도서관 출판시도서목록(CIP)은 서지정보유통지원시스템 홈페이지(http://seoji.nl.go.kr)와 국가자료공동목록시스템(http://www.nl.go.kr/kolisnet)에서 이용하실 수 있습니다.
(CIP제어번호: CIP2017012821)